JN140463

社会学原理

—QED《証明終了》—

人間の特性としての再帰的認識能力からみた
社会理論の可能性

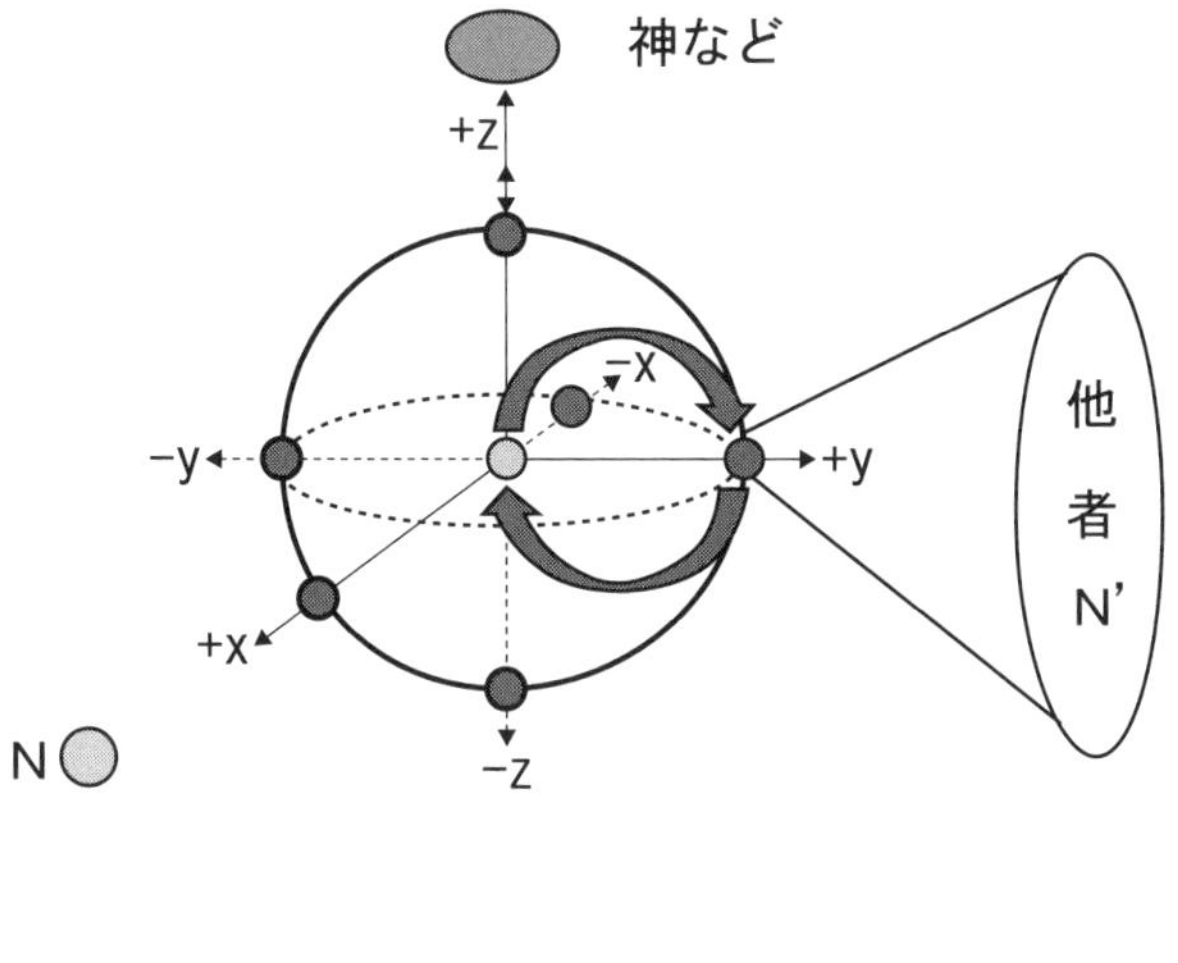

楠本　修

社会学原理　QED／目次

序　本書に書かれていること

1　本書のテーマについて

本書の題は『社会学原理　QED《証明終了》』となっている。相当に野心的な書名で、多くの真面目な研究者から批判を受けそうな題である。そこでそもそも〝原理〟とは何を指すのか考えてみよう。科学にとって〝原理〟とはその分野を構成する基本的な要素とメカニズムである。科学における〝原理〟は現実の様々な事象を観察し、それらの事象を徹底的に帰納し、その基本的な構成要素とメカニズムを明らかにすることによって見出される。そして科学研究はその原理を現実に適用し、その原理で説明できない現実が出てきた場合には、それが反証として機能し、理論としてはその反証を説明するか、その反証を説明できるように理論を改めるというプロセスをとる。

社会科学も科学である以上、この科学の基本的な考え方に準拠して研究が進められる。社会学は社会科学の中で相対主義という価値観に準拠した専門科学として位置づけられる。この社会学はその学問の成り立ちから抱えてしまった本質的な課題によって、そのような科学的で建設的な議論があまり行われなかった。

その理由の解明と代案の提示は本書全体を通じて示していくが、本書を〝社会学原理〟と題した理由は、本書がこれまで社会学が共通して陥ってきた論理的な課題に応え、社会の〝原理〟を提出したという自負があるからである。

これまでも論理実証主義など、そのような試みが行われたことは承知している。しかしその試みが成功したかどうかに関しては研究者によって解釈が分かれるところだろう。しかしながら筆者としては、それは十分な原理たりえなかったと考える。その理由は、そこで〝要素〟と考えられた言語そのものも、複層的な構造なしているためにさらに分解が可能なことによる。そして本質的に、言語はコミュニケーションの道具ではあっても、そのコミュニケーションがなぜ必要かを説明することはできない。つまり論理実証主義は言語という〝手段〟を〝原理〟と考えたことになる。

本書で提示する枠組みはある意味で極めて単純であり、論理的な構成を持っている。結論から言えば、最も微視的な個人の認識のメカニズムに起因する不確定性そのものを〝原理〟として提示している。別の言い方をすれば、人間が獲得した再帰的認識能力（自省能力）が論理的に自己の不確定性を生み出し、その自己の不確定性が自己の存在に対する不安を導き、その不安を安定化させるためにありとあらゆる社会的な制度や関係をつくり出していると考えている。つまり再帰的認識能力によって導かれる自己の存在に対する確信の喪失、言葉を換えれば不安が生まれ、それを安定化する仕組みとして人間社会を構築していると考えている。[1] そしてその原理から導き出される思考の枠組みによって、これまでの社会学の成果は、それを位置づけ、整理することができる。その意味でＱＥＤ（証明終了）と名付けたのであって、社会学の研究が証明終了になったわけでも、社会問題が解決したわけでもない。

したがって本書が目指すのは、これまで社会学研究の特質でもあると同時に混乱の基となっていた認識論上の問題を〝人間の思考の特性〟としてとらえ、社会を構成する基本要素＝〝原理〟として考える考え方を提案することである。

本書ではその〝原理〟を社会学の研究方法そのものから導き、その論理的な根拠を示し、既存の社会学に適用することで、主要な社会学理論への引き込みを示し、その応用の可能性を示している。そうすることで社会学の主要な理論の位置づけが可能となり、これまでの社会学研究と矛盾しない形での理論的手段の提供とプラットフォームの構築が可能となると考える。そしてそのような展開を示すことで、一貫性がないことに安住していた社会学にその基礎となる理論枠組みを提示し、社会学という学問が持つ潜在的な能力を生かして、社会問題に対応できるようになることを目的としている。言葉をかえると本書は社会学大全でも全集でもないので、膨大なこれまでの社会学研究の成果をここで述べることは、その目的ではない。

本書が提示するのは、あくまで社会を構成する〝原理〟であり枠組みである。どのような学問分野であっても、その学問分野の枠組みを示すという作業は、その学問分野の枠内で行うことはできない。社会学であれば、その枠組みを社会学の論理の中で構成することはできず、むしろ社会学の外からその枠組みを決めていくことになる。そのため本書を読めばわかる通り、社会学的な研究の引用はそれほど多くない。本書が『社会学原理』と銘打ちながら、社会学的な記述が中心となっているわけではないことに違和感を覚える読者もいるだろう。しかし社会学の原理をとらえるためには、社会学的な研究をその学問の枠の外から見ていく必要がある。そうすることで初めて社会学の対象が明確になり、社会学が構造的に陥っている不毛な議論を一旦停止し、建設的な議論の基盤を提供することができるようになると考える。

現状、理論社会学が果たすべき役割であるこのような試みはなされておらず、数多くの研究がなされていても社会学には研究者の数だけ社会学の定義があるという、ある意味では学問としての統合を放棄した状況にある。無謀な試みかもしれないが、本書でそのような現状を打破する提言を行ってみようと思う。それを当てはめてみて適合しない事例が出てくれば理論を改めればよいだけの話である。現在の社会学の置かれた現状を考えれば、そのような形での理論構築は急務であると考える。[2]

筆者は大学院から社会学を制度的に学習した。いわゆる学部教育では社会学を教授してもらうことはなく独学で社会学の基礎を学んだ。その意味では社会学に生まれていない。ただ制度的な教育は受けていなかったものの、大学時代の研究はまさしく宗教社会学の分野であり、その研究を深めるために社会学を独習し、社会学の大学院に進学した。

大学院で集中して社会学を教授していただきながら、主に理論研究を進めていった。当時、社会学理論の研究といえば、ほぼ社会学史の研究であり、社会の実態を解明できるような理論構築を志す研究者は極めて限定的だった。その多くは外国語の達人による欧米の研究成果の導入であり、その翻訳と紹介を研究といっていた。欧米の文献の翻訳を含む社会学史を離れた形で、理論研究を進める研究者は限られていた。[3] 社会学的な視点に立つならば、欧米の研究そのものも欧米の価値観に存在被拘束されているはずである。私には、それが無条件に普遍的な科学性を有するとは感じることができなかった。先駆者の業績を学ぶことの意義は理解しているものの、その中に留まることが、日本の研究者にとって意味があるのかという疑問を持っていた。[4] また様々な社会学的概念の有用性を目の当たりにし、社会学の有効性について確信を持つと同時に、いわゆる素朴実証主義にもシステム論的な理論研究にも違和感があった。そしてその違和感を解消できるような社会学理論はどのような形で構築可能になるのだろうかという問いを抱いていた。[5]

その問いに取り組むために、理論研究とはいっても一般的に理論研究者が志向する社会学史を研究するというよりは、社会問題を解決に向けることのできる社会理論の構築を優先した。言葉をかえると社会学史を学びすぎることで社会学の巨人たちの壮大な思考に縛られていくことを恐れ、ある程度の距離を置いていた。逆にいかに適切に捨象するかが重要であると考えていた。したがって、本書で提示したり引用したりする理論は、社会学の巨人たちの思考体系の中に忠実に入ってそれを継承しているかといえば心もとない。学史の専門家からみたら〝間違った理解〟のうえで考えている、と批判されても仕方がない部分がある。しかしいつまでも学んでいることは社会的な資産の消費であり、生産ではない。そして、どこかで要約しなければ、つまりルーマン（ルーマン、ニクラス：Luhmann, Niklas, 一九二七年一二月八日〜一九九八年一一月六日）のいう複雑性の縮減を果たさなければ、整理することはできない。実際、学史で研究される社会学の巨人たちの著作を読んでみればわかることだが、そのような大学者は様々な側面を持っている。たとえばマックス・ウェーバーは合理化論をその理論の中心に置いたと一般的には理解されているが、全体を見通したときにあれほど非合理の機能に注目した研究者はいないのではないだろうか。

またどのような学問分野であっても出版された著作は、おそらくは書いた本人の思考の一部を論文なり、書籍になりにして提出したものに違いない。本書執筆のためもあって、改めて社会学の主要な文献を見直した。そこで感じたことは、それぞれの大学者はそれぞれの視点に基づいて研究を行い、思想体系を構築している。そしてほぼ同じことを異なる言葉で表現し、それを日本に翻訳し導入する際に、翻訳を担当した研究者がそれらをカタカナのまま固有の用語として強調することで、類似した概念が整理されることもなく、学生に混乱を引き起こしているのではないかと感じた。

その意味では日本の社会学理論研究とは、様々な先行研究があっても、その意義を整理しない形で位置づけないまま、海外から新しい思想を持ち込んで消化する営為だったのかもしれないという印象を持っている。ただこのような状況を後から批判をすることは簡単でも、それを避けることは極めて難しい。特に社会学のようにルールそのものを考える研究の場合には、研究の枠が本質的に存在しなかったので、それを定義することは非常に困難な作業になる。それに加えて社会学がまだ新しい学問であるということもあって、大学者の孫弟子の世代が存命である。大学者は自らの思考体系を構築し、その体系にしたがって書いていく。その結果として場合によっては書いた本人ですらその本当の意味を理解していない可能性すらも生まれてくる。そしてそれらはそのまま出版され、欧米の新しい知識として導入されてきた。学史研究の中では、大学者の弟子や孫弟子達が大学者の思想や著作をその紹介し、その大学者の意を汲むことに研究の主眼が充てられてきた結果、理論そのものの妥当性を検討するというよりは、いかに忠実であるかに焦点が当てられてきた。その結果、特にフランス系の現代社会学の紹介にみられるが、原語をそのままカタカナにして出版することが広くみられた。

また、どのような研究者も時代を離れることはできない。したがって時代が変わってしまったら、その時には言及するまでもなく、〝あたりまえのこと〟とされていたことが変化し、その結果としてその理論の妥当性が失われるということは当然生じる。

例えばマルクスの労働価値説が成り立つためには、シュンペーター[6]が提示したイノベーション（技術革新）に相当する技術的変化が存在せず、無限に有効需要が存在する、つまり需要の方が供給よりも大きい社会であればある程度妥当するが、その条件が変化すれば妥当性を失う。現代の経済において労働生産性は労働力をいかに投じないで同じ成果を上げるかに向けられていることを考えれば、現在においてマルクスの労働価値説がそのまま適用できないことは明らかである。[7]

このように社会科学の理論は、その前提が失われることで理解できなくなることがある。その意味で後世にその学問を学ぶものは、その著者の置かれた時代や制約を意識することが必要だと考える。その意味では歴史社会学的な視点は常に必要になる。また先行研究を見る場合には歴史的な時代精神を考慮するだけでなく、その研究者の思考の方向性、とでもいうべきものをみるべきであると考える。さらに論理的な展開に縛られて思想が変化する場合もあるだろう。ウェーバーの社会学方法論を例にとっても、『理解社会学における若干のカテゴリーについて（Weber, 1913）』で提出された問題と、『社会学の根本概念（Weber, 1922）』で提出された考え方は若干異なっていると考える。『理解社会学における若干のカテゴリー』では、いわゆる暗黙知にも注目していると考えるが、『社会学の根本概念』では社会学の制度化への欲求の中で、自分の提出した論理に縛られて、変化した感じを受けるのである。

社会学史の研究としては、そのような変化を明らかにすることは大きな意味を持つと思うが、筆者はそのような研究を専門に行う立場にはなかった。その意味では多くの専門家からのご批判は当然生じ得ることは理解している。同時に、過去のすべての研究をきちんと踏まえるということは、ほぼ絶望的である。いずれにしても程度の差こそあれ、過去の成果を整理し単純化していくしかない。筆者がその方法論を利用しているマイケル・ポラニー[8]の言葉に「等身大の地図は意味がない」というものがある。適切に捨象し、その目的に必要のない情報をそぎ落とすことで、新しい意味が生まれてくる。もちろんその元となった情報そのものが間違えている場合には適切に修正する必要がある。

本書は当然のことながら著者の学問遍歴と深く結びついている。筆者は大学院卒業後、大学院で指導を受けた世界的に著名な人口学者である黒田俊夫の紹介で、政策研究機関に職を得た。その政策研究機関は、持続可能な開発という文脈から見た人口問題の研究と、人口問題の解決を通じた持続可能な開発の達成を目的としていた。筆者は研究員・主任研究員として持続可能な開発という文脈から見た人口問題の研究とそれを実現するための政策立案に三二年間にわたり携わってきた。その意味では純然たる社会学研究ではなく応用研究の場所で研究を進めてきたといえる。

人口が社会の基礎であることを否定する人はいないと思うが、社会学で、特に認識論的な社会学に人口の姿をみることはない。しかしながらこの地球という生態系に生きる人間の問題としての人口が社会を大きく規定することは言をまたないだろう。ウェーバーの膨大な研究は一通り渉猟したつもりだが、そこでも人口問題を扱った部分はあまり見たことがない。ウェーバーはその方法論で社会を構成している基礎的条件の重要性に言及しているが、人口が持つ意味に関しては、ほぼ扱っていなかったといってよいだろう。なぜ扱ってなかったかといえば、その時代には生態学に関する十分な知見が得られていなかったから、と考える。別の言い方をすれば、この一〇〇年間に生態学の研究が長足の進歩を遂げ、その要素の重要性が理解されるようになった。そして現在の知見から言えば、社会理論を考える際に不可欠な条件となっているといえる。

この人口と社会理論の関係に関しては前著『人口問題と人類の課題』で明らかにしているので、ご参照いただきたい。一ついえることは、人口問題は、〝人々の意識に上らない性質を持っていると同時に、決定的な拘束条件として社会を規定していく〟ということである。そして人口とは社会そのものといえる。人口問題は、この社会を構成する人間が、人間の生死を操作することを含め考えることができるのかという、社会科学の根幹にかかわる難問を突きつける。

このことに関しては竹内啓の『人口問題のアポリア』[9]が先駆的に取り上げている。[10]特に一九九四年に開催された国連国際人口開発会議（ICPD）以降、世界的に課題となった妊娠中絶を人権とみなすかどうかという議論は賛否が分かれ、大問題となった。筆者はICPDに参加した者として、そこでICPDに先駆けて開催された議員会議の宣言文を起草したものとして、この問題を考え続けてきた。二五年の時を経て、本書で論じている論理で合理的な説明が可能であることを明かにし、[11]さらにこれまでほとんど無批判に無根拠に使われてきた「人権」の論理的な根拠も明らかにすることができた。[12]社会を規定する条件としての、生態系↓人口↓規範↓価値観の問題については前著で述べているので、本書では中心的には扱わない。しかし、人口によって人間社会が規定される問題と、人間がこの社会をどのようにみているかという認識の問題は、異なる原理に基づいているとしても社会を構成する不可分の要素であるということができる。

本書に記されている基本的なアイディアは、筆者が大学院の頃にその着想を得たが、就職してからもう一つの難問である人口問題に取り組んでおり、それをまとめることはできなかった。しかし人口と持続可能な開発問題に対するいわゆる実証調査研究を通じ、社会を規定する人口と価値観の関係を明らかにすることができた。それは『アジアにおける人口転換―11か国の比較研究』としてまとめられ、明治学院大学から論文博士を授与していただいた。さらにその後も『人口問題のアポリア』で提出された〝問い〟に答える形で研究を進め、そして、人口問題において国際的な議論となっていた中絶問題や人権問題などへの取り組みを通じて、社会学理論の根底に置くべき人口に関わる諸問題が明確になった。それを前著『人口問題と人類の課題』で提示できたことは大きな成果であったと考える。その研究を通じて、再び人口問題から人間の認識の問題に帰ってくることになった。このような形で人口問題への研究を行ったことで、人間の認識の在り方と存在の関係が自分なりに明らかになったと考えている。

したがって、本書では前著を踏まえたうえで、人間の認識構造からもたらされるメカニズムがどのように機能しているかについて、扱うことになる。そしてその両者を統合することで人間社会の基本的な在り方をある程度解明できたのではないかと自負している。そしてそれは社会学が対象とする〝社会〟とはなにかを定義することでもある。

2　本書の構成について

本書の構成は、1章、2章で社会学が発見した価値の相対性の問題について説明し、3章でその認識の相対性がもたらす人間の認識の不可知性の問題とその論理的な帰結を簡単に説明している。4章でその人間の認識の不可知性をもたらした再帰的認識能力がいつ、どのようにして獲得されたかについて、脳科学・遺伝子進化学・生態学の知見を簡単に紹介している。5章では、地球社会をどのように見るかという議論に大きな影響を与えてきたプリゴジンの散逸構造論に準拠する自己組織性の理論や経済人類学的理論などを紹介している。6章では行為の因数分解を行うことで、人間の不可知性を意識させないようにするメカニズムの解明を行い、7章では人間の認識構造からつくりだされてしまう構造と交換の問題、さらに社会の秩序構造、その崩壊について触れる。8章では人間の認識論的理解を規定する生態系と価値観のかかわりを論じている。9章では8章までに解明されたメカニズムを使って、具体的に人間社会がどのように秩序構造を作り、支配を正当化し、神の名の下で戦争を正当化しているのかについて分析している。10章は、様々な社会学の方法論は対立するものというより、対象によって利用しやすい方法論が異なっていることを示し、本書で提示した「原理」を基盤に置けば矛盾なくこれまでの社会学理論を組みなおすことができることを示している。

本書は、おおまかにこのような構成を持っているが、「原理」の解明がその主題であることから、通常の社会科学の論文とは異なった特色を持っている。

本書を書く際に直面した難問は、ここで提示した考え方は人間の理解のあり方の根源を規定し、その結果として人間社会の根幹を規定しているために、すべてが連関してしまうということである。まさしくコンピュータープログラムのOSと同じで、同じことが繰り返される。つまりある意味では同じことを様々な角度から述べていくことになる。

通常の科学論文であればA＝疑問の提出→B＝仮説の提出→C＝事実による検証→D＝仮説の検証→E＝仮説の修正というように進行していってA、B、C、D、Eで分析してきたことを使って例えばF＝証明という形で答えを導く。ところが本書で論じていることはあまりにも基礎的で、一人ひとりの人間にかかわる問題なので、それらがすべて網の目のように絡み合い、通常の順序だてた記載が極めて困難になるという性質を持っている。したがって、通常の科学論文と異なり、疑問の提出→仮説の提出→事実による検証→仮説の検証→仮説の修正→疑問への回答という形にはなっていない。

このような本書の特性から、本書の構成は、一般的な科学論文の形ではなく、音楽でいうフーガ（遁走曲）の形になっているといえる。最初に主題を提示し、その原理的な解明を行い、その解明にもとづいて〝原理〟を抽出し、その後はその主題（原理）にもとづいて各テーマに展開するという形になっている。これはスコラ的な方法の援用のようにみえるかもしれないがそうではない。

本書で構成されている各項目を研究していく段階では、基本的なアイディアはあったとしても、通常の社会科学の研究方法を利用し、資料集め、検証し、筆者なりに回答を出し、論文として発表してきた内容である。本書に記されているのはその検証を経て、事実の集積からから帰納した結果である。これらの検証を経て、そこに基本的な要素といえる〝原理〟を見出し、それを改めて社会学に適用したということである。最初から基本要素となる概念が存在し、そこにあてはめたわけではない。したがって本書は演繹的な構造を持っているように思われるかもしれないが、さまざまな事象を社会科学的に帰納し見出した結論を、改めて演繹的に展開しなおしたのである。〝原理〟を見出すとはそのような作業なのではないだろうか。

そして本書が〝原理〟と銘打つ以上、その原理の解明と、その原理を利用した説明という形の展開を示すことが目的となる。この目的を満たすためにフーガの形をとらざるを得なかったということである。したがって、フーガの主題であり原理に気がつかれた読者は、同じことが書かれている、と感じられると思う。しかし本書ではその一部を示すだけだが、その原理が、社会学全般を覆うほどに広い範囲に同じことが適用可能であるということ、この事実そのものが本書の提示する理論の妥当性を証明していると思う。

社会学の視点を整理するために、次で社会学の始祖たちがみていたものを考えてみる。

【注】

1　いうまでもなく自己の存在に対する認識は、脳によって行われるので認識レベルで自己の存在確定はできない。したがって、存在論というものが成立しうるかどうかの議論は別にしても、存在論のレベルでも確定できないことになる。

2　科学の性質として反証されれば修正されていくし、より妥当な説明があればここで提示した枠組みも組み替えられていくと思う。

3　例外的に吉田民人・東大教授、新睦人・奈良女子大学教授や今田高俊・東工大教授などが理論社会学を進展させていた。

4　実際、国際的な交渉の場においてもその交渉の基盤となる議論が欧米の思考の中にある場合、そこで日本の主張を展開しようとしても、欧米の思考の枠を離れた論理を展開することは難しい。世界的な意見は必ずしも欧米の論理と同一というわけではない。世界規模での合意形成を図るためには、欧米の考え方を理解しながらも、独自の目線で開発途上国の言語化されない考え方を言語化することのできる論理構成が必要となる。筆者は一九九四年エジプトで開催された国連主催の政府間会議である国際人口開発会議（ＩＣＰＤ）に参加するとともに、そのＩＣＰＤに提言を行うために開催された国際人口開発議員会議（ＩＣＰＰＤ）では運営委員会議長補佐を務め、その宣言文の起草を国連人口基金（ＵＮＦＰＡ）とともに担った。ＩＣＰＰＤには一一七か国三〇〇名の国会議員が参加した。国会議員会議という性質上、いわゆる先進国の論理がそのまま受け入れられるわけではない。そのような中で、日本の国会議員活動の理念であった〝人間の尊厳が守られる社会を構築することが持続可能な開発の目標である〟という理念を提示し、説得を重ね議員会議の宣言文を起草した。この宣言文はほぼ全面的にＩＰＣＤ行動計画の「前文」と「原則」に反映された。その内容はＳＤＧｓの原型とも言えるものである。筆者は三二年間にわたって人口と開発に関する国際的な議員活動に関わる中で七〇以上の宣言文の起案を行った。それらがＳＤＧｓにつながっていったと信じている。

5　このような中で小室直樹の一連の著作からも強い影響を受けた。その学識と分析視点に驚嘆すると同時に、その分析を支える理論が提示されていないことに気が付いた。

6　オーストリア⇒アメリカの経済学者（シュンペーター、ヨーゼフ・アロイス：Schumpeter, Joseph Alois, 一八八三年二月八日～一九五〇年一月八日）。

7　この点についてソフトウエア開発のプロセスが顕著な実例を示している。ある技術的与件を前提として、一定のソフトウエアを開発しようとすれば、まさしくその開発に当たるソフトウエア技術者の工数（人日）計算で基本的に開発費用が決まる。しかし天才的な技術者が新しい技術を見出した瞬間にその過程がほぼ省略され、別のシステムに移行するということを繰り返している。最も簡単な実例はソフトウエアを書いていく際にほぼ避けられないバグをかつては手作業で検証していたものがデバッガーというソフトが開発され、ほぼ人手が必要なくなった。さらにＡＩの近年の進捗でこれまでの様々なソフトを現在の様々な言語やＯＳにコンパイルすることはほぼ人手を必要としなくなった。もっと言えばＡＩが実際のプログラムに落とし込む作業を行うことで、専門的な技術なしにソフトウエアをつくり出すことも可能になっている。

8　物理化学者・社会科学者・科学哲学者。ハンガリー、ドイツ、イギリスで活躍（ポラニー、マイケル：Michael

Polanyi, 一八九一年三月一一日～一九七六年二月二二日)。

9　竹内啓(一九三三年一〇月一二日～)日本の数理統計学者・経済学者・科学史家。東京大学名誉教授、明治学院大学名誉教授。日本学士院会員。専門分野は、数理統計学・計量経済学。

10　竹内、一九九六年、『人口問題のアポリア』を参照。

11　楠本、二〇一九年、「国際人口開発会議(ICPD)から25年―未解決の問題としての「中絶」―「人権」と「宗教」との対立の構造と解決に向けた試論」、一―一九頁を参照。

12　楠本、二〇二〇年、「人権の根拠について―人権とはなにか:支配の正当性からの分析―」、八一―一〇四頁を参照。

1　社会学理論の基本構造と社会への視点

1　社会学の成立——社会学の始祖たちがみていたもの

社会学の成立は、社会科学において特異な位置を持っていた。それまでの社会科学、例えば法学や経済学であれば、その研究の主眼は特定の価値観の中で成り立っている活動のルールを探求し、言語化することであった。これに対し、社会学はそのルールそのものの成り立ちを扱う。人の行為を統べるルールは、物事を判断する尺度でもあり〝価値〟と言い換えることができる。この価値は〝絶対〟と無条件に信じられることで機能する性質を持っている。そもそも相対化を嫌う価値を相対化するということを初めて持ち込んだのが社会学であったといえる。

価値を相対化するということは、どういうことだろうか。これは簡単にいえば一人ひとりが無条件に信じ行為しているルールは単一ではなく、様々なルールがあることを前提とし、分析することである。

これは西欧社会では革命的ともいえる意味を持っていた。例えば私たち日本人にとっては伝統的に「八百万の神」というように数多くの神があり、それぞれに考え方が違うことは不思議ではない。しかしキリスト教などの考え方はそうではない。

もともとはヨーロッパにも数多くの精霊が存在し、北欧神話の神々のような多様な神がいた。しかしキリスト教が導入される過程で営々としてそのような多元的な価値観や神の存在を徹底して否定する努力を行い、唯一神教を広めていった。

例えば日本人はカトリックをキリスト教の宗派と学校で学び理解しているが、カトリックにとってはそうではない。カトリックとは、まさしくその名の通り「普遍」と理解されていて、数多くある信仰の中の一つではなく、唯一のもので普遍的な存在である[1]。原理的には唯一神教には〝他の神は存在しない〟。つまり自分たちの神学体系だけが普遍であり、絶対であることになる。したがってキリスト教会の各宗派にとっては、その価値観を広めることが啓蒙[2]であり、無知からの離脱をもたらすと考えることに疑いを入れる余地はないということになる。このような思考様式が大航海時代における欧州による世界征服の根拠になっていたことは改めて確認されてもよい[3]。つまり実態は別としても、建前としてはキリスト教に対する熱情にもとづく啓蒙啓発が目的であり、その正当性のもと、その正義のもとで行われたということになる。

このような文化的背景を持っているヨーロッパで、その価値観を相対化する視点が生まれてきたということは非常に興味深い点である。キリスト教が教会を通じ単一のそして普遍的な価値観であることを主張し、それで統合することを強制しようとしたから[4]こそ、深刻な闘争が生じ、矛盾が表出し、それですべてを統べることができないことがはっきりしてきたのかもしれない。

自然科学の分野でも現代的な社会学の成立とほぼ同時期にカントール[5]によって〝無限〟の問題の数学的な理論が成立した（一八九一年）。物理学の世界でもプランク[6]の法則（一九〇〇年）によって量子力学が成立し、有名なアインシュタイン[7]の相対性理論が成立（一九〇五年）し、少し遅れてハイゼンベルグ[8]の不確定性定理（一九二七年）が生み出されていることも科学史的には興味深い。インド・ヨーロッパ系の言語ではいわゆる自然法則と社会的な法則を基本的に区別しない。例えばサンスクリット語でいうダルマは道理という意味であり、まさしく自然科学の法則も仏教の考え方もダルマと表記される。権力も物理的な力も英語ではPowerである。その意味では自然科学の変化と社会科学の変化を分けて考えることが逆に不適切なのかもしれない。

社会学に戻れば、この時代精神の中でマックス・ウェーバー、デュルケーム、ジンメルが現代的な意味での社会学を創始したといえるだろう。したがってこの三者についてそこには共通の視点があったと考える。

通常社会学の始祖としては社会学という言葉を初めて使ったオーギュスト・コント（コント、イジドール・オーギュスト・マリー・フランソワ・グザヴィエ：Comte, Isidore Auguste Marie François Xavier, 一七九八年一月一九日〜一八五七年九月五日）からはじめるのが一般的であるが、やはり現代社会学との間には乖離がある。そしてコントについて述べるならばJ・S・ミル（ミル、ジョン・スチュアート：Mill, John Stuart, 一八〇六年五月二〇日〜一八七三年五月八日）についても触れる必要が出てくるが、本書は思想史の流れを明らかにすることを目的としているというよりは、理論の提出を目的としているので、捨象することにする。[9]

（1）マックス・ウェーバーの事例

西欧の学問はキリスト教神学とアリストテレス哲学を組み合わせた体系としてのスコラ哲学をその基盤としている。その基本的な考え方は真、善、美などの要素を究極の要素として設定し、その組み合わせで社会の事象を説明しようとするものである。

しかしながら当然のように数学と違い、多義的な性格を持つ概念の組み合わせですべてを明らかにしようとする方法には、無理が出てくる。近代における科学とはこのヨーロッパの知的伝統から、事実をもとにその法則性を見出すという過程であったといえるかもしれない。

このヨーロッパの社会科学の変化の過程は、社会学の創始者のひとりであるウェーバー（ウェーバー、マックス・

Weber, Max, 一八六四年四月二一日～一九二〇年六月一四日）の足跡とまさしく重なる。彼の博士論文は『中世商事会社史序説（Weber, 1889）』、教授資格論文は「ローマ農業史の国法的および私法的意義（Weber, 1891）」であり、法学分野の歴史研究と法解釈論文となっている。そして商法の背景になる慣習法や実態の解明に関心が移ったようで、「ドイツのエルベ川以東における農業労働者諸事情（Weber, 1892）」あたりからドイツ歴史学派のフリードリッヒ・リストの影響も受けながら経済学的な研究に従事した。[10] その後、経済学と社会学の接続的な論文ともいえる『プロテスタンティズムの〝倫理〟と資本主義の〝精神〟（Weber, 1904）』を上梓し、一連の宗教社会学研究や方法論の研究に移り社会学の樹立を目指した。

端的にいえば、そもそも商法の教授であったマックス・ウェーバーが経済学研究に移り、さらに社会学をつくり出したといえる。法学は、基本的にある法体形を前提として組み立てられ、その中でのルールの精緻化が法学の主たる作業となる。しかしながら、商法という現実の商行為や経済行為を律する法律の専門家であったウェーバーは、その内容が必ずしも現実にそぐっていないということに気がついたのだろう。その結果、彼はエルベ川以東の農民の生活に関する経済学の実地調査、実態の研究を行い、経済学分野の研究を深めた。

さらにその経済学的研究の中で、基本的に経済的な活動に価値があると思っている考え方そのものが文化的に相対化できるのではないかということに気がついた。そのような観点から『プロテスタンティズムの倫理と資本主義の精神』を著した。そこでは価値観そのものといえる宗教的な特性、特にプロテスタンティズムで強調された罪の概念と救済の関係が分析された。具体的にはプロテスタンティズムにおける罪の強調の中で、〝救済のためには、正確にいうと救済に値するとされる人は、禁欲的で質素な信仰生活を行っているであろうという推論がなされる〟と解釈され、その解釈に従った結果としてプロテスタントの間で自律的に信用コストが極度に低くなった。そこで、質素倹約、勤労を続けていくうちに結果として利益が集積し、その利益を自分の享楽のために使わず、宗教的な行為としてさらなる勤勉に務め、商行為のために使っているうちに、資本が肯定的に受け止められる価値の転換が起こった。そのような過程を経て資本が行為の価値観に転換し、資本主義が成立するというメカニズムを描いた。

これはある意味で普遍的に合理的だと思われていた利益の追求が、まったく逆の〝利益を追求しない〟態度から生み出されたことを示した。これは資本主義という価値が文化的な制約のもとにあることを示し、価値の相対化という社会学の中心的な方法を確立したともいえる。スコラ的な組み合わせでは説明できない現象を事実を観察に基づいて分析することで、分析できることを示し、現実の観察からの帰納こそが科学であることを示したといえる。

ウェーバーはその過程を〝スコラから科学〟へという形で、『職業としての学問（Weber, 1919）』の中で明示している。この議論は本書全体を通じた議論になるので、少し長くなるがウェーバーがスコラについて論じた部分を引用する[11]。

「われわれはこんにちふたたびつぎのような認識に到達している、あるものは美しくなくとも神聖でありうるだけでなく、むしろそれは美しくないがゆえに、また美しくないかぎりにおいて神聖でありうるのである。このことを証拠だてるものは、イザヤ書第五三章や詩篇第二二篇にもとめられる。また、あるものは善ではないが美しくありうるというだけでなく、むしろそれが善でないというまさにその点で美しくありうる。このことはニーチェ以来知られており、またすでにボードレールが『悪の花』と名づけた詩集のうちにも示されている。さらに、あるものは美しくもなく、神聖でもなく、また善でもないかわりに真ではありうるということ、いな、それが真でありうるのはむしろそれが美しくも、神聖でも、また善でもないからこそであるということ、――これはこんにちむしろ常識に属する。」

このような視点に立てばスコラ的分析の基盤としての「概念」は多義的であるがゆえに、矛盾する場合がありうる存在であり、これ以上分解できないという意味での要素たりえないのである。

いうまでもなくスコラ哲学は、ヨーロッパの学問の基盤となった哲学で、真・善・美などの基本的概念を固定し、それをブロックを積むように組み立て、現実を説明しようとする。このスコラ哲学の伝統は今なお学問の世界に大きな影響を持っている。例えば法学は法律で規定された用語を組みあわせて森羅万象を説明しようとする。実は数学的な記号論理学やゲーム理論もこの延長上にあるといえ、スコラはヨーロッパの学的伝統の基盤といえる。そしてこの延長線上にヴィトゲンシュタイン（ヴィトゲンシュタイン、ルートヴィヒ・ヨーゼフ・ヨーハン：Wittgenstein, Ludwig Josef Johann, 一八八九年四月二六日〜一九五一年四月二九日）の『論理哲学論考（Wittgenstein, 1921）』や論理実証主義があると考えることができる。

しかしながら安定性と厳密性が強く求められ、厳密性が広く信じられている法学の用語であっても、その用語はそれがつくられた時代背景や経済行為、人間の営為によって共有された概念である。したがって、法学者の間でリーガルマインドという形で非言語的にも理解を共通のものとするよう多大な努力が払われるが、そのような努力をしてもなおすべての事象を、その組み合わせで解決しようとすることには無理がでてくる。

社会科学や哲学では言語やそこから生み出された概念は、ある意味での社会を構成する基本単位と考えられることがある。しかし言語そのものが、ソシュールが言うように記号としての言語とその意味するものから構成されており、その意味するものの持つイメージが共有されていなければ言語として機能しないと同時にそれは必ず揺らぎを持っている。

この事実に気がついたウェーバーは、スコラのような概念操作で社会を説明するのではなく、まさしく現実に起こっている現象を説明しようとした。それでも説明するためにはやはり記号化が必要で、〝理念形〟なるものを生み出したと考えられる。その意味で理念形はウェーバーの研究の姿勢とやや矛盾した性質を持つと考えられ、論争のターゲットとなった。

今から考えればスコラのように概念を絶対化し、そこに還元するのではなく、現実を理解するためのカッコ付きの類型化であり、理解を助けるための暫定的概念化といいたかったのかもしれない。また、ジンメルとも共通するように事物を概念化するというよりは、より安定的な〝関係〟を概念化したかったのかもしれない。この分野に関しては学史の専門家の意見を待ちたい。話は戻るがウェーバーは、一定の価値を前提とするのではなく、価値を相対的にとらえてその価値を研究対象としたのである。

ウェーバーの研究に特徴的なのは、全体を通して社会の秩序構造、支配の根拠とそれを支える価値観に関心があることで、本書で述べる社会の縦（垂直）構造にその研究の重点が置かれていることである。

（2）デュルケーム：社会的事実

デュルケーム（デュルケーム、エミール：Durkheim, Émile, 一八五八年四月一五日〜一九一七年一一月一五日）の場合には社会の日常生活で感じる違和感が問題意識の基盤になっていると感じる。通常社会の中で、私たちはその社会のルールにしたがって生きている。そして多くの場合、そのことを意識することもない。これを社会学では社会化の過程で社会的な価値観が内在化されたという言い方をする。しかしながらそのルールそのものに違和感を持ったとき、もしくはルールそのものに疑問を持ったときに、社会というものが物理的な存在と同じように壁のように立ちはだかると感じた。まさしくこの違和感をつくり出すものがデュルケームが『社会学的方法の基準（Durkheim, 1895）』で提示した〝社会的事実〟であろう。

デュルケームの父と祖父はユダヤ教のラビ（教師）である。デュルケーム自身は世俗的であったといわれるが、敬虔なユダヤ教の伝統を引き継いだフランスのユダヤ人家庭に生まれたことになる。その意味では世俗的とはいっても、先祖代々カトリックであった人たちに比べて、ヨーロッパのキリスト教の感覚に馴染めない部分があったということは容易に想像ができる。そのなかで感覚の問題として違和感をいだき、人を拘束する社会的な関係に気がついたのではないだろうか。

そして科学的検証の方法として、統計的な有意性を持ち込み、認識論的な議論を棚上げにすることで、科学的な検証に耐えうる学問の樹立を目指した。本書でも述べているが、相対化という社会学的認識論の輪の中に入ると回答が出ず、不毛な議論となる。そして事実の収集や因果律の解明という学問に求められる基礎的な部分が忘れ去られがちである。その部分をいさぎよく、棚上げにすることで、現代社会科学としての社会学を構築した功績は極めて大きい。デュルケームの方法論、そこから引き継いだモースの方法論がなければアメリカにおける人類学や社会学の隆盛はあり得なかったのではないだろうか。

（3）ジンメル：形式社会学

ジンメル（ジンメル、ゲオルク：Simmel, Georg, 一八五八年三月一日～一九一八年九月二八日）は『社会学の根本問題』(Simmel, 1917) をみればわかる通り、面白いことにウェーバー、デュルケームと異なり、科学であることにはこだわっているが客観性にこだわっていない。ジンメルの天才性がそこにある。社会学で客観性を追うことは本書で述べる社会学の自己言及性の問題から原理的に困難を極める。本書では自己言及性そのものを取り上げ、その困難さが人間の認識そのものに起因する問題であることを明かにしている。その中で客観性が相対的にでも成立するのはマートン（マートン、ロバート・キング：Merton, Robert King, 一九一〇年七月四日～二〇〇三年二月二三日）のいう中範囲の現象を対象としたときに限られる。

ただジンメルは、このことに気がついていたと思しき記述がある。[12] ジンメルは Geselligkeit（社交：ソシアビリテ）

を形式社会学のカギ概念としていたという。[13] 確かにそのような関係性を中心に見る場合には主観と客観との峻別も必要ない。そしてどのようなパーソナルな関係であっても社交というのは外部化された行為であり、そこではある程度の論理性がなければ成立しない。その意味ではその関係の在り方（形式）そのものは比較的安定している。そして後で述べる外部化された知識が持つ論理性と演繹性を有しており、その対象をある程度安定的にとらえることができる。

このようにジンメルは、社会学をウェーバーが呻吟していた客観性の確立とは別の視点からみていたといえる。[14] そして関係性そのものを社会学の対象とみていたという点から筆者との共通性がある。ただ残念なことに、関係性それぞれの記述が対象となるので、全体の体系をつくるというよりは、結果として微視的な関係の記述にとどまらざるを得ない傾向が生まれる。その意味では比較的狭い範囲の社会の横（水平）構造に関心があったといえる。

そしてその見方はジンメルと師弟関係にあったパーク（パーク、ロバート・エズラ：Park, Robert Ezra, 一八六四年二月一四日～一九四四年二月七日）を通じてシカゴ学派に引き継がれた。[15] とくに、急速な都市の拡大の中で都市問題に直面していたシカゴでは都市問題への具体的な対処が求められた。そのような中で、この社会関係に注目する視点は、農村と都市という空間の違いが引き起こす人間の距離の違いなどの視点から都市社会学を構築した。それらはワース（ワース、ルイス：Wirth, Louis, 一八九七年八月二八日～一九五二年五月三日）などに引き継がれ、社会調査を通じた社会問題の解決に焦点を当てたいわゆる実証主義的なアメリカ社会学の潮流につながっていく。認識論的な議論をある意味で棚上げにしたジンメルの方法は、そのニーズに適合していたといえるかもしれない。その後それらの成果を継承し、プラグマティズム哲学をベースにジンメルの方法論をアメリカ風に受容したのが、ハーバート・ブルーマーの象徴的相互作用主義と解釈できると考える。[16]

次に述べるがウェーバー、デュルケーム、ジンメルの方法論そのものも彼らの宗教観の影響のもとにあったと考えられ、時代や価値の拘束と科学研究の関係を考えるうえで興味深い実例ともなっている。

（4）近代における自己の確立の歴史的特殊性と社会学

この主題を考える前に、ここで社会学に存在するバイアスとでもいうものに触れておこう。社会学は現代になって成立した社会科学であり、近代の価値観を前提としているところがある。言葉をかえれば社会学の視点そのものが現代の社会の理解に拘束されていて、それを前提として議論が組み立てられているということがいえる。

この社会学を規定し、近代を特徴づけるものは、まさしく自己の確立の希求であるということかもしれない。つまりアイデンティティがこれまでになく主張された時代であるといえ、そしてそれは現代に特殊な現象であると考えることができる。[17] しかしながら歴史的に考えれば、個人が家のため、国家のために犠牲になることは不思議なことではなく、むしろ賞賛される行為であった。これは集団の生存がなければ個人の生存がない中で、妥当性を持っていた社会メカニズムであったといえる。

本書で解明されていることだが、人間の認識構造がもたらす不可知性から、自己をどのように認識するかも他者を必要とするし、その社会関係のなかで理解することになる。[18] このことからいえば、どのレベルで自己を意識するかも時代や環境によって変化する。生命体としての個であっても自己が自らが属する共同体の一部であると理解されていれば、共同体のために自らが犠牲になることは不思議なことではなくなる。現代では理解しにくいが、人類の歴史をみれば戦争に赴くことを含め、自らの生命を犠牲にすることすら強制される場合もあったと思うが、自ら選択した結果である場合も多かったと思われる。このような現象も本書で展開する理論で明確に説明することができる。

つまり近代になって生命体としての個が強調され、自己の確立に価値があるとみなされた。このこともまた時代精神の賜物であり、社会的な価値観から導かれた価値観である。端的にいえば、個人の自己の確立はプロテスタンティズムによる神との対峙の中で生み出された思想であると考えることができる。これはマックス・ウェーバーが『プロテスタンティズムの倫理と資本主義の精神』で示した、資本主義の成立と同じ構造である。つまり、神との対峙を強く求めるプロテスタントであれば、神との関係の中で自己を確立していくしかない、からである。その意味で基本的に聖書を持たず、教会における告解で罪が許されると考えるカトリックに比べて、プロテスタントは非常に厳しい形で自己の在り方が問われる。

（5）ウェーバー、デュルケーム、ジンメルの社会学の宗教的背景

これはドイツだけでなく社会学全体に存在するバイアスともいえるが、特に方法論的個人主義に基づく主意主義的行為理論をはじめとするドイツで構築されたほとんどの社会学理論は、この〝個人〟を前提として理論が構成されていることに留意する必要がある。そして二〇世紀において社会学の発展を担ったアメリカの社会学も個人の自立が無条件の前提となる個人主義のなかで構築されている。

このような観点からみるとウェーバーがプロテスタンティズム的な神との対峙に拘束されているのと同様にデュルケームとジンメルもそれぞれの宗教や文化によって大きな影響を受けていることがわかる。

デュルケーム自身は世俗的なユダヤ教徒であったといわれているが、その方法論がカトリックの考え方に類似していることは興味深い。その発想は個よりも全体がその関心領域であり、神とのかかわりにおいて教会という統一した制度を通した信仰であり、社会を統べる原理が人間の主観の外にあると考えた点は、まさしく〝普遍〟という意味のカトリック的である。これは当時のドイツとフランスの違いかもしれない。

この中で社会学史的にあまり知られていないが、最も興味深い例がジンメルであろう。ジンメルは両親ともユダヤ人であったが、父親がカトリックに改宗し、母親がプロテスタントに改宗している。ジンメル本人は、最初はルーテル派のプロテスタントであったが教会を離脱している。しかし現在から考えれば、その方法論はハシディズム的なユ

ダヤ教の伝統を強く受け継いでいるように思われる。

著名なユダヤ人宗教哲学者であるマルティン・ブーバーの著作に『我と汝』があり、社会関係を「我」と「汝」でとらえている。[19]これはユダヤの伝統でもある。意外に思えるがユダヤ民族にとって神は単純に絶対的に従うべき存在ではなく、モーセのように時に激論を戦わせる相手である。その意味ではキリスト教、特に『プロテスタンティズムの倫理と資本主義の精神』でウェーバーが強調している予定説のような徹底した垂直契約の形ではない。

ユダヤの苦難の中で、ユダヤ人たちは神と深いかかわりを持ち、神をもっと身近に感じていたようで、時に水平契約的な形を持っていたと考えられる。例えば〝イスラエル〟という意味そのものが〝神と争うもの〟という意味である。この言葉が示しているのは〝神と争う地位にいる〟ということでもある。このようなことからもユダヤ教において人間と神との関係は被造物と創造主という一方的な関係ではなかったことがみてとれる。このような二者関係はまさしくジンメルの方法論の基礎といっていいだろう。

さらにいうと本書全体にかかわる概念である存在被拘束性という概念を生み出したマンハイム（マンハイム、カール：Mannheim, Karl, 一八九三年三月二七日～一九四七年一月九日）もユダヤ人であり、ジンメルの下で学んだ後にアルフレッド・ウェーバー（ヴェーバー、アルフレッド：Weber, Alfred, 一八六八年七月三〇日～一九五八年五月二日、マックス・ヴェーバーの弟）の下で働いている。ジンメルの方法論である二者関係を二つのイデオロギーに置き換えれば、まさしく相関主義である。社会学をつくり出した大学者たちも、その時代や文化の価値観の中でその理論を構築してきたのである。

（6）社会学のみていたもの

現代社会学をつくったといえる三者を比較してみればわかるが、現代社会学の礎を築いた三者には社会学的な方法論的な違いはあっても、実は同じ対象の様々な側面をとらえていたのではないかということが推察できる。その共通した視点は相対的認知であり、何らかの形で科学的研究に耐えうる対象がそこにあるという理解である。

2　社会学と相対化

社会学が成立するまでは、特定の価値観の普遍性を信じて成立していた社会科学が、社会学によって相対化された。その結果として現在の社会学においては社会学者の数だけ方法論があるといわれている。多くの社会学者に聞いても、社会学とは何かという問題に対する明確な回答は返ってこない。

その理由は、回答することに対しての危機感があるからであろう。要するに自らのよって立つ価値観を言語化することの難しさと、それを明示することで生じる批判に対応しなければならないことに関する危機感があるのと同時に、この相対化された中でどのように方法論を確立するかということが問われるからである。これは言いかえれば社会学が専門科学として確立していないということを意味する。

しかしながら、実際に研究をする場合には、ある方法論を自分なりに決め、その方法論に基づいて、社会学とは何かという概念を規定しない限り研究はできない。その意味では、自分によって立つ立場を明確にすることこそ、誠実な態度であると思うのだが、現状は必ずしもそうはなっていない。研究者の一部は相対化という社会学の価値観に逃げ込んで、相対化することによって社会学は成り立っているのだからということで、自分の立場を明確にしない形で社会学を研究しようとする。

社会学の方法論の中で中心的な障害となっている課題は、参与観察であれ立場性の問題であれ、存在被拘束性の問題であれ、これはある価値観の中にいる人間が、他の価値観の中にいる人間を判断できるかという問題に還元することができる。
マンハイムは、意識されていない社会環境の中で私たちの考え方そのものが拘束されるという考え方を、カール・マルクスの階級闘争理論から学んだ。そして、マルクスと違って、これを絶対的なもの、必然的なものとして捉えず相対化した。そして、社会学的に『イデオロギーとユートピア（Mannheim, 1929）』を著し、私たちが生活環境の中で拘束されていることを、〝存在被拘束性〟として概念化することで社会学に大きな足跡を残した。[20]
そして現代の社会学的な主要な業績とされるフーコー（フーコー、ミシェル：Foucault, Michel, 一九二六年一〇月一五日〜一九八四年六月二五日）やブルデュー（ブルデュー、ピエール：Bourdieu, Pierre, 一九三〇年八月一日〜二〇〇二年一月二三日）らの業績もこの意識されない知としての存在被拘束性の因数分解であったと考えることができる。この点から考えると、社会学者が問題とし、その方法論上の障壁となっているのは、基本的に再帰的認識（自己認識）能力から生み出される自己言及性が持つ循環構造であることがわかる。結論からいえば、その循環構造そのものは、循環構造である以上どこまでも回答の出しようがない。[21]

（1）現代社会学理論における相対化―自己認識・自省・再帰性―

この相対化とそれから導き出される自己言及、そして研究者の立場性の問題は現代社会学理論の中心でもある。そして社会学ではそれらの問題をつくり出している現象に対し、自己認識・自省・再帰性という用語があまり調整されることなく、それぞれに使われている。これらの用語は重なり合いながら異なった意味を持っている。ここで読者の混乱を少しでも減らせるようにその関係性を簡単に検討する。

自己認識と自省が、それを考えている本人からみたときの状態を指し示しているのに対し、再帰性という用語は、もう少し機械的に鏡に映った自己という現象を記述している。また再帰性は英語では「reflection」と「recursive」

という異なった語彙を含んだ言葉で、現状日本語では意識的に区別した用語を寡聞にして知らない。ルーマンやギデンズ（ギデンズ、アンソニー：Giddens, Anthony，一九三八年一月一八日〜）が使用したリフレクション（reflection）は、ラテン語の「reflectere」に由来し「折り返す」や「戻す」という意味を持つ。工学では反射という意味であり、光があるものに当たって戻ってくる現象になる。社会学的には「内省・自省」とも訳されるが、その形に注目した概念を人間の思考構造に当てはめた解釈と考えられる。このリフレクションの使い方が、現代の代表的な社会学者といえるルーマンとギデンズで若干異なっている。

ギデンズのいう再帰性は、個人が社会的、言語的な基盤に依拠して自己を含めた諸対象の意味を再解釈したり、構造に条件づけられながら同時に、構造に働きかけたりする螺旋状の循環であるとされている。彼の理論では、再帰性には、行為者が自己を観察し、自らの意味を改めて吟味したり、行為の帰結が行為者自らに作用したりする自己再帰性、行為が社会構造に条件づけられつつ、同時に社会構造に影響を及ぼす制度的再帰性、さらに概念的言語的な媒介による認知的再帰性などを意味しているといわれる。[22]

一方、ルーマンの再帰性は、「自明な前提の消失」という社会的事態に関係し、再帰性を徹底すれば、主体も再帰性自身も再帰性の対象となるとされる。[23]

本書では基本的に脳の前頭前野統合によって生じた人間の能力としての自己認識を扱い、イメージ操作能力や言語操作能力を含めた意味でのリカーシブ（recursive）な再帰性を利用する。リカーシブは一般に、プログラミングの世界でよく使われる概念で、ある処理が自分自身を呼び出すことを指す。言語科学でも利用されている概念で、脳内における処理に注目した概念であるといえる。本書ではこの能力が同時期に二人の子どもに生じた前頭前野統合と前頭前野統合遅延の結果として生まれたというヴィシェドスキー研究に準拠する（Vyshedskiy, 2019）。[24]したがってヴィシェドスキーが主張する脳科学的な前頭前野統合によって生じた能力がまさしく、ギデンズやルーマンの考える

reflectionを成り立たせているものと考え、その用語を適用する。

ギデンズやルーマンは、社会と行為者が入れ子状態になることを社会現象としてとらえている。筆者は、人間が獲得したこの能力が自己（N）の中に自己を見る自己（N'）としての自己を生み、その循環構造が論理的に導いてしまう自己不確定性を安定化させ、不安を安定化させるメカニズムを、人間はその認識構造上の必要性から生み出したと考える。同時にこの原理的な不可知性から、自己（N）の中に自己を見る自己（N'）には社会が不可避的に組み込まれる。その意味で、原理的に個人と社会が不可分になる関係を明らかにしている。

循環構造は数学的には無限のもっとも単純な形である。この数学的な〝無限〟を集合としてとらえる考え方は、カントール[25]によって提示された。そしてその集合は〝その系の中で証明することができない〟ということを、ゲーデルが「不完全性定理」という形で証明した。本書ではそのことを現象学的な意味でエポケー（判断留保）して、その認識能力がもたらす不可知性そのものを人間の認識の基本的な要素として分析していく[26]。もっと言えば本書では物理学におけるハイゼンベルグの不確定性原理と同じように自己存在の不可知性もしくは不確定性とそこから引き出される存在に対する不安からの回避を社会の〝原理〟としてとらえている[27]。

（2）社会の基本構造としての再帰的認識（自己認識）能力とその安定化メカニズム

改めていうまでもなく、他の動物と違う人間の特性は人間が言語操作的な形で再帰的認識能力を持っているということである。この能力が決定的に人間社会の在り方を規定するというのが本書の論点である。

実はこの人間が持つ再帰的認識能力という能力がある以上、自己を自分の中で確定することは論理的に解消不可能な課題となる。そして原理的に解消できないのであれば、何らかの現実的な方法でその解消を果たすことが必要となる。

これは社会を研究する場合にも同じ問題が生じることを示している。つまり社会科学の対象は社会であり、そこに属している研究者がその社会を完全に客観的に論じることはできない。そして明らかなのは、解消不能であることが明確である問題をその論理の中でいくら議論しても意味がない、ということである。

ではどのように扱えば意味のある議論が可能になるだろうか。それは、この問題を方法論上の問題点として、あるいはその循環構造の中で解消を図るのではなく、人間の認識能力として、〝事実〟として取り扱うと、社会理論の基本的な要素としてみることが可能になる。つまりこの循環構造とそこから導き出される自己の不確定性と不安こそが、社会を成り立たせている基本的な〝原理〟であると考えることで、社会学の対象とする問題に方法論上の基礎を与え、具体的な解明への道筋をつけることができる。

端的にいえば、その循環構造から生み出される本質的な不確定性を確定するためにさまざまな仕組みが生み出され、その中で〝相互に確認する〟、〝基準を形成する〟、〝意識しない〟、〝問わない〟、〝真理や神を設定する〟という方法で安定化を図る。そしてそれはいわゆる認識論的な問題だけでなく、財の交換などの物質的なやり取り、地位などの役割の形成を含め網の目のように人々を覆いつくし人間社会を形づくると考える。

この社会を構成する基本要素を、認識の不確定性の中で議論するのではなく、認識の特性として考えるためには、この事実をフッサール（フッサール、エドムント：Husserl, Edmund Gustav Albrecht, 一八五九年四月八日～一九三八年四月二七日）がいうように現象学的な意味でエポケー（判断留保）することが必要である（フッサール、一九六五年、『現象学の理念（Husserl, 1907）』）。そして、そのことは社会事象をとらえるために必須の思考法であるといえる。ウェーバーの方法論もヤスパース（ヤスパース、カール：Jaspers, Karl Theodor, 一八八三年二月二三日～一九六九年二月二六日）を通じて現象学的な手法を基本としていることは確認されてもよい。

残念ながら、シュッツ（シュッツ、アルフレッド：Schütz, Alfred, 一八九九年四月一三日〜一九五九年五月二〇日）によって批判されているように、パーソンズ（パーソンズ、タルコット：Parsons, Talcott, 一九〇二年一二月一三日〜一九七九年五月八日）に代表される社会学の構造機能主義はその基礎概念の評価と確定に関心がなかったことは事実であろう。本書はこのような視点から、この循環構造が人間の存在に対する不可知性を生み、不安を生み、その人間の認識構造の中でつくられている社会を大きく規定するという立場から論じる。

この自分を見ている自分を想像できるという意味での再帰的認識能力（鏡に映った自己）は無限の循環構造を持つ。人間の認識における自己とはN＋N'で成り立っている。実はこの自己認識の構造がもたらす原理的な不可知性が、社会学方法論における存在被拘束性の問題や立場性の問題を引き起こす。つまり、このN'が社会的知識によって成り立っていることにより、社会の知識による拘束性が構造的に組み込まれる。人間はその能力としての再帰的認識能力から循環的な思考を生み出し、原理的に自己の不確定性をつくり出している。そしてその構造は社会的知識と不可分であることから、社会学の方法論上の問題点とその構造がシンメトリーをなす。つまり社会学はその相対的認知という学問の特性から、人間が本来持っている再帰的認識能力による不確定性の問題をその方法論上の課題として取り込んでしまったといえる。つまり社会学的な方法論が陥った課題は極めて基本的な人間の、そして人間社会の根底にある課題だったといえる。

3　社会を構成する三つの要素　本書を執筆する理由

（1）社会を構成する要素

認識構造の問題が方法論的に社会学に特有な問題であり、人間の理解がそこに規定されているとしても、それだけで社会が成り立っているわけではない。いうまでもなく人間は生物であり、地球の生態系の影響を受ける。この地球の生態系を超えて人間は生きることはできないし、様々な植生などに規定される生態系の扶養力が許容する幅を超えて生物としての人間は存在することはできない。しかし人間は再帰的認識能力を獲得した時から、被捕食者の立場から抜け出すことになった。死亡率の低減は、生物としての高い再生産能力につながり、その結果として人間は常に人口圧力にさらされることになった。再帰的認識能力によって、まさしく人間は他の生物と異なった存在となったのである。そして他の生物であれば悩む必要のない、自らの生存競争に説明をつける必要が生まれてしまった。地域の生態系の中で生き残ることができる人口が一定であるという制限の中にありながら、人口圧力が常に存在するという状態が現出したのである。その中で、人間が人間であることを理解しながら、それにどう対処するのかという問題に対応する必要に迫られたということになる。そして人間が生き残っていくためにはその問題への対処を社会の基礎条件として組み込んでいくしかない。まさしく原罪ともいうべき困難を抱え込んだのである。

この再帰的自己認識能力の獲得が、人間社会を他の動物と異なった形に変えた。そうであれば、社会問題と考えられていた問題のほとんどは、次に述べる三つの要素で説明できることになる。そしてその視点を導入すれば、社会問題の解決に向けた合理的な解を生み出す可能性が高まると同時に、社会学的な混乱を引き起こす難問のほとんどは論理的に解決できる。ここでその要素を整理してみよう。

（２）三つの要素

①再帰的認識能力がもたらす帰結

まず、人間を、現在の人間の姿にした能力である再帰的認識能力とその言語化としての自己言及能力とそのもたらす結果である。それは私たちを常に拘束する。再帰的認識能力としての自己言及能力を持つということは、つまり自分を自分として自分だけでは確定的に認識できないということを意味する。そしてこの能力こそが人間を人間たらしめていると考える。

循環系の中で自己を確定することができなくなるメカニズムとは、言い換えると人間が再帰的認識能力を獲得した中で自己を確定するためには、他者を通じて、相対的にしか確定できなくなったということである。このことは他者によって承認されない限り、常に不安にさいなまれることを意味する。まさに、再帰的認識能力の獲得は、存在を確信できないという意味で、人間にとって自己に対する本質的な不安や恐怖を与える。

社会学の中ではながらく自己言及や自省として扱われてきた。しかし、この能力は単に自己言及や自省という社会学的な枠を越えた影響を与える。自己言及や自省に加え、人間に特有な言語を使った演繹的展開も同じ脳の機能から説明される。その意味で再帰的認識能力という用語を使う[28]。

この再帰的認識能力がもたらす不安は〝問われないあいだは発現しない〟。つまり自分を問う、考えるという作業が恐怖と裏表の関係を生み出す。普段考えているつもりのない人にでも、この能力は備わっていて、いったん開けてしまうと収拾がつかなくなる。特定の価値観を無条件に信奉することに対する疑問から社会学は始まった。その結果として社会学は、自己認識によって生じる自己の本質的な不確定性と自己の存在への不安という、人類が営々と封じ、開けることを恐れていた問題の蓋を開けてしまったのである。そしていうまでもなくこの問題がいわゆる社会学の諸問題の根底をなしている。

②地球環境における生態的な制約

次に認識論を離れて生物としての人間が置かれている条件が大きな制約となってくる。拙著『人口問題と人類の課題』で述べたが、この地球上における最大の制約条件は、地球という生態系の中での人口扶養力（carrying capacity）である。地球のもつ生態学的な扶養能力を超えて人類が活動することはできないというのは事実であろう。この扶養力という言葉は他の生物の生存も確保されなければ人類の生存もあり得ない、という視点を含んでいる。

前掲著に記したがマーヴィン・ハリスの推計では、人間のような大型類人猿が環境を破壊しない形で生存できる生態学的な許容人口はわずかに一〇〇〇万人ぐらいまでだろうと考えている[29]。多くの生態学者の見解も数百万人の規模から一〇〇〇万人程度で、あまり変わらない。現在の地球人口は八〇億人を超えている。持続可能な開発目標（SDGs）はこのような問題意識から、人類社会が人間としての尊厳を保った形で、いかに軟着陸するかを考えている。

これは、これまで人類が行ってきたような〝理屈をつけて他者の存在を否定する〟という方法をとらないことを前提条件としておくならば、大変な難問であることがわかる。そしてこの問題を明確に意識し、その構成条件を把握できたのは歴史を顧みても、人類史的に考えても、現在時点である。現在においても本書がおそらくはじめて具体的に提示した出版物となる。言葉を換えるとこれらの条件の解明が進んだことで初めて、持続可能な開発の達成に向けて取り組むことができるようになったといえる。

現在のかつてない規模に拡大した地球人口は、ハーバー・ボッシュ法（空中窒素固定法）などを含めた科学技術の進歩で支えられている。そして現代になって生み出された家族計画などの発展によって、自分たちの意志として人口をコントロールすることができるようになった。これらの人類の知識の拡大によって、これまで人類がその歴史の中で行ってきたような悲惨な方法ではなく、人類史上初めてすべての人が人間の尊厳のある人生を送ることができる可能性が出てきたのではないかと、考えている。まさしく今、取り組みが求められているし、人間がそれを実現する能力を持ったといえるのである。

③人口圧力・生存競争

このような観点からみると社会の制約要因、社会を規定する要因としての人口の持つ決定的な意味がわかる。この人口圧力を人類は自分たちが理解したいように、もしくは理解できるように理解してその歴史を紡いできた。その理解の仕方はまさしく認識論的な不可知性を回避する努力と不可分に結びついている。その意味で認識論的な不可知性と人口の視点から生み出されるものではあるが、社会学で中心的な課題である組織や集団の原理を規定するので、人口圧力・生存競争を三番目の要素として独立させることにする。

具体的にいえば、人類史の中で人間が生活するところ、人口圧力が必ず存在したといえる。新しいフロンティアを見つけたとしても地域の生態的な扶養力に対して人口は増加し、あっという間に飽和することは生態学的な事実である。その中で生き残っていくためには必ず程度の差はあるとしても闘争を通じて人口抑制を果たさなければならなくなる。そこに再帰的認識能力を安定化させる、もしくは発現させないためのメカニズムが絡むためにその闘争は生物学的な制約を超え苛烈なものとなる。

生物学的にみれば、人口圧力の中で自己の生存を図ることは、自らの生存欲求が生む生存競争といえるだろう。利己的遺伝子論[30]にしたがって、人間が生物の一種として利己的遺伝子に支配されていて、そもそもの性質として自分の遺伝子を拡大しようとすることを前提とするならば、生物としての宿命として他の生命を利用しなければならなかった、ということは説明できる。これもまた生物としての人間に組み込まれている基本的な欲求であり、基礎的な条件ではある。

しかしこれだけでは十分な説明にならない。生物学的な説明に還元してもすべてを説明できるわけではない。人間はその生存競争を自らつくりだした社会の中で行うので、社会的な闘争を生物学的に還元しても、人間を取り巻く条件の一つを説明するだけであり、社会的存在としての人間の行為を考える場合には十分ではないからである。

人間にとって他者の否定は単純な生存競争に還元できないのである。人間は再帰的認識能力から生み出される不確定性と自分の存在に対する不安を安定化させるための仕組みをつくり出した。それは自己確認、そして自己の範囲が必要に応じて変化すること、その自己を確定するために敵という名の他者を必要とすることなどを含みこむ形で、まさしく社会そのものともいうべき複雑な仕組みを構成する。この複雑な仕組みをつくり出すことで、対処してきた。そしてそれを正当化するためのメカニズムとしての信念体系を組み立ててきた。このように理解することで初めて人類史が経てきた過酷な現実を説明することができる。そしてこれはまさしく権力などを含む統治メカニズムの基盤となるのである。

(3) 社会分析のフレーム

社会学の方法論と認識論的な研究に基づき長年にわたって人口問題に従事したことで、筆者はこのように社会分析のフレームをこの三点の要素に還元できることに気がついた。この視点を導入することで、社会学のパースペクティブを極めて明確なものとしてみることができる。

このような論点から考えていくと、通常世界で考えられている〝正しさ〟や〝絶対神〟という概念も人間が必要性に応じてつくり出したということがわかってくる。ここで注意しなければならないのだが、この議論は〝神が存在する、しない〟の議論とはまったく違った、あくまで社会科学の議論であるということである。

創造主としての神を想定するのであれば、それは当然の論理的帰結として善悪を超越したものとならざるを得ない。仏教の大日如来もそのような存在である。この点について筆者の立場はヤスパースの『哲学入門』に示された〝神〟の認識とほぼ同じであると考える。[31]

しかし本書で扱うのはあくまで社会科学であり、〝どう生きるか〟という哲学の問題ではない。神を人間がどのように設定してきたかという問題であって、信仰の問題ではない。つまり社会的に神という概念を人間がつくり出し、それをどのように解釈し、利用してきたかということであり、人間がつくり出した神の問題である。

このように〝神を利用する〟ということは、宗教の中の論理でも課題となってきたことは興味深い。ウェーバーもこの点に注目している。ウェーバーの『古代ユダヤ教』[32]の中に預言者が扱われているが、神から召命を受けて預言をしているにもかかわらず、その多くが悲惨な末路となる。それに対して宗教がどう答えたかは神議論を考えるうえでも重要な論点となっている。その内容を要約すると以下のようになる。

世俗の権力にしてみればその正当性を否定する預言者は邪魔な存在である。つまり世俗の権力からすれば自らの権威を脅かす存在であり、排除すべき存在である。預言者の研究からわかることは、この預言者も自らの意志で預言しているわけではなく、本人が嫌であっても預言をすることを強いられる。預言者は神から、本人の意志に関係なく、預言者とされるということである。[33]そしてその言葉を伝えている限りにおいては、守られる。しかし預言者として活動していく中でその追従者に対して権威を持ち始める。そして神の言葉を自らが解釈して、話し出す。神にしてみれば〝そんなこと言っていない〟となって守る必要もなくなる、という説明である。このような分析があるということは、まさしく神学の体系の中ですら、神とその人間による解釈の問題は重要なテーマであったことを示している。

くり返しになるが、社会科学的な分析という視点から考えるならば、ここで論じているのは〝神の有無ではなく、人間がそのように解釈した〟ということである。この点を厳密に区分しなければ社会科学としての議論は成り立たない。そして、このような論点をきちんと検証することで、実は「正しさ」という名のもとで行われている戦争、国家間の闘争を相対化する可能性が生まれる。そしてそうすることで価値の闘争に対する処方箋を構築することも可能になるといえる。

本書では社会学がこれまでのような循環構造の中にいて、その方法論的な原理において混乱をきたしていたものを、人間の認識構造から必然的に生じる特性としてとらえ、社会を構成する〝原理〟と捉えた。本書では、その原理から社会構造を理解することで、社会学的な問題のほとんどは解消できることを示していく。各論は様々残るとしても基本的な認識論的な課題は解消可能であろう。反証があればお待ちする。

私たちは、これまで、立場によって考え方が違うという形で、場合によってはその方がその当事者にとって利益になるので、立場の違いを強調して意図的に不毛な議論に終始していた。しかし、本書の認識に基づいて社会問題を考えていくことで、これらの混乱を建設的な議論に転化させることができる。

4　社会学共通の対象

ここで改めて社会学の対象を考えてみる。一言でいえば社会学の対象は「行為」であるといってよいだろう。社会学的な定義に従えば、行為とは意味を持った行動である。意味を持って行動をしないという決定をした場合であれば、その行動しないということも「行為」となる。

すべての行為が脳の指令のもとに行われるという唯脳論的な立場に立てば、社会学とは結果として顕れる行動を形成する意味世界の解明を行う営為となる。その意味世界は自分が主観的に理解している範囲だけで構成されるわけではない。それは、外的条件や、内在化され暗黙化された知識、そしてそれがそのようにならなければならない理由によっても構成されており、その解明が社会学研究の学問的な目的となる。

逆説的なようだが、この「行為」をなす意味の多くは〝それが問われないこと〟で成立している。近代における自己の確立の強調の中で、自らの意志としての選択が強く叫ばれてきたが、意識して選択できている領域はわずかな部分であるといえるだろう。計量化はできていないが、私たちが普段に行っている「行為」のほとんどは第一次社会化、第二次社会化を通して社会的知識を内在化することで意識されない形で私たちの行為を形成していると考えられる。実例として普段の会話を挙げることができる。例えば日本人が日本語で意思を伝えようとするとき、日本語の文法を意識するだろうか。逆に意識したら会話が難しくなる。

社会学は、このような特性を持つ意味世界を分析する。社会学はその当初から相対的な視点を特色として価値を相対化してとらえてきた。また社会学は哲学とは異なる科学としての立ち位置を強調してきた。それは主観化された真理を議論しても価値と価値のぶつかり合いになって解決を導くことができないという事実判断に基づき、それに代わる方法を求めたものであるともいえる。

社会学の特色であるこの相対化は、社会的な様々な価値を学問対象としてとらえることを可能にすると同時に、新たにそれまで問われなかった認識論的な方法論的な課題を生み出すことにもなった。

また社会学が科学的ということを指向するということは、理念よりも現実の観察が優先であり、現実に対する合理的な説明可能性を希求するということである。そして社会における様々な事象という現実の中から、反復性があり、再現性があり、法則性があり一般性がある事象を研究の対象とすることを意味している。この解明の中から帰納され抽象化されたものが社会学理論となる。

その内容については本書全体を通じて解明していくが、別の言い方をすれば個人の集合体としての社会の中で、共有されて、繰り返される特性を持ったものが社会学の共通の対象であることになる。

本書は、筆者が見出した自己の決定不能性を〝原理〟と考える理論の演繹的展開のように受け取られるかもしれない。しかしこの〝原理〟は、人間の営為としての社会学そのものを研究対象とすること、社会学の研究成果を考えること、そして現実の社会観察の中から見出された。現実の人間社会に対する観察と人間の認識能力の限界に対する思索の中から発見された〝原理〟である。この〝原理〟は、すべての人が人間として持つ能力から生み出される。したがって、あまりにも普遍的で一般的であるがゆえに、いわゆる調査研究によって見出されるような性質のものではない。しかしあくまで現実の帰納から生み出された〝事実〟であり〝発見〟である。したがって、ここで提示する〝原理〟を現実に適用して、それが適切性を欠く場合、もしくは反証という形で論理構成を否定されるような実例が示された場合には、本書の理論、本書の考える〝原理〟を修正するべきものであると考えている。

本書では、社会観察と人間の認識に対する検討の中から見出された〝原理〟から、すべての個人の能力としての再帰的認識能力がもたらす不確定性と存在論的な不安が社会現象のほとんどに関わっているということを説明することになる。同時に、人間の認識は社会を離れてはあり得ないことが論理的に導き出される。人間の認識が引き起こすこれらの問題とそのほかの条件の関係に関していえば、これは定量的にその割合を決定できるものではない。社会が「層の構造」でできていると考えれば、社会という層を規定する条件をこの人間の認識構造から引き出される原理で制御しているということになる。

結論からいうと、この不確定性や不安定性を固定するために、宗教や価値を含む様々な情報が共有され、不断に確認され維持されている。そして行為の特色から行為をスムーズに行うためにそれが意識されないほどに個人の意味世界に内在化される必要があることを示している。

この内在化された情報は、まさしく〝見えている世界〟を構築し、人の行為を規定する。このような社会的な知識として〝個人の中に内在化された意味〟はその一部である規範や習俗などと相まって、意識されない部分から意識された制度までが複雑にかかわりあい、〝思い通りにならないもの〟としての〝社会的事実〟を構成しているのである。

社会という複雑な網の目を支えているのが、自己の不確定性と存在論的な不安を回避するために生み出される、自己確認や自らの相対的な安定化のメカニズムであり、それをすべての人が行っていると考えると、その力がどれほど強固なものかわかる。このメカニズムは人間を拘束する最も堅固な構造であり、人間が再帰的認識能力を持った結果としてのある意味で必然的な構造である。そしてそれはすべての人間が持っている構造であるため逃れようがなく、自ら望んで、また自ら望まない場合であっても自らを拘束していく。

ウェーバーがはっきりしない形であっても、理解社会学の対象として考えたものが、まさしく社会的な知識が意識下の知識として内在化され、人間の行為を規定する知識であったとすれば、デュルケームもウェーバーも実は同じ対象を扱っていたといえる。社会学の創始者たちは、そのような価値を無前提的に形成する社会的知識によって人が規定されていることについて、十分に言語化できない形ではあるが気がついて、その部分を研究対象としたのである。

デュルケームは『社会学的方法の基準』で物理学に範をとったような、主観を排し外形的な統計であらわされる事象で研究を進める方法を提示した。そこでデュルケームは、その研究対象である〝社会的事実〟を外形的に主観的に恣意的に変化させることのできない存在として暫定的に設定した。さらに主観的な論争を避けるために、統計などの客観化できる技術を用いて分析を行う方法を提示した。

ジンメルの形式社会学の対象も同様である。主意主義に基づきながらも、主観としての意志と客観的検証可能性を分離する形での科学的分析を主張したウェーバーや認識論的な議論をある意味でエポケーし、外的な統計的事実をカッコつきで分析することを主張したデュルケームに対し、ジンメルは社会の構成要素として個人の関係性に注目した。その関係性の形式はその人の主観や価値観がどのようなものであっても変わらない、という点に注目して理論構成を行ったといえる。

社会的な交流という形で外部化された情報は、コミュニケーションが成り立つためにはどうしても複数の人間が関わるために演繹的な形をとらざるを得ない。そこに注目すれば、内容はともかくとしても関係性の成立の仕方には安定したパターンがあると考えた。この方法の優れているところは、主観と客観の認識論的な議論に入る必要がなく、社会関係を分析することができるという点である。

このようにデュルケームもウェーバーもジンメルも、その研究対象は恣意的に変更できるものとは考えていない。デュルケームとウェーバーは客観的な方法にこだわっているが、ジンメルは科学的な分析に対する指向性はあるものの、客観性そのものにはこだわっていない。このような違いはあるとしても、三人とも社会を〝恣意的にどうにでもなるものではない〟としてとらえていた、ということになる。

いうまでもなく自然現象が人間の思いで変化するということは一般に受け入れられていない。自然現象はそれぞれの自然の法則に基づいて生じており、その法則の解明が自然科学のテーマとなる。このことはほとんどの人に疑いを抱かれることもなく受け入れられている。しかし私たちの主観がつくり出しているこの社会が、自然現象と同じように、人間を拘束しているということはなかなか理解されにくい。

しかしながら社会学の始祖であるデュルケームもウェーバーもジンメルも思い通りにならない存在としての社会を研究する方法として社会学を提示したことは、ある意味で同じことを発見していたといえるのではないだろうか。社会学は文学と異なり、私たちが縛られているなにかを、思弁的で主観的な、ある意味では一回性の経験としてとらえるのではなく、ある意味で変化しない存在として捉えているといえる。その意味で社会学の分析と文学は異なるし、すべてが検証できるわけではないが、その一部は統計的な方法で検証できる。

つまり社会学の研究とは、私たち一人ひとりの持つ認識能力が導く不可知性とそれを避けるために構築された、個人から国家までを覆う複雑な承認メカニズムの多重の網の目について、そのそれぞれのレベルや対象に固有の条件を踏まえたうえでの、分析を行うことである、ということになる。

(1) 科学と社会科学

科学は自然科学から始まった。おのずから社会科学であっても自然科学の方法論を踏まえ、いわゆる客観的な知の集積を通して正しい因果律としての〝真理〟を見出すことを目的としている。したがって科学は一回性の個別の現象を解釈するのではなく、普遍性と継続性のある現象を対象とすることが普通である。つまり科学的という営為には反復性と再現性が求められる。端的にいえば、その反復性を構成する因果律が科学理論と考えられている。社会科学の場合にその反復性はどのようにしたら形成されるのであろうか。ここに人間の知の顕在的知識と非言語的な内在化された知が関わってくる。ウェーバーが方法論とし、同時に対象とも考えた〝理解〟可能な存在は、まさしくこの領域であると考えている。[34]

人間が行為するときに、わかっていることであれば、いったんやってみて、うまくいかなければ修正するのが一般的である。その意味では人間にとって意識された行為はフィードバック（帰還：feedback）メカニズムを持っている。[35] 例えば選挙で特定の候補が優勢であったり不利であったりすることが選挙投票時点で判明すると、それによって有権者の投票行動が変わることがあるために、選挙得票の報道は投票終了までできないことになっている。

では人間の行為の中でどのような部分が反復性を持つのであろうか。これは意識されていない非顕在的な知識の部分と、言語化され公示された社会制度や規則の部分であるといえる。意識されないことで反応スピードを高め、部分的な情報しか扱えない顕在的情報処理のもつ誤謬の可能性を減らすことができる。つまり私たちの行為の中で意識して行為する部分はわずかであるということが想定できる。そして言語化されたものは社会的な共通知として人々の行為を規定し反復させる。特に法はそれが制度的にその手続きを含め明示化されたものであり、国家権力による強制力を背景に人々の行為を規定する。

いずれにしても、それらが社会的に共有されている場合に、行為は社会的に反復されることになり、いわゆる科学的分析の対象となる。社会学の方法論として対極にあると考えられている現象学と社会システム論が交差する可能性がここにある。その意味でシュッツがパーソンズに書簡を送った理由も理解できる。全体に共有されている意味は、時代の世界観を構成する、そしてその世界観が共通され、内在化されたものであれば反復が生じ科学的分析の対象となる可能性が出てくるのである。

おそらくシュッツは社会学的システム論の基盤もしくは構成要素となる、安定的に操作できる要素とは何かを検討することで、現象学とシステム論の共通点を伝えたかったのだと思う。しかしパーソンズはその要素の複雑性をあまり考慮せず、それを単純に機能分析に当てはめることを考えていたために、残念ながらシュッツの片思いに終わってしまった。

社会学が得意とする対象分野としては、法律などの明示的な規則の分野というよりは、まずは社会によって共有され、非言語的に日々の瞬間で相互確認されながら行われる行為の分野である。このような行為は、反復性を持ちうるが、その集団に属している人々にとってそれが固有の行動であると意識されることはない。

社会学の主たる研究領域が、この〝共有され・反復する行為〟を言語化する営為であるとすれば、特定の集団の中だけでそれを考えてもそれを言語化することは非常に難しくなる。したがって社会学ではその問題を解消するために、〝比較〟という方法が採用される。

もう一つの領域は企業組織論のようにその目的が明らかである社会集団の行動原理を明らかにする研究である。社会学的には目的合理的行為といわれる行為の分析で、目的合理的に与えられた条件が同じなら、同じ選択をすることが合理的とみなされる場合に、目的を充足するような行為を順機能としてとらえ、その目的に反するような行為を逆機能としてとらえて分析することになる。目的が明らかである行為の場合には、誰がやっても判断が変わらないということになり、反復される。そしてそのような行為はその反復性から科学的分析の対象として適切であるということになる。

このように目的合理的行為は予測可能性が高いが、それでも変化することがある。それはその目的を達成するために別の条件を見出した場合である。これはある種の発見であり、経営などのイノベーションを導き出す。いわゆる視点の違いが名経営者と凡庸な経営者を分けているのである。

（2）主意主義的行為理論とシステム論

社会学の主流である主意主義的行為理論では、この「主意」の多層性、複雑性を十分に意識しないまま議論が進められてきた。自分が考えているという意味での主意は、そもそも認識の不可知性を避ける（意識しない）ために、相互承認の形でがちがちに拘束されている。さらにいったん外部化された知識は演繹的な体系を持ち、なぜか論理的な構造を要求される。[36] その意味で前述の目的のある目的合理的行為はその構造が明確で分析が容易といえる。

逆説的ではあるが「主意」とは〝恣意的に思えることではない〟こともこの論理から導かれる。つまりいわゆる主意が自ら拘束されている認識構造を支える社会的知識がなければ存在しないことを考えれば、いわゆる客観的事実も誰かによって認識されていることによって事実と認識されていることになり、その制約を離れられないといえる。

現在の社会科学で素朴な実証主義をとる研究者はほぼいないだろう。現代の社会科学でいう客観的な科学的分析というものは、人間社会の行為を構成する現象の中で、統計的な手法で検証されその有意性が認められた研究成果を指す。その意味からいえば、主意主義と実証主義は対立するものでもなくなっているといえる。

ただ主意主義的な行為理論を打ち立てたパーソンズは、デュルケーム、ウェーバー、ジンメルから学び理論の基盤をつくったとされるが、パーソンズの視点の中にはこのような主意の多層性についての理解は乏しいように思う。ここでは各論の学史的な検討は行わないが、現時点から振り返ってみるとパーソンズの理論とデュルケーム、ウェーバー、ジンメルなどの社会学の創始者の研究方法には大きな乖離があることがわかる。社会学をつくり出したデュルケーム、ウェーバー、ジンメルらは、時代の制約はあるとしても、それぞれの問題意識に基づき事実を観察し、その事実からそれを説明する考え方を概念化する必要性を感じ、社会学的な概念をつくり出した。これに対し、パーソンズは第二世代の社会学者として、問題意識から始まった第一世代の社会学の創始者たちがつくり出した社会学的な概念を所与のものとし、スコラ的な方法でそれを組み立てることに方向を逆転させたといえる。

　したがって有名なAGIL図式にしても、それが科学で追究される法則や原則の発見という意味での「原理」といえるものではなく、どのような組織であってもその機能がなければ組織が維持できない機能を書き出しただけであるといえる。AGILとは適応：Adaptation、目標達成：Goal attainment、統合：Integration、潜在的な型の維持：Latent pattern maintenanceのことである。つまりどのような組織であってもAGILに当てはめることは可能であるが、その分析を行うことで新しい知見が出てくるわけでも、社会問題の解決につながるものでもない。したがって組織が問題解決のためにAGILを利用したとしても、起こった事象の説明を事後的に説明することはできても、その理由やその問題の解決につながる解明にはあまりつながらない。[37] なぜそうなるかといえばパーソンズのシステム論は説明ではあっても、その仕組みの解明には至らなかったからだということになる。

　その結果、そこで生み出された概念は、社会学的な説明を可能にするという有効性はあるとしても、そこに区分してもそれ以上でもそれ以下でもないことになる。現在も社会学的研究といわれる内容のほとんどは、社会学用語の組み合わせで事物を説明しようという試みにとどまっているのではないだろうか。つまり社会の様々な事象を社会学の概念にあてはめて、〝ほら、このように説明できる〟と言っている例が多いのではないかと考える。このような概念化の持つ意味は否定しないとしても、そこでいくら当てはめても新しい発見が行われるわけではない。説明というかたちでひたすら後ろを向いた議論をしていることになる。

パーソンズの方法は西欧の学問の基本であるスコラに先祖帰りしたものであるといえる。このスコラ的な学問は、論理実証主義、ゲーム理論などの形で最先端の学問としても展開されており、それを批判することは実はかなりの難問である。そしてこの問題は科学を学問の中でどのように位置づけるかという問題でもある。ただ素朴に現実が先にあってその観察に基づいて論理を構築することが科学の前提であるという立場をとるならば、論理の方を先に構築して現実を当てはめる説明は科学とは異なる分野であることになる。

(3) パーソンズのシステム論とその後の展開

このような理論がなぜ広く受け入れられたのであろうか。この問題を考えるためにはパーソンズが理論構築した当時の社会背景、つまりパーソンズ理論の歴史社会学が必要になる。第二次世界大戦での大量の物資のシステム的な生産と動員を経験し、戦争に引き続いてアメリカでは軍拡競争や宇宙開発などの必要性に迫られ、その達成のために巨大なシステム科学を適用することで大きな成果を上げていた。オペレーションズ・リサーチやシステム・ダイナミックスなどの方法が開発され、それが宇宙開発に援用され大きな成果を上げていた。[38] このような時代背景を考慮に入れれば、パーソンズの方法は、工学的なシステム科学の方法の有効性が示された中で、社会学をシステム科学として構築しようとした試みであったと考えることができる。ただ社会科学の場合に利用されてきた社会学的な概念そのものは、工学でシステム科学が成立する条件となる厳密性を確保できない。その意味ではシステム工学のアナロジーを行っても残念ながら十分な有効性を確保できない。

社会科学の中で社会学に比べて制度化が進んでいる学問として経済学があるが、そこで重要な課題として挙げられるものに「合成の誤謬（Fallacy of composition）」がある。これはミクロ最適を積み重ねてもマクロ最適にならないことを指している。個人の利益の極大化を合成しても、社会全体でみたときには必ずしも利益につながらない。経済学の分析のほとんどは功利的な目的合理性で説明できると考えているが、功利的な目的合理性という比較的明確な基準で測ったとしても、この不整合が起こることが興味深い。これが生じる理由として一ついえるのは短期的な利益と長期的な利益ではそれを構成する条件が異なっているということだろう。短期的には環境負荷などの問題は考慮に入れる必要はないが長期的には大きな「費用」として立ちはだかる。そして合成の誤謬の典型的な事例が人口問題である。

社会学の場合には、数学はいうまでもなく[39]、経済学や法学、スコラ哲学、論理実証主義などに比べてもその概念は多義的である。その用語やその用語で把握された概念そのものが西欧の歴史的な産物であり、要素として利用するにはあまりにも問題が多い。つまりシステムとして接続するために必要な条件である〝精度〟に欠けるということは容易に想像できる。

また要素に還元しすぎることで起こる誤謬もある。システム論とも結びつき、ほとんどの理論社会学者がその理論に縛られたパラドックスがある。クレタ島人であるエピメニデスが述べたという「クレタ人はみな嘘（ウソ）つきである」という言説である[40]。これは数学者のラッセル（ラッセル、バートランド・アーサー・ウィリアム：Bertrand Arthur William Russell, 一八七二年五月一八日〜一九七〇年二月二日）のパラドックス（Russell's paradox）として数学的には集合論の問題として一般化された。そしてこれは社会学的には自己言及のパラドックスとして知られている。今田（今田高俊、一九四八年四月六日〜）も『自己組織性』のなかでこの問題について言及し、集合論の問題としてゲーデルの不完全性定理が証明されたので、これはパラドックスではなくなり、論理的に確定できないということが明確になったと指摘している[41]。

数学的に大きな影響力を与えたこの議論も、社会科学的に考えると別の分析が可能になる。つまり、ここでいう

〝ウソ〟はどのような文脈で成り立つのかという問いを立てることができるのである。[42] 一般に考えてみてまったくのウソ、つまり事実と異なった話をしていては相手にされないので、相手を騙すことができず、その意味でウソをつくことはできない。どんな場合でも、そのウソで騙される人が騙される程度には本当らしさが必要になる。多くの場合には、その言説のほとんどが確からしい中で、何らかの理由で、そのウソをつく人にとってウソをつくことで生じる利益を生み出すためにウソをつくのが一般的ではないだろうか。つまりラッセルのパラドックスはウソとは社会的な文脈では相互に入り混じって存在しているものを二値的にとらえてしまった結果である。仮に自己言及性の不確定性の論理的な問題点は入り混じっていても変わらないとしても、社会科学的には二値的にとらえることに違和感がある。

ここでも二値的にとらえ論理の循環を起こすのではなく、論理の段階を考えてその段階を一段上げてそのウソが成立する構造を考えてみると、社会生活の中で私たちが理解している状態を説明することができる。数学や記号論理学的には重要な問題を提示しているが、ウソという言葉を制約なく無制限に適用し論理学的な展開を行ったことで、社会科学が対象としている現実世界ではもともと問題でも何でもないものを〝問題〟にしただけと考えることもできる。

しかしこれはシステム論など理論社会学の基盤となったようだ。システム論のパーソンズやルーマンをはじめいわゆる理論社会学者の多くは、社会的文脈によって用語が規定され、無条件に拡大できるものではないという事実を無視して理論を展開した。その典型例が、いわゆるパーソンズによる「ホッブズ問題」に対する解答である。「ホッブズ問題」とは〝利己的な個人が自分の利益だけを追求する中でいかにして社会秩序は構築可能であるのか〟という問題であるといえるだろう。この「ホッブズ問題」を解決するために、システム論者たちはその成立条件を捨象し、スコラ的な概念の組み合わせのなかでゲーム理論的にシステム論を組んでいったという印象を受ける。この問題を少し振り返ってみよう。

パーソンズはホッブズ（ホッブズ、トマス：Thomas Hobbes, 一五八八年四月五日〜一六七九年一二月四日）が〝万人の万人による闘争〟という自然状態を解決して社会秩序をつくるためにリヴァイアサンという制度を考え出した、と考えていた、といわれる。しかしホッブズは『リヴァイアサン（Leviathan, 1651）』の冒頭で「リヴァイアサンは国家と呼ばれているが、実は一種の人造人間にほかならない」とし、「この人造人間は主権を人工の生命としている」、そして「人造人間はどのようにして、また、いかなる契約によってつくられるのか」と述べている。[43] さらに「国家が存在しないと万人の万人に対する戦争が絶えない」と述べている。[44]

ここからわかることはホッブズの主張は、まったくの無秩序を前提にしているわけではなく〝主権〟という統治機構の存在が前提となっていることである。〝国家にその統治を支える主権がなければ国家統治はできないし、正当な権力行使もできない〟、そしてそれが自然人を超えた強大な力を有している、と要約できる。

ホッブズがこのような主張をした背景には、イングランド教会が一五三四年にローマ教皇庁から離別し、独立した教会となったこと。一六一一年にそれまでラテン語であった聖書が欽定訳聖書として英語に翻訳され、一般の人々が聖書を読むことが可能となったこと。そのことで〝自分は全能の神に語り、神が語ったことを理解している」と思い違いをするようになった〟[45]、と考えたことがあると考えられるという。聖書の英語訳がなされたことで、まさしく大陸における宗教改革と同様の現象が起こり、様々な解釈が林立したことは容易に想像できる。事実『リヴァイアサン』が出版されたのはクロムウェルによる清教徒革命（一六四二〜一六四九年）によって成立した、イングランド共和国の時代であり、それまでの王制が否定された社会の混乱期であったことは考慮に入れるべきであろう。その意味でホッブズの『リヴァイアサン』における秩序問題は、人間の本質が利己的なものであり、争いあうものであったとしても統治機構の中に組み入れられるべきであるという前提があったと考えられる。[46]

つまりホッブズの問題意識を具体的に述べると、それまで宗教と政治が一致していた中世西欧社会からの移行期に、翻訳を通じて恣意的な聖書の解釈が可能になった。その結果、聖書解釈の側から王権による統治の正当性に対する批判が生じ、それが社会的混乱を引き起こした。そこの混乱は大きな災いをもたらした。このようにして生じた混乱を鎮め、いかにしてその秩序を回復させるかということであったといえる。

パーソンズはこのような背景をあまり考慮せず、ホッブズの言葉だけを取り上げて概念化した。そして〝闘争が絶えない〟ことと〝その成立条件を一切捨象したまったくの無秩序〟は問題の性質が異なっているが、そこを無視して理論構成を行ったということになる。

つまりパーソンズは文脈を無視して、概念を抽象化しその組み合わせで説明をしようとした。パーソンズのホッブズ問題に対する解答を挙げると、①人びとに共通する価値体系を各人のパーソナリティに内面化させ、同時に②その価値体系を社会システムの中に制度化させることである、となるという。これはパーソンズが模索した規範的秩序に回答を求め、事実的秩序との関係性を明らかにできなかった、ということになる。

結果としてはそのような状況になるもののパーソンズの回答では、〝どのようにして〟、また、〝なぜ人びとに共通する価値体系が生まれるのか〟、〝いかに各人のパーソナリティに内面化させるのか〟、についての説明はない。そしてその問題と社会システムの関係をどのように考えるのかについても明確な説明はなされていないと考える。

社会科学はスコラのような規範科学ではないと考えるが、パーソンズは、その用語が使用された文脈を無視して、その問題設定の中だけで問題を解消するために所与の概念にあてはめて回答を試みた。そうすることで、記号論理学的な形でのシステム論を構築することが回答となってしまった。つまり〝なぜ〟という問いに証拠をもって答えるという科学ではなく、ある特定の概念を固定し、それを絶対化し、前提を問わない中で概念を組み合わせ、〝いかに〟それを説明しうるか、という形でその組み合わせで説明しようとしたといえる。この方法は工学的な方法ではあるが科学的な方法ではない。その結果として、社会システム論がスコラ的に先祖返りする原因をつくったといえる。

そして、その組み合わせに利用される要素は、いわゆる工学で利用されるそれと違い、構成要素が異なっていたり、論理の段階が異なっていたりして、その性質は必ずしも明らかなものではない。したがって、その組み合わせで説明しようとしても十分な説明をなしえないことになる。要素の組み合わせで説明しようとするならば、それ以上分解できないところまで要素を分解し、それを構成し直すことで行うしかない。

筆者の立場からいえば、ホッブズが提出した問題をホッブズの問題意識から解いていくためには、〝主権とは何か〟、〝主権はなぜ必要なのか〟について回答することが求められると考える。したがって、そもそもまったく制約のない〝無秩序な万人の万人による闘争〟という問題設定そのものが誤っていることになる。秩序構造と闘争は同じレベルの対立でもなければ、矛盾する関係でもない。

本書の理論に基づけば社会の秩序構造は、人間の認識の不確定性から導き出される不安や恐怖を回避させるために、一人ひとりにとって〝必要とされるもの〟である。その安定性をつくり出すための構造は幾重にも社会を取り囲み、それが社会を構成している。このような視点から考えると、安定性をつくり出すための構造は一人ひとりの認識論上の必要性に基づいて基本的に内在化されているメカニズムである。人間の有する再帰的認識能力と社会の関係を考えれば、そもそも無秩序ではありえない。

その意味では何らの形で秩序構造を必要とする共通した構造を持っており、共同利益・共犯構造が社会の基本である。そして闘争はその共通する構造の中でも生じる自己の利益の極大化やその他の理由によって生じる現象と考えることができ、それは目的論的な分析の対象になる。

このようにその概念の成立する背景を捨象して、単純化し、スコラ化した概念を利用して記号論理学的な組み合わせだけで事物を説明しようとするパーソンズの方法では、さまざまな事物を社会学的な概念にあてはめて説明することはできたとしてもその理由の解明に至らない。その結果としてパーソンズの方法では解釈は可能であっても、新たな事実の解明につながらないという現象を引き起こす。実際問題として社会政策に利用され、成果を上げたパーソンズ流の構造機能主義的研究の成果があったのか、寡聞にして知らない。

このように社会を構造としてとらえて、それぞれを機能という観点から考えることは社会学的な分析の基本であり、重要な視点であるが、それを特定の概念に還元すればすべて解明できるというものではなかったのである。

パーソンズの下で学んだマートンは「中範囲の理論」を提示し、学問として成果を上げるためには対象を絞り、社会科学の統計的な手法が使える領域での事実の収集に戻った。このことは、構造機能主義をスコラから科学に取り戻す努力であったともいえる。

マートンが現実の分析から機能の性質を説明した、機能の四分類、顕在的正機能、潜在的正機能、顕在的逆機能、潜在的逆機能という分析は、目的がある行為の中で機能を考える場合に有用である。このやり方はある現実の現象がどのような意味を持っているかを分類することができる。つまり、現実の性質を表現することができるため、社会科学的分析において有用であるといえる。特に潜在的機能と逆機能の発見は、行為がその目的とした内容と違った結果を導き出すという、意外性を示し、通常であれば気づかれない、意図されない結果を示すことで、機能分析を豊饒なものとした。

(4) 目的合理的行為と社会システム

このような考え方はどこまでの適用範囲を持つのであろうか。これまで方法論的な問題点が少ないこともあって、科学としての社会学的な分析のほとんどはウェーバーのいう目的合理的な行為の解明に向けられてきた。中範囲の理論であっても、その対象とする社会現象を統計的に調査できる範囲に制約することで、〝行為の目的そのものを問う〟という難題から逃れることができる。

しかし人間の存在に目的があるかといわれれば、それこそまた神を持ち出さない限り目的を見出すことは難しい。

これは社会全体を理論化するうえでの課題ともなる。逆にいえば社会秩序の維持のためにも、社会的に目的論的な価値観を構築する必要性があったともいえる。しかしながらプロテスタンティズムが構築したような目的論的な構造は、社会に緊張感をもたらすと同時に、資本主義にみるように制限のない経済活動を生み出し、環境破壊などにつながっていくことになる。これが、現代社会が直面している資本主義の根源的な問題点といえる。

前近代社会において、いわゆる時間に拘束された労働という規範は一般的ではなかった。例えば農業であれば四季の移り変わりの中で、適切に対応していくことが求められるのであって、一定時間働けばその成果が得られるという考え方ではない。いくら働いたとしても、それが自然条件にかなっていなければまったく意味をなさない。

近代化の中で、いわゆる前近代的な行為規範で行為している人たちを〝怠け者である〟となじることはよくみられた。しかし現在ではいわゆる近代化が持っていた目的論的な構造が過剰な生産や消費を生み、環境問題などをはじめとする地球規模での課題をつくり出していることが理解されてきている。同時に地球環境に負荷をかけるこの異常な生産性の高さがなければ、八〇億人を超えた地球人口を扶養できない可能性が高いという現実もまた考えていく必要がある。

マルクスのいう労働価値説は、工業的資本主義を前提として、需要が無限にあり、技術革新が起こらないことを前提としたときに成立する議論である。この労働価値説に基づいて労働者の物象化論や疎外論が成立する。つまり工場経営者＝資本家は工場を運営するための要素としての労働者が必要なのであって、それは置き換え可能だから一定の仕事を果たしてくれれば、誰でもよいとなる。もちろん機械の方が安ければそれを選択するだろう。

これがそれまで全体的な環境の中で生活の一部として働いていた人々にとって、自分を失わせる状態だと認識されたのも当然といえるかもしれない。つまりそれまで目的論的な構造の中に組み込まれていなかった労働が、近代化の中で目的論的な構造の中に組み込まれていった結果として生じた違和感であるともいえる。

しかし何かを目的とする行為ではない行為、つまりその根源にある人間存在そのものを目的とした行為があることは事実である。このような行為を存在自目的行為と名付けることもできるし、最も多くみられる行為類型としては〝遊び〟といわれる行為となる。このような根源的な行為に対する分析は困難を極めた。

目的合理的行為はその目的が明確な時にしか成り立たない。つまり〝存在自目的行為〟とでも呼ぶしかないような行為類型に、目的論的な合理主義を当てはめてもあまり意味がない。目的論をいくら集積しても部分の集積にとどまることを意味する。ここで考える全体の分析には適合しないのである。

このような問題を解消するためには、どのような方法が可能であろうか。それは目的論的な構造ではなく、人間の認識そのもの、もしくは地球という生態系に存在する人間という視点から存在論的に論じるしかないと考える。この地球という生態系に存在する人間という視点を提示した研究としては、栗本（栗本慎一郎、一九四一年一一月二三日〜）による『パンツをはいたサル』をはじめとする一連の経済人類学的研究で提示された過剰蕩尽理論がある。

そして社会学として目的のない行為を理論化しようとする試みには、今田による「自己組織性」の理論構築がある。今田は物理学者のプリゴジン（プリゴジン、イリヤ：Prigogine, Ilya, 一九一七年一月二五日〜二〇〇三年五月二八日）が提出した熱力学における散逸構造理論に基づいて自己組織化を理論化した。栗本は散逸構造に依拠したということを明示していないが、地球を太陽エネルギーの入射と輻射の間にある系としてとらえ、その中での過剰と蕩尽が社会を構築すると考えているので、基本的に両者にはエネルギーによる秩序構築という視点で共通性があると考える。

そしてこれらのプリゴジンの提出した熱力学的な秩序構造に基づくアイディアに加え、理論社会学者のルーマンは「オートポエイシス」、ギデンズは「構造化」の概念を持ち込んで秩序構造の構築を説明しようとしてきた。

ルーマンのオートポエイシス（自己産出）は、社会システムが必要とする要素を自ら創出し、環境に応じて自らを変化させることを指す。この概念はもともと生物学の中で使われたもので、生物が環境の変化に応じて必要な部分を進化発達させ、不必要なものは自らの体からなくなっていくという考え方をヒントにしているという。ルーマンによるオートポエイシス論の定義は、「オートポエイシス・システムとは、その構造のみならず、システムがそれから成る構成要素をも、まさにこの構成要素自身のネットワークにおいて産出するシステムである」とされている。例えば、社会の変化に対応して、社会のシステムもまた必要な要素を自らの中からつくり出し、環境の変化に対応できるように変わっていくという。これは一般にいう「適応」と同じことを表現を変えて述べているだけではないだろうか。オートポエイシスという概念を導入することで、何か新しく社会の事象を説明しているだろうか。この生物学に発想を得たオートポエイシス論は昔からある社会有機体論と何が変わるのだろうか。

ギデンズの「構造化理論」のアイディアは、スウェーデンの地理学者トルステン・ヘーゲルストランドの提唱した「時間地理学」の影響を受けたといわれる。この理論は、恒常的な社会関係が〝行為の意図せざる結果〟として安定的に再生産されることによって、構造化＝秩序構造が形成されるとした。そこでは時間と空間を所与のものとして、人間の行為を位置づける。ただし、〝なぜ位置づける必要性があるのか〟についての説明はない。[47]

このように、これまでの秩序構造に関する議論は、すべて自然科学的な理論を社会学に持ち込んで社会の秩序構造を説明しようとする。しかし、それらは〝なぜそうなるのか〟についての説明にはなっていないのではないだろうか。

筆者の立場はこれらと異なるものである。もちろんこれらの生態学的な条件が「層の理論」にしたがって、社会を規定する条件になっていることを否定するわけではないが、そこに還元できるものではないと考える。そして筆者としては、物理現象に還元しなくとも人間の持つ認識構造と知識の関係を記述することで、秩序構造が形成されることを説明できると考える。そしてそのためには、これまで考えられてきた意味での社会現象と一対一対応するような理論化は原理的に不可能で、さまざまな社会学用語で規定されているような理論化を行うか、その理論のメタ理論とそれを導き出す〝原理〟を分析枠組みとして持ってくるしかないということになる。

こうすることで認識論と接合性のない理論を持ち込む必要はなくなる。というのも認識の安定化を図るために、人間はどうしても上下（垂直）構造と水平（横）構造をつくらざるを得ないのである。そして個人の認識構造の不安定性を安定させるためにつくり出す構造は、すべての人にとって共有されている構造であり、すべての人にとってその安定化が必要であることを意味する。そして同じことを繰り返すことで、社会全体としても同じ構造を組み立てることになる。さらにそうして構築された社会の構造の中に個人を入れ込むことで、認識の不可知性を問わない構造をつくっていると考える。本書全体を通じてそのことを説明していく。

本書で提示する視点を適用すること、目的合理的な行為の解明だけでなく、その基盤にある存在自目的行為の分析も可能になると考える。

（5）人間にとって「思っていること、みえていること、事実」

本書の理論を展開するために、まずここで本書が対象とする世界観、意味の関係を人間の認識からみていくことにする。人間が再帰的認識能力を持つことで必然的に生じる不可知性は、いかなる認知であっても自分の脳でしか行われないということから、論理的に考えて①主観的に思っていること、②自らの世界観としてみえていること、③事実としてそうとしかみれない、の区別は原理的につかないことを意味する。「邯鄲の夢」ではないが、夢と現実を区別する方法はないのではないか。

区別することが原理的にできないとしても、そこに違いがないかといえばそうではない。そこには私たちの理解のあり方ともいうべき違いはあるようだ。例えば①の〝主観的に思っていること〟は自分の意志として、〝思う〟ことがあるので、他者とのかかわりの中で、その主張が通らない場合に、他者から受容されないという形で修正がかかり、単に自分が勝手に思っているだけだということを理解することができる。

実際、①の〝主観的に思っていること〟は社会科学であれ、自然科学であれ調査研究などを通じて把握される〝事実〟によって変化することは普段に経験することであり、いわゆる実証調査の持つ意味もそこにある。②の見えている、というのはもっと厄介で、本人としてはまったく自己の意思などの主観が入らないと思っているのに、そうとしか見えない、ということである。オランダの精神医学者であり現象学者のヴァン・デン・ベルク（ヴァン・デン・ベルク、J・H・: van den Berg, Jan Hendrik, 一九一四年六月一一日〜二〇一二年九月二二日）はその著書のなかで、彼が治療した患者の例として〝自らの提案で自らの社会的地位が喪失した患者の空間認知（spatial perception）能力、つまり物体の位置・方向・姿勢・大きさ・形状・間隔など物体が三次元空間に占めている状態や関係を、その場で正確に把握、認識する能力が変化し、ゆがみをつくり出した例を示している。具体的には、患者が毎日のように車で通勤していた会社に行くほぼ一本道のハイウエイからそれてしまい、会社に行きつくことができなくなったのである。これはまさしく本人がどう思いたいということではなく、自分がつくり出した矛盾で自分の空間認知まで変わってしまったことを意味する。そしてヴァン・デン・ベルクの治療によって、そのことが言語化され、自らの提案が自分の地位の喪失につながったことを理解した後にはその空間認知のゆがみも解消された。[48]

どのように見えるかということは、まさしく主観的な意味理解と関係することがこれでよくわかる。これはしばしば経験することでもある。例えば知識がなく、見る目がなければ、どれほど高価な宝石も宝石と認識されない。世界の著名な宝石のほとんどは熱心に鉱山で努力して採掘されたものではなく、そこらに転がっていたものが多い。たとえば英国王室の王権を示す王杓に使われている世界最大のダイヤモンドであるカリナンは発見時三一〇六カラット（六二一・二グラム）もあったが、カリナン鉱山の鉱山事務所の横に転がっていたといわれる。まさしくずっとあったにもかかわらず、誰かによってダイヤモンドだと認識されるまでは、誰も気がつかなかったのである。もう一つ例を挙げると、今でこそCTなどの精度が上がり、画像が高精細化され、だれが見ても患部がわかるようになってきたが、かつては単純撮影の不鮮明なX線写真で、患部の状態を鮮明にイメージできる名医がいた。同じものを見ていても同じように理解しているわけではないことがわかる。

③の〝事実としてそうとしか見られない〟、は最も厄介かもしれない。どんな物理的な存在であってもそれを理解しているのは脳による認知であり、本質的な意味で存在しているのか、存在していると思っているのかの区別はつかない。映画『マトリックス（The Matrix（1999））』はこの人間の理解している世界と事実の区別がつかないことをエンターテイメントの形で示した。ワイヤーアクションが注目されたが、それ以上に衝撃的だったのは、まさしく想念の世界と事実の区別がつかないことを映像で示したことである。ＡＩの発展が指し示す問題も、長期的にはこの問題に収れんする可能性もある。

ついでにいうと量子テレポーテーションなども実は量子の世界では単一の現象であるものが、私たちが見ている世界から見れば遠く離れた場所での現象である可能性が検討されている。つまり私たちの理解が量子の世界から見れば大きく違っているのだろう。

ただ社会科学でここまで踏み込むと、議論が成り立たなくなるので、とりあえず事実の世界は存在しているという素朴な前提で議論を進めることにする。

（6）認識をどのように安定させるか

人間が進化の過程で獲得した再帰的認識能力によって必然的に生じる自己認識の不可知性はすべての人が持っている能力である。このような表現をすると哲学的な課題のようにとらえられるかもしれないが、実は私たちの生活のかなりの部分はその解消に向けられているといえる。一般的な言い方をすれば日々の生活でも相当な部分が他者からの評価に関わっている。いわゆるＴＰＯ（礼装における原則）も自らを社会規範の中に置き、そのルールを遵守することで、他者からの批判を避ける作業といえる。他者からの評価というのはまさしく他者を通じた自己確認であることはいうまでもないだろう。

これは日々刻々日常の中で繰り返されていると同時に社会全体も多重な形で、認識能力がもたらす不安を封じ込める仕組みをありとあらゆる所、時、関係に張りめぐらせている。この仕組みは人間の認識が生み出す不可知性から、それを絶対的なものとしてつくることはできない。しかし、それが絶対的なものではないということがわかると、すぐに価値の崩壊や不可知性につながっていくので、価値の崩壊や不可知性を生じさせないために、〝絶対的なものである〟と主張しなければならないという性質のものであるということになる。したがって認識をどのように安定させるかという問題は、社会学が対象としているほとんどの問題と関わりあうことになる。

【注】

1　この点に関しては唯一神教の諸段階であるmonolatry, henotheism, monotheismの発展段階に明確に示されている。カトリックもイスラム教もmonotheismであり、原理的に〝他の神〟という存在があることそのものが〝想定されていない〟。これに関し笠原芳光はイエスの思想とキリスト教会の思想はまったく異なっていたのではないかと述べている。「しかしキリスト教ではイエスの思想と違って神を客観的概念で表現し、それらを教義にしているのです。よく全知全能の神などといわれていますが、神自身が全知全能といっているわけではなく、人間が神は全知全能であるだろう、あってほしいという、いわば人間の無知無能の裏返しに、その願望によって想定されているというほかはありません（笠原、一九九三年、一三頁）」。この論点は重要で、ユダヤ教においてもハシディズムとシオニズムの違いに対応し、意味がまったく異なってくる。本書でキリスト教という場合にはいわゆる制度的なキリスト教を指している。

2　一般に現在では啓発という言葉を使うが、啓蒙という言葉の通り、まさしく目を覚まさせること、見えていないものをみえるようにするという感覚だったのではないかと考える。最も有名な教会カンタータであるJ・S・バッハの一七三一年作曲のカンタータ第一四〇番（BWV645）は「目覚めよと呼ぶ声が聞こえ」という名前で知られている。

3 フィリピン史の研究で、ヨーロッパの大航海時代をもたらしたのは経済的な利益以上に宗教的な熱情によるものであったということが指摘されている（Zaide et.al., 1984, *PHILIPPINE HISTORY*, p.70）。人口との関係で考えればレコンキスタによってイスラム勢力をイベリア半島から駆逐した後に平和を構築した同地域の人口圧が高まり、同時に宗教的な熱情が冷めやらぬ中で大航海時代がつくり出されたと考えることが妥当だろう。アルハンブラ宮殿の陥落をもってレコンキスタが終了した一四九二年はコロンブスのアメリカ大陸発見のまさにその年である。同時期のピレネー以北のヨーロッパは英仏百年戦争（一三三九～一四五三年）に引き続くプロテスタントとカトリックの大規模な宗教戦争のただなかであり、ペストの流行などもあり人口が大幅に減少したと想定される。イベリア半島についで宗教闘争を安定化させたイギリスがスペイン、ポルトガルに続いたのも明快な理由があったと考えられる。

4 まさしくこの解釈権を独占していたことがカトリック教会の権威の源泉であったことは周知のことである。ルターの聖書の翻訳が可能になったのはヨーロッパの周辺地域が政治的にも経済的にも力をつけてきて、カトリック教会による解釈の独占を崩したいという政治状況があったからである。ルターによる聖書の翻訳はカトリックによる解釈の独占を崩すという大きな影響を与えた。しかしそれは多元的な価値観の許容につながるのではなく、それぞれの宗派が独自の解釈のもとで自己の解釈の絶対的な正しさを主張する争いになっていった。いずれにしてもそれぞれの宗派にとっては自分たちの解釈が絶対的に正しく、そこでいう真理を広めることが人々の目をひらかせることだと考えていたということになる。

5 カントール、ゲオルク・フェルディナント・ルートヴィッヒ・フィーリップ：**Georg Ferdinand Ludwig Philipp Cantor**（一八四五年三月三日～一九一八年一月六日）。"*Über eine elementare Frage der Mannigfaltigkeitslehre*", Jahresbericht der Deutschen Mathematiker-Vereinigung（1891）が基本論文とされる。

6 プランク、マックス・カール・エルンスト・ルートヴィヒ：**Max Karl Ernst Ludwig Planck**（一八五八年四月二三日～一九四七年一〇月四日）Planck, 1900, "On the Law of Distribution of Energy in the Normal Spectrum" の論文から現代物理学が始まった。

7　アインシュタイン、アルベルト（Albert Einstein, 一八七九年三月一四日〜一九五五年四月一八日）

8　ハイゼンベルク、ヴェルナー・カール（Heisenberg, Werner Karl, 一九〇一年一二月五日〜一九七六年二月一日）

9　ミルは古典派経済学者として知られているが、経済学史的にはその理論展開の途中で消えてしまう印象をもつ。その関心がいわゆる古典派経済学の範疇からはみ出し、社会学の領域に入ってしまったことを明かにしたのは深田弘である。深田弘、一九六二年、「J・S・ミルと社会学—イギリス社会学史におけるJ・S・ミルの位置づけへの一試論」を参照。

10　この関係性に関しては（住谷、一九六九年）参照。

11　このような視点に立てばスコラ的分析の基盤としての「概念」が多義的であるがゆえに、矛盾する場合がありうる。したがって、これ以上分解できないという意味での要素たりえないのである。ウェーバー、一九八〇年、『職業としての学問（Weber, 1919)』、五四頁を参照。

12　「社会学は、他の確立した科学とは違って、生存権そのものを証明してかからねばならぬという不利な状況に置かれている。——ところが反面、それを証明していくと、社会学の根本概念や、所与の現実に対する社会学独特の問題提出法について、何れは必要となる解明を行う結果となるという有利な事情に置かれている（ジンメル、一九七九年、『社会学の根本問題（Simmel, 1917)』、一二頁）と問題そのものが回答であると読み取れる表現をしている。

13　ソシアビリテに関しては（早川洋行、二〇二三年）。

14　ジンメル、『社会学の根本問題』第1章「社会学の領域」を注意深く読むと「科学的」ということには言及しているがそれと「客観的」という言葉を結び付けていないと考える。ここがウェーバーの方法論との大きな違いかもしれない。むしろ現象学的還元に似たプロセスをとって社会関係を社会学の対象と置いているという印象を持つ。

15　このジンメルとシカゴ学派の関係に関しては早川洋行氏にアドバイスをいただいた。

16　ブルーマー、一九九一年、『シンボリック相互作用論：パースペクティヴと方法』を参照。

17　犬飼がこの問題について『方法論的個人主義の行方』の中で、同書の全体的な問題意識として「まえがき」で取り上げている（犬飼、二〇一一年）。

18 ジャック・ラカンも鏡像段階の分析に基づいて「人間が自己を知るには、必ず他者を媒介しなければならない」としているが、なぜそうなのかに関しては議論されていないと考える。本書では論理的にそうなることを示し、その構造を、人間社会を構成する最も基本的な「原理」と考えている。本書の特色は社会現象からの帰納された事実に基づき検討を重ねた結果、この人間が獲得した脳の機能からほぼ演繹的に論理的に社会の事象の基礎構造を説明できることを明かにしたことである。その意味では脳科学をその基盤として利用しているが、そこに還元しているわけではない。むしろ社会という層を分析するためにこの原理が有用であることを示している。演繹的にと述べたが、科学の方法として、現実の観察→理論の構成→現実への適用→理論の修正→現実への適用→理論の修正、というプロセスを経る。その意味で本書の理論は現実の観察から生み出され上記のプロセスを経て構築してきたものである。現時点でこの理論を適用してみた場合にほぼ例外なく適用可能であり、その意味で演繹的な適用が可能になっているという意味である。例外が示されればそれを説明する責任が生じるし、反証が得られれば、その反証に対して理論構築する必要があるし、それができなければ理論は破棄される。

19 ブーバーは政治的シオニズムの潮流に抗してユダヤ文化のために尽力した。政治的シオニズムがウェーバーのいう俗人宗教意識に当たるならこのブーバーらの立場は現代的な達人宗教意識ともいえる。そしてその潮流はE・フロム、アイザック・アジモフにも引き継がれていると考える。この思想的な違いは重要で、他者への視点を持つ意識と排除の視点を正当化する意識が同じ思想のなかから生み出されたことは注目すべきである。ブーバーは『我と汝』第一部〝世界は人間にとっては、人間の二重の態度に応じて二重である。人間の態度は、人間が語り得る根元語（**Grundwort**）が二つであることに応じて二重である。この根元語とは、単一語ではなくて対偶語（**Wortpaar**）である。根元語のうちのひとつは対偶語・我汝（**Ich-Du**）である。〟と述べている（ブーバー、一九七八年、『我と汝』、五頁）。これは他者関係の中に自らもあると考える筆者の考え方とも類似する。またユダヤの宗教哲学者であるヘッシェルは『人間を探し求める神―ユダヤ宗教哲学』の中で〝人間が絶対的な孤独に陥ったときでも、人間は神との「契約」に守られている。その契約において人間を必要とし、人間を探し求めているのは神の方であって、その逆ではない〟という考え方を提示している。このように神との距離が近いのもユダヤ教の特色といえる（ヘッシェル、『人間を探し求める神―ユダヤ宗教哲学』、一九七二年）。そしてその両者の関係は複雑で多層的である。

20　マンハイム、一九六八年、『イデオロギーとユートピア』。

21　再帰（Recursive）とは、ある物事について記述する際に、記述しているもの自体への参照がその記述中にあらわれることをいう。平行な合わせ鏡の間に物体を置くと、その像が鏡の中に無限に映し出される。このように、あるものが部分的にそれ自身で構成されていたり、それ自身によって定義されているときに、それを「再帰的（Recursive）」という。いわゆる人間の「自己言及性」や「自己認識能力」はまさしくこの再帰的（認識）能力である。この「再帰的」という言葉は言語学や数学で定義されており自省よりも厳密な定義として利用できるので、本書ではいわゆる自己認識能力のことを再帰的認識能力という言葉を使うことにする。

22　ギデンズの議論もルーマンの議論も本書で考えている議論とは、本質的に異なっていると考える。本書で考えているのは自己の不可知性から引き起こされる不安を発現させないための安定化メカニズムである。あくまでその構造を前提とした中で、自分を自分で観察するN'に他者や社会的知識が関わりあうという論点になる。ギデンズの議論を素直に考えたとき、それはいわゆるフィードバックとの違いがよくわからなくなる。さらに近代の特色としての再帰化と構造化を述べているが、伝統的社会のように技術変化があまりなく、条件の変化があまりない場合には過去の知識や経験に依存することが最も効率が良く、新しい試みは弊害の方が多い可能性が高い。それが近代になって技術変化が激しくなれば、その変化を取りこんだ形で、多少の弊害を取りこんだ形で、いわゆるリスクを取りながら対応するしかなくなる。その場合にある意味での試行錯誤としての再帰性が必要になってくるのは論理的に説明できる。

23　ルーマンのこの議論はDouble Contingencyの問題に関連するが、基本的な視点が異なっていると考える。ルーマンの議論はパーソンズのそれを引き継いでいわゆるゲーム理論的な発想から成り立っており、相手の行動に対する予期的行動がもたらす変化を考えている。このメカニズムの後にいわゆるゲーム理論の相手の介在による行為の変化が生じると考える。ルーマンもギデンズも一足飛びに自己言及から社会につないでしまうことでギャップが生じる。その結果として顕在的知識の役割や内在化されている暗黙知の問題と行為の関係が捨象されてしまう。また偶発性といってしまった場合には、ゲーム理論的な構成であれば可能であるが、科学としてその法則性をどのように見出すかについては方法論的問題が生じ、この点をルーマンもギデンズも解消していない。これについてルネ・トムの視点と筆者の視点は共通する（トム／ジーマン／宇敷／佐和、一九八〇年、『形態と構造―カタストロフの理論』、一三頁）。

24 この論文の紹介は後でまとめて行う。**Vyshedskiy**, 2019, *Language evolution to revolution : the leap from rich-vocabulary on-recursive communication system to recursive language 70,000 years ago was associated with acquisition of a novel component of imagination, called Prefrontal Synthesis, enabled by a mutation that slowed down the prefrontal cortex maturation simultaneously in two or more children ? the Romulus and Remus hypothesis.*

25 ゲーデル、クルト（**Gödel, Kurt**, 一九〇六年四月二八日～一九七八年一月一四日）

26 『無限の果てに何があるか 現代数学への招待』で、足立は「不完全性定理とゲーデルの業績は人類の到達しえた最高峰と言え、また人知の勝利というべきだが、その内容が人知の限界を教えているというのは、まことにもって皮肉と言わねばならないだろう。」と述べている（足立恒雄、二〇一七年、二五一頁）。したがってこの性質そのものを人間の基本的な認識の形と考えることは妥当性があるだろう。同時に循環構造を持つことで、科学としての無限の追求が可能になるともいえる。究極的な答えが出ないということは、いつまでも考えることができる、逆に言えば無限の進歩を可能にするといえる。

27 今田はこの問題について以下のように述べている。少し長くなるが引用する。「現代の分析哲学では、ラッセルのパラドックスに見られた自己言及のパラドックスにたいする根本的な解決はなされていない。記号論理学の体系化を試みたラッセルとホワイトヘッドの『プリンキア・マテマティカ』では、『型の理論』と呼ばれる論理階型の考え方を導入して、パラドックスを回避する試みがなされている。けれども、それはあくまでプラグマティックな妥協であり、本質的な問題を単に先送りしたにすぎない。自己組織性の理論化にとって、システムの自己言及性の定式化が不可欠だが、これを形式論理でおこなおうとする限り、システムにたいするメタ・システム、メタ・システムにたいするメタ・メタ・システムといったように、『メタ化』の屋上屋を架すしかない、原理的には、このメタ化は無限後退し、『メタ化』を論理内在的に閉じるすべはないから、これを止めるためにはプラグマティックな妥協しか残されていないのである。」（今田、一九九四年、「自己組織性論の射程」、二四―三六頁）と述べている。これはメタ化の論理の中での議論であり、メタ化そのものが無限に続くことを確認しているが、それを〝原理〟として使うことは主張していない。その中で揺らぎとプリゴジンの散逸構造論を重ねて社会の自己組織性を説明しているが、人間がそこにどのようにかかわるかの解明は不十分であり、その結果として社会政策としての利用が難しくなっている。

28　個人と社会の関係性に関する理解についていえば、犬飼の「自己言及としての社会」（犬飼、二〇一八年、三三頁）と本書の認識は共通している。犬飼は自己言及の社会学を論じるうえでその関係性を〝前提〟として論じ、社会現象を分析している。認識は共通しているが、両者の方法論は異なっている。本書ではその自己言及を〝前提〟としてではなく、人間の能力としての再帰的認識の一部と考え、再帰的認識が引き起こす存在の不確定性とそれによって生じる不安を〝原理〟と考える。そしてそれを〝基本的なメカニズム＝原理〟として示すことで理論構築を行い、社会学の枠組みを提出し、その根拠を示している。したがって犬飼論文に関してもその前提に根拠を与えることになる。方法論がまったく異なっている二人の研究者が独立して同じ理解に行きついたということになる。科学的知識の検証という点から言えば、同じ現象を、まったく違う方法論から検討し、同じ結論に達したということは、それが〝正しい〟可能性が高いということになる。

29　ハリス、一九九〇年、『ヒトはなぜヒトを食べたか：生態人類学から見た文化の起源』を参照。

30　ドーキンス、二〇〇六年、『利己的な遺伝子』を参照。

31　ヤスパース、一九五四年、「第4講　神の思想」『哲学入門』を参照。

32　ウェーバー、一九六二年、『古代ユダヤ教　Ⅰ／Ⅱ』（Weber, 1920-1921）を参照。

33　エンターテイメントとしてこの関係を端的に描いたアメリカ映画に『オー・ゴッド』がある。〝オー！ゴッド（Oh, God!）〟、監督カール・ライナー、脚本ラリー・ゲルバート、原作エイヴリー・コーマン、製作ジェリー・ワイントローブ、配給ワーナー・ブラザース、アメリカ公開一九七七年一〇月七日、日本公開一九七八年六月一〇日を参照。

34　楠本、一九九〇年、「社会科学方法論としての理解についての再考察」、『経済社会学会年報Ⅻ』、二〇五―二一九頁。

35　フィードバック（帰還）とは、系の出力を入力へ戻す操作である。例えば入力をある割合で増幅し出力する増幅器のように、入力によって出力が決まるシステムで、出力（の一部、あるいは出力に関連して決まる作用）を入力に加え、出力に影響を与えることをいう。もともとは制御工学や通信工学の用語であるがノーバート・ウィーナー（Wiener, Norbert, 一八九四年一一月二六日〜一九六四年三月一八日）がサイバネティックスの中心概念の一つとして取り上げてから一般的になった。

36 足立は「自然数こそは人間がつくった。あとの数は論理的拡大欲求にしたがって生じた」のであると述べている（足立、二〇一七年、一八八頁）。数学は人間が行う知的な論理展開の中で最も抽象度の高いものであることを否定する人はいないだろう。そしてその認識の在り方と社会的な事象における演繹的な展開が違った性質を持つと考えることには合理性がないといえる。つまりいったん概念ができれば人間はその概念を演繹的に展開し、それは論理的なものになるということである。ただその論理性は社会科学の場合には数学ほどの抽象度がないために、自分たちが論理的だと考える範囲で展開することになる。言葉を代えればその概念や論理的な展開の視点が変われば異なった展開をもたらす。その意味では社会科学では自然科学に比べて頻繁にコペルニクス的転回が生じ得るのである。

37 パーソンズ的な形ではシステム論が成り立たないことに関しては宇敷重広・佐和隆光が明らかにしている。宇敷／佐和、「カタストロフの構造」、『形態と構造—カタストロフの理論』、三三頁を参照。

38 パーソンズのシステム論と当時のアメリカのシステム科学の関係については、唐木誠一が〝複雑性の科学と社会システム理論〟で述べている（唐木、二〇〇〇年、〝複雑性の科学と社会システム理論〟、『年報社会学論集13号』、三八—四九頁）を参照。

39 数学は論理的な整合性を数的世界の中で求める学問であり、その意味でトートロジーであるとアンリ・ポアンカレは述べたといわれる。また数学は言語の一種であるという理解も一般的なものとなっている。物理学のような現象がない中であっても論理的に可能であれば数学は成立する。しかし現実には物理学的な観測結果を説明するために数学が発展した例もあり、数学がなければ物理現象を記述できないことは事実であっても、それがトートロジーかどうかは疑わしいのではないだろうか。例えば無限級数論やヒルベルト・プログラムが完成しないことを示してしまったゲーデルの不完全性定理などを考えても、トートロジーといえるのか疑問である。数の世界を数学という方法で探究し、その論理構造を明らかにするという意味で、むしろ科学に近い性質を持っているのではないだろうか。違いは物理学などが現実に適用できるかどうかで最終的に検証されるのに対し、数学は、数学的論理で説明可能かどうかという点で検証されるという判断基準の違いだけのような印象を持つ。

40　ホフスタッター、一九八五年、『ゲーデル、エッシャー、バッハ』、三二頁を参照。

41　今田、一九八六年、『自己組織性』、二〇―二一頁を参照。

42　社会心理学的には嘘は「他者の心は自分の心とは異なるという理解」＝「心の理論」からつくり出されるという指摘がある。「心の理論」を理解していない三歳児を二群に分けて、このことを教えた群と教えなかった群を比べた場合に、教えられた群が嘘をつく割合が明らかに大きくなることが紹介されている（フォン・ヒッペル、二〇一九年、『われわれはなぜ嘘つきで自信過剰でお人好しなのか　進化心理学で読み解く、人類の驚くべき戦略』、七九頁）。理解の段階を一つ上げメタ化することで生存戦略のゲームで優位に立つ選択をしていることになる。

43　ホッブズ、二〇一四年、『リヴァイアサン1』一六―一七頁を参照。

44　ホッブズ、二〇一四年、『リヴァイアサン1』一六頁を参照。

45　翻訳者の角田安正が解説でホッブズの『ビヒモス』から引用して解説している（ホッブズ、二〇一八年、『リヴァイアサン2』、三七一―三七七頁）。

46　ホッブズの自然状態とは「万人の万人に対する闘争」であったが、ロックの自然状態とは「理性（自然法）によって統治された幸福な状態」であったため、その理論展開の結果もまたまったく違ったものとなった。人間社会は、ホッブズやロック、さらにパーソンズが想定していたよりも複雑な構成要素を持っており、それが定数としてみなされていたり変数になったりするような基本構造を持っているといえる。その解明も本書の目的である。

47　ギデンズも『社会学の新しい方法規準：理解社会学の共感的批判』までは再帰的認識の問題を深く考えていたと思う。その後の著作でその論述がある意味で平易になったと同時に、探究がなくなった印象を受けた。構造化理論を導入することでギデンズにとっての問題が解消されたことが理解できる。

48　ヴァン・デン・ベルクによる具体的な事例と分析がある。この主観的な認識が見えている世界をどのようにして変化させるのか、ということは確かに精神医学や脳科学の興味深い研究対象であろう。この患者に対する治療として、ヴァン・デン・ベルク自身が精神医学者として関わり、患者から聞き取りを行い、患者と共にその事実を言語化することで患者の内的に抱かれていた矛盾を外部化して対処している。主観的に抱かれた理解が他者との関りでどのように変化するかの事例としても興味深い。ヴァン・デン・ベルク／早坂、一九八二年、『現象学への招待：〈見ること〉をめぐる断章』、一五四—一七三頁。

2 社会学の理論の課題

1 社会学の理論的課題の解消を目指して

(1) 再帰的認識能力と社会の諸現象

これまで述べてきたことを社会学的な問題として具体的に示してみる。実はほとんどの社会学の問題、つまり社会の問題は、再帰的認識能力がもたらす現象という点から説明できる。そして社会構造や信念体系などの堅固なシステムも個人の認識だけであれば非常に不確定なものが集団になったときには、極めて安定化してしまうというメカニズムで説明することができる。

例えば他者が気になって仕方がないなどの身近な不安から、権力を正当化する権威はなぜ必要なのか、なぜ合理的な判断基準の中で制度的に死刑が執行できるのか、なぜ人間は宗教を必要とするのか、なぜ暦が必要なのか、ほとんどすべての社会制度の問題は再帰的認識能力という人間固有の能力から説明することができる。

同様に社会学を難しくしている存在被拘束性の問題もそこから派生する自己言及の問題も、再帰的認識能力がもたらす循環性の問題から説明することができる。社会学という同じ学問名を名乗っていても、これまでの社会学では方法論も理論も多様な、といえば聞こえがいいが、統一的なパースペクティブを形成するには至っていない。これは専門学問として自らの対象を明確にできていないということである。同じ社会学を学んだといっても教師によってまったく異なる内容を教えられ、学生に混乱を引き起こす結果ともなっている。

これは専門学問として考えた場合に望ましい状況ではない。学生が就職活動をする場合に、大学で経済学部を出たのであれば何を勉強してきたのですか?と問われることは少ないし、法学部ならなおさらである。しかし社会学に関していえば、社会学を学んできましたと答えて、それは何ですか?具体的に何を勉強したのですか?と聞かれ、学生も習った先生によって定義がそれぞれ違っているので、どう答えてよいかわからないという現象が頻発する。

その理由は社会学がほかの社会科学と異なった性質を持っているという点にある。代表的な社会科学である経済学や法学は、単純化していえば様々な〝ルール〟の研究であり、その利用法の研究であるといえる。ところが社会学においてはその〝ルール〟を相対化して考えるという点が学問的な特質であるために、ではどのような方法論で何を対象にして研究しているのですかという、問いに答えることが非常に難しかったのである。

(2) 社会学者による暗黙の了解

これは社会学者の中に共有されている暗黙知としての社会学はあったとしても、それを言語化することができていなかったということを示している。本書はそのような理由でこれまで研究者によって、自分の理解できる範囲や関心に引き寄せて、いろいろ勝手に行われてきた社会学に一つの論理的なパースペクティブを与えることにもなる。これは社会学という学問それ自体を人間の知的営為として、研究対象としてとらえたときに生み出された視点である。社会学の社会学ともいえるかもしれないが、これまでの社会学の社会学とは大きな違いがある。

これまでの社会学の社会学では、社会学的な視点としての相対化の中で社会学的成果を社会学的に論じてきた。本書ではこのような現象がなぜ起こるのかを再帰的認識能力から生み出されるメカニズムの中で説明している。そしてそれは人間の認識に付随し、そこから論理的に引き出されるものであるがゆえに、時代によって変化するという性質のものではなく極めて安定した構造を持っている。そして、その性質から社会学という学問の基盤として非常に有用であると考える。

社会学はこれまで、社会の構成員が無条件に価値として内在化している規範などを、規範として提示することで相対化し、その他の価値観の存在可能性を示すことを大きな目的としてきた。社会学的な研究を通じて、正しいと思われていることが、無条件に正しいのではなく〝ある条件の中で正しい〟ということを示したり、その正しいという人を抑圧しようという社会的な動きを、「同調圧力」として明示化したりすることで、その正体を明らかにしてきたことは社会学の大きな功績であったといえる。

しかし相対化には大きな問題があり、社会学の成立以来この問題は解かれてこなかった。それは簡単にいえば、Aの批判としてのBを提示したからといって、それが妥当であることを意味しないということである。社会学の相対主義はどこまでも相対化ができると同時に、それをやればやるほど無意味な研究が蓄積されるという側面を持っているのである。例えば作家がある価値観を訴えかけたいと思い文芸作品を著すことを著作活動という。その著作活動から生み出された作品は読者によって好きに読まれればその目的を達しているのだが、今度はその文芸作品を批評家が批評家の視点から批評し、様々な評価を下す。

いうまでもなくその評論も知的作品であり、論理的にはその文芸作品に対する批評を批評することもできる。しかし、それがどれくらい意味を持つのだろうか。批評までは作品というある特定の価値観を相対化することで、その作品をより広い価値観の中で位置づける役割を持つこともあり、より深く理解するために役に立つ場合もあるが、その批評をいくら批評してもほとんど意味を持たない。

何より、文芸作品であればその作者の意図、社会的な行為であれば既存の価値観が大きな意味を持っていて、その批評はあくまで批評としての意味しかない。

社会学の対象である社会の場合でも、そこに生きる人が自らの価値観と信じ、もしくは信じる以前に〝当たり前〟と考えている規範の役割が最も大きい。しかしその規範の範囲で問題が処理できない場合、つまりその規範と他の規範がぶつかるときに、社会学的な視点をもって、正しさを相対化し、そこに機能分析を入れ、目的合理的に組み替えるなどの視点を提供するという意味で、大きな役割を果たしてきた。しかし人間の認識論と深く結びつく社会学の方法論のなかでそれを解消し、科学としての系統的な蓄積を可能にする共通のフレームワークを構築することはできなかったのである。

（3）社会学による相対化の機能

本書の価値はこのフレームワークを提示することにあるが、そもそも、この相対化の問題は現実社会でもかなりの難問であることは確認しておいた方がよい。実際、人は何らかの価値観にしたがって生きていて、その価値観に疑いを抱かないことが普通である。その自らの価値観にしたがって、それを正しいと思うし、それにしたがって他者の価値観を否定することに疑問を持たない、ということは日々生じる。極端にいえば、正義を信じる人にとってその正義に反する人を殺害しても、それを正義だと思っているという現実を私たちは今なお目の当たりにしている。

宗教紛争から戦争まで、正義を主張しない殺戮はない。このような問題を解決するために、最初の問題提起としては価値の相対性の立場から相対化することには意味があるといえる。しかし相対化の相対化にはあまり意味はない。相対化することで熱狂が冷め、合理的な議論の俎上に載せることができるかもしれないという効果は期待できる。しかしそれだけでは代案は出せない。

そして相対化するだけでは批評にとどまり、学問的一貫性や知的蓄積を持ったいわゆる科学にはなりえない。社会学で中心的な分析方法である機能主義は見方によっては、そのような必要性から生まれたとみることができる。特に目的が定まっている場合、その目的を充足する機能は価値観にあまり左右されることなく目的合理的に合理性の範疇で理解することができる。

　しかし、機能主義であっても、その集積で科学的な学問構築が可能かといえばそうではない。ウェーバーが指摘する通り、目的合理性を充足する機能は理解しやすいが、目的が変わればその機能は変化する。つまり機能分析とはいっても目的次第で別の角度の知的蓄積が行われているだけで一貫した系統的な知的蓄積にならないのである。その結果として調査分析を含め多くのモノグラフは生産できても、社会学が社会科学であるならば求められるはずの系統的な知的蓄積はうまくできていない状況を生む。

　そしてパーソンズが抽象度を極端に高めた社会システム論を延々と構築していたときに、いわゆる批判的社会学者といわれる研究者は立場性による批判を行い、レトリックや精神分析学を創始したフロイト（フロイト、ジークムント：Freud, Sigmund, 一八五六年五月六日〜一九三九年九月二三日）の理論に議論を持ち込む批判理論を展開していた。[1]このような極端なモデル化や認識論的な議論の不毛さに対し、前述のようにマートンは「中範囲の理論」を提出し、暫定的にそのようなモノグラフの研究でよいのではないかと議論をエポケーした。[2]

　マートンの判断は妥当なものであったと考えるが、社会学の全体像の明確化への試みを止めたことにもつながり、現在の方法論的多元主義ともいうべき、学問としてみたときの不統一の現状肯定にもつながっている。つまり現状の社会学では社会現象それぞれの解説はできても、その理論的な枠組みそのものに様々な方法があるために、社会科学としての操作性に欠け、その結果として政策的提言もうまくできないという現状になっているのではないだろうか。

　現実的な妥当性がある理論という意味で「中範囲の理論」が多くの社会学者によって採用されたことで、社会学の根底にある課題や根拠を問うことが少なくなっている。その結果として、それぞれの現象に対応した小さな理論がそれぞれに研究されてはいるが、その目的や前提となる条件が正確に把握されなくなり、それを寄せ集めると矛盾する結論が生み出される現状をつくり出している。

実際の現象としては社会学でも、まさしく経済学でいう「合成の誤謬」が生じているのである。しかし社会学の場合には、社会学者が経済学者ほど理論的な整合性を希求しないので、いろいろな社会学があるとかいって、議論しない状態でこの問題の解決を避けている。

（4）社会学における全体理論の可能性

このような性格を持つ社会学が理論的な蓄積性を持つためには、いわゆる社会学理論のメタ理論が必要となる。社会学の歴史でもそれは理解されており、希求されてきた。その中で最も有名なのはタルコット・パーソンズの社会システム理論である。しかしそれは成功したとはいえないと思う。そしてそれは当時の実証的な研究を行っていた社会学者からは、グランドセオリーとして批判的に揶揄された。

前述の通りパーソンズの社会システム理論を現代の視点から振り返ってみれば、組織というものが目的を充足しようとした場合に不可欠になる機能を分類しAGILと記述しただけであったということができる。したがってAGIL図式は組織という現象を解釈しているだけなので、政策提言や理論構築に使えないのである。

このことは、当時からある程度理解されていたようだ。マートンはパーソンズと師弟関係にあったが、システム論の展開だけをやってもあまり学問的に実りがないということから、方法論上の難点や認識論上の問題をすべて棚上げにして、検証可能な現実を統計的な事実のもとで分析するために「中範囲の理論」を提出したと考えられる。さらに、その時点では十分な知識の集積がないので、実際的に有効なシステム論は組めないのではないかという懐疑と反省に基づいた方法論の提示であったといえる。

マックス・ウェーバーの一連の研究をみれば、彼の問題意識が、経済的行為の背景にある価値、社会の統治システムの背景にある価値の問題にあったことは明らかで、これらの問題を分析するためには、それぞれの価値の相対化が必要であったことから社会学をつくり出したと考えられる。

マートンの提示した「中範囲の理論」を、ウェーバーの研究との関係でみれば、ウェーバーが提出した問題は理解しながらも、その認識論的な側面は保留し、社会的な現象を統計的な裏づけの下で分析するという方法をとったということになる。これらの認識論的な問題を捨象することでアメリカの社会において、いわゆる科学的な社会学として広く受け入れられることになった。ある意味ではデュルケームの提示した「社会学的方法の基準」が適用されたともいえる。

しかしこのような方法であっても、とらえる目線によって、目標は変化し証明すべき内容も変化するという問題点を回避することはできない。マートンの「中範囲の理論」は、その当時の社会科学方法論の限界を踏まえた提案であったといえる。しかし問題の本質的な解決にはつながらなかった。このようにいわゆる実証系の社会学も理論系の社会学も批判や既存の価値観の相対化という共通点を持っていたとしても、本来の社会学が志向していた経済学や法学も社会学の視野の中に組み込むという理論的な指向性は放棄しているのが現状になっている。

しかし学問としての一体性を持つためには全体を統一的に説明することができる枠組みが必要である。システム論で、全体を説明できる理論を構築するという、パーソンズの試みがうまくいかなかったとして、どのような試みであればこの問題を解決できるのだろうか。パーソンズの思考の根底には社会を生物になぞらえる考え方があったのはよく知られている。その意味で社会という生物が生きていくための機能をＡＧＩＬという形で定式化したことはよくわかる。心理学においても行動主義的心理学は、その意味をあまり問わず、結果と原因と思しき要因との相関を統計的に分析することで主観を排していわゆる科学的な分析を行おうとする。理系の学問でも、その因果関係や機構がわからないときには、結果として出てくる現象と原因と思しき要因の相関を因果律とみなす場合は少なくない。

しかし相関は何らかの関係を示すものであっても、その因果律を示すとは限らない。それは、そのメカニズムとしての機構とその作用順序がわからない場合に、その部分をブラックボックスに入れて暫定的にでも研究を進めるための方法でもある。

パーソンズの方法も、いろいろな部分にブラックボックスがあってもそれを包含する要素をシステムの構成要件と置くことで機能を分析する手法である。そしていうまでもなくこの考え方はデュルケームが『社会学的方法の基準』で提示した方法にも共通するし、いわゆる科学として考えたときには認識論的な陥穽を避けることができるので健全な方法論であるともいえる。

ただその方法が今でも妥当かといえば、そうはいえないだろう。そこにはパーソンズの理論が受容された時代背景を考える必要がある。ヨーロッパとアメリカの社会学の比較として、イデオロギーなどの問題を考えすぎるヨーロッパとまったく考えないアメリカと評されることがある。アメリカの近代、特に二〇世紀の中葉は科学に対する信頼の時代であったともいえる。月着陸などの科学の発展を象徴するような成功もオペレーションズ・リサーチなどのコンピューターを使ったシステム論の発展なしでは成しえなかった。その意味でシステムを強調したパーソンズの分析方法が広く支持を受けたことも時代背景を考えれば理解できる。この時期にアメリカで社会学が発展したこともあり、実証調査ではとにかく調査して因果律を見つけるという研究手法がとられたことも理解できる。

この分析方法でも先に目的があってその目的を充足する目的合理的な機能に関しては、分析も説明もしやすい。しかしその目的を設定するのも一人ひとりの人間で、その存在をどのようにみるのか、という問題を考える場合には、いったんブラックボックスに入れた部分が重要な意味を持ってくる。

科学的理論の先行分野である物理学などの場合、その理論を使えば現象を説明できる考え方を理論と呼ぶことが多い。そしてその理論を実験で検証し、その法則性を技術に落とし込めば工学的にも使用できる。いわゆる理系の学問はそのように構築されているが、社会科学の場合にはそうではない。社会を対象としている以上、意識的であれ、意識的でない場合であっても目的を決めるのは、その理論の対象となる人間となる。そこに社会学でいう自己言及性の問題が生じ循環構造が生じてしまう。この循環構造は論理的に自己の不確定性と不可知性、そして存在論的な不安を生む。

そこでこの問題をいったん棚上げにして、具体的にテーマを決めた機能分析に焦点を置いて、社会的に意味のある研究を積み重ね、社会学が陥りがちな不毛な論争に終始することをやめようという提案が、「中範囲の理論」の意義であり、現在の社会学的な研究の中心となっている。

（5）社会学における理論

①工学との対比

マートンの「中範囲の理論」は科学としての社会学を考えた場合には健全な方法であることは説明した。しかしながら、いわゆる科学的な調査に基づく議論を積み重ねることだけで全体的な枠組みをつくることができるかといえばそうではない。そもそも、その分析はある目的を定めたうえでの機能を分析しているだけなので、それぞれが有意な調査研究ではあっても、それを総合したときに矛盾が生じたり、全体の理論構成には直接的にはつながらなかったりする。部分最適を積み重ねても全体最適にならない。つなぐためには、部分の研究では無視されがちな要素の把握や、それをつなぐ理論が必要なのである。

いわゆる工学ではこのようなことは許されない。もしも部分最適の積み重ねが全体最適にならないと、そもそもシステムとして機能しなくなるからである。ではなぜ工学ではその積み重ねが可能なのであろうか。それはそのシステムが構成されている要素がすべてわかっている中での組み立てだから、というのが回答になる。

逆にいえば想定された要素以外の要素がそこにあった場合には、適切に機能するとは限らない。したがって工学はその想定外の要素を限りなく排除する方向に進む。そしてその中でも最も重要なのは目的で、その目的に合わせて部品を配置することで機械として機能する。いくら精緻な部品であってもそれを集めただけでは機械にならない。例えば機械時計はゼンマイと様々な歯車の組み合わせで構成されているが、ばらばらに置いていても時計にはならない。時計というメカニズムを実現する目的があって、その目的に従った精度と強度を持つ部品が、システムとして組み合わされることではじめて時計として意味を持つ。

これは要素還元主義では科学が成り立たないことの事例としてよくあげられる。全体としてのシステムや目的がなければ自然科学でも分析は適切に行えない。その意味で工学的な分析は要素が明らかなものを目的に従った形で組み上げるので社会学における目的合理的行為と類似し、その意味や目的はわかりやすくなる。そしてそれらは理学などの科学とは別に工学という形で専門分野を構築している。

②自然科学との対比

自然科学の場合には、ニュートン力学やアインシュタインの相対性理論、ボーアの量子論、現代物理学であれば超弦理論などが提出され、全体の宇宙論という形で全体理論の追求が行われ、個別の物理現象はその中に位置づけられる。したがって理学の場合、極微の世界の実験で発見された例外ではないかと思われた現象も、全体理論の中に組み込まれていく。そしていわゆるクーンのいう科学革命などのような大きな世界観の変化が生じた場合にはすべての既存の物理現象の説明を組み替える形で移行する。[3]

（6）社会学における理論形成の道具立て

①本書の立場　1　人間の認識能力がもたらす帰結

しかし、社会学の場合にはそのような形で理論の役割が果たされていない。社会科学でも研究が先行している経済学の場合であれば、そこには新古典派や制度学派など様々な考え方があるが、そこに属している研究者にとってその学派の基礎理論が変化すれば、組み換えが起こるという意味で自然科学に似た変化をする。

しかし社会学の場合には、そのような基礎的な枠組みそのものが問われていることもあり、理論化できなかった。本書ではこの理論化にあたり、人間の認識構造が持つ再帰的認識能力が論理的に自己存在の不確定性を生み出し、自己の存在に対する存在論的な不安をつくり出し、それを回避するために個人のレベルから国家のレベルまでその安定化メカニズムが社会をつくり出しているという視点から社会学を再構成している。

新しい再構築であるとしても、社会学の再構築の試みなので、社会学の先駆者たちの視点を現代の視点からとらえなおし、彼らが何を見て社会学という学問を打ち立てようかと思ったのかという問題意識にしたがって、社会学を再構成することになる。

この理論構築においては、ウェーバーがヤスパースの『精神病理学原論』を理解社会学の根拠に置いたのと同じ意味で、現在の脳科学の知見も最低限使う。この『精神病理学原論』はフロイトの心理学やそれから派生した精神分析学と異なり、現在の脳科学に直接つながる言及が多く、方法論としても医学としての継続性を感じる。

そしてその再帰的認識能力、再帰的言語能力に関しては前述した通りアンドレイ・ヴィシェドスキーの研究に依拠する（Vyshedskiy, 2019）[4]。論文の中でヴィシェドスキーは約七万年前に二人の子どもに同時に生じた遺伝子変異がそれを生み出したとし、それをローマ建国の伝説から〝ロムルスとレムス仮説〟と呼んでいる。そしてその結果として、再帰的認識能力、それをイメージとして拡大できる想像力、さらにそれを言語として操作的に利用できる能力が生み出されたとする。[5]この能力をヴィシェドスキーは再帰的言語（recursive language）能力と述べている。

このすべての人が持っている能力としての再帰的認識能力とそれをイメージとして拡大できる想像力、とそれを言語として操作的に利用できる能力こそが本書の中心的なテーマとなる。したがって本書で使用している再帰的認識能力という言葉は再帰的言語イメージ（recursive language/image）能力でもある。これはソシュールなどの議論を踏まえるまでもなく、言語はイメージを背景としているからである。そしてこの能力は想像力を含め再帰的認識能力から導き出される能力である。

このように本書における分析は脳科学に依拠するところがあるが、脳科学そのものというよりは、脳の変化が人間特有の社会をつくり出したという点が中心となる。その意味で脳科学に還元することを避ける意味でも脳科学に依拠した説明は最小限にとどめる。脳科学分野は、日進月歩であり、その進歩によって本書の論理構成も見直しを迫られる可能性はある。しかし本書では、ごく基本的な知見だけを利用するので、全面的な見直しを迫られる事態が生じることはあまり想像できない。

したがって、本書では、社会関係を心理的なものというよりは、人間が獲得した再帰的認識能力から生み出される自己存在の不可知性の認識が、論理的展開の中で自らを縛るということを中心的に論じていく。

②本書の立場　2　人口の視点

これに加え、通常人間の意識に上らない人口の要素も大きく私たちの世界を規定している。私たちはこの人間の認識が生み出す世界を意識しているが、その世界であっても、私たちが生物として存在している以上、その存在の外的な条件を踏まえなければ、存在できないことはいうまでもない。この私たちの生存を可能にする条件のなかで最も大きな枠としての条件に地球環境がある。そして社会学にとって、その分析を行う際に忘れてはならない重要な条件として、その生態系の制約の中でどれだけの規模の人間が生存できるのか、という意味での人口問題がある。

人口問題は数で表される。人口学は単に統計技術的な学問と受け取られることも多いが、人口問題は実は非常に厄介な問題である。なぜ厄介かといえば、通常は社会を考える際に社会を構成する主体である人口、そしてそのものを扱う人口問題は意識されないことが多い、ということがその根底にあるからだ。しかしそれが意識された場合には、竹内啓が『人口問題のアポリア』で示したように、同じ価値を持つはずの人間がなぜ他者の人生に介入できるかという意味でのアポリア（難問）を突きつけてしまう。これもまた再帰的認識能力のもたらす問題といってもよい。

この人間の数としての人口は社会を規定する最大の制約要因といってもよい。これまでの歴史の中で社会変革の多くは人口の変動に伴って生じている。その意味で人口問題を踏まえなければ社会の全体像は理解できないのである。この問題に関しては前著『人口問題と人類の課題―ＳＤＧｓを超えて』（時潮社）の中で包括的に論じている。その意味では本書と合わせてご覧いただくことで筆者の考える全体像となる。

本書はこれらの視点に基づいて分析を進めるが、ここで提出する原理や理論は、一般に考えられている〝理論〟とその様相が違って受け取られ、戸惑いを生むかもしれない。その理由は、社会学はその特性として、その対象そのものが条件に応じて変化するという性質を持っていることによる。したがって社会学の理論を組み替える場合、その基盤に置くべき理論を構築しようとするためには、既存の社会科学の理論のような理論構成は意味がなく、その理論構成そのものを理論の根拠として考えるメタ理論の形をとらざるを得なくなる。

逆に経済学などの分野で理論が成立する理由もここで明らかになる。ある価値観に基づいたゲームのルールの記述なので、その中で行為している人たちの行動を予測できるという意味で成立している。法学はもっと明確で、それに従うことが定められているルールの中の法則性の探求になるので、それなりに機能する。ところが社会学の場合、その背景にある価値そのものを扱ってしまうので、別の道具立てが必要になるのである。

社会学でもいわゆる実証系は認識論的な議論を事実上捨象している。実証系の研究は、いわゆる中範囲を対象とするし、特に目的合理的行為を対象とする場合には、ほかの社会科学と同じ方法が適用可能であり、いわゆる科学的検証に耐え得る。

しかし社会学の全体の理論を構築しようとする場合にはこのような方法は適用できない。この問題を解決するために本書で示すように、人間に固有の再帰的認識構造という思考の仕組みの獲得こそが現在の人間社会の基本的な構成要素であると考える必要がある。論理的に、それは社会学のメタ構造をなすことになる。したがって本書で扱う理論は社会学理論を組み込むメタ理論となる。

③本書の立場　3　人口の視点と認識論的な視点の統合

本書はすでに述べたように人口の持つ制約条件を考慮するとともに、この認識の仕組みを社会学のメタ理論として提示することを目的とする。そうすることで、社会学に一貫した視点を与えることができる。端的にいえば、人間の認識能力が循環構造を持ち、その認識の枠内では自己確定できないという〝事実〟が社会を形つくっていると考える。

（7）メタ理論としての本書と社会学理論 6

上記で述べた視点に基づき、本書はこれまでの社会学理論から見れば個別具体的な解明というよりは、様々な社会問題の背景にある、もしくは社会問題をつくり出している要素の解明を主題とする。

そもそも理論と現実の関係は、現実の中から抽象化しその法則性を抽出したものが理論であり、個別理論であっても理論は現実に対してのメタの位置にある。コンピュータープログラムになぞらえればメタ理論と理論の関係は、それぞれの社会学理論がアプリケーションソフトであるとしたら、それらのアプリケーションソフトが抵触しないように位置づけるOS（オペレーションシステム）に当たる理論がなければ全体をみることができない。

コンピュータープログラムにおけるOSは基本的に同じことを繰り返すサブルーチン群で構成されているという。本書の理論も同じで、人間の認識構造から引き出される不安やその解消としての他者を通じた確認がサブルーチンのように不断に行われていると考える。本書は、社会の中で人間が行為するうえでその行為の基盤となっているサブルーチンを明らかにすることを目標にするともいえる。言葉をかえれば社会学は社会の事象に対しメタ理論的な位置づけを持っているが、本書はその社会学理論をさらに位置づけるというメタ理論の構造を持つ。本書で示す理論の基盤となる原理は、それはOSのサブルーチンのように同じ動きが重なることで、社会全般の現象を生み出していると考えている。

非常に単純な原理であるが、社会理論としてこの視点を導入することで、個人の問題から国家、社会までその基本構造が説明できる。その視点に立てば宗教も社会集団の存在も、これから議論する人間の認識上の必要性を満たす機能を果たしていると理解することができる。その意味ではこれから述べる内容も徹頭徹尾、人間の認識構造上の要請にしたがって様々な構造がつくられたと考えるので、機能主義的な分析となる。

社会学の中では人間は自分の意志で行為しているという主意主義的な行為理論が中心であるが、自分というものはそれほどはっきりしたものだろうか。この問題は再帰的認識能力の論点から見れば少し違って見えてくる。

人間の行為を考えるとき、それは様々な自然、社会環境への適応を、自分のわかる内容に解釈し、わかりたいように分かったつもりになって、自分の意志で行為していると誤解しているのではないかと考える方が妥当性があることになる。

この社会がどのようにつくられているのかを考えたときに、地球という生態系の中で生物としての存在が許され、その中で私たちの社会は存在している。しかし人間の社会に限定すればそのような生命としての営みを含め、自分たちの意志で生活していると思っている。

この生物としての人間と社会との関係は広義の「人口学」の中で考えることができる。そしてその自分の意志で生活していると思っている〝理解〟そのものも、人間の再帰的認識能力とそこから生み出される自己の不確定性や不可知論の制約を超えることはできない。このような制約条件の中でという条件付きにはなるが、人口論は、とりあえずカッコ付きで「社会の存在論」として理解することができる。

この存在としての環境の中にいる人間が自分たちのことを理解している状態を「認識論」と考えることができる。これは社会学の基盤でもあり、主意主義的行為理論などを通して、近代に発達した社会科学が前提としてきた、自己決定できる存在としての個人を形づくるものでもある。

このように考えていくと私たちが暮らしているこの社会は、人間がどのようにみているかという認識論と地球という生態系の中での生物としての人間の在り方という意味での存在論の相互作用の中にあると大きく考えることができる。

ということは、私たちの社会は再帰的認識能力と地球という生態系のエネルギーフローの相互作用の中に存在すると考えることができる。人間は意志を持った動物であると私たちは信じているので、主意主義的行為理論のように自分が考えて行為していると思っているが、人口の研究を通してわかったことは、実は環境などの要件でそのような行動しかとれないものを、自分がわかりたいようにわかっているだけではないかと理解できるということである。

その意味では本書の論理は、マルクス（マルクス、カール：Marx, Karl, 一八一八年五月五日～一八八三年三月一四日）とは違う意味であっても、生物学的要因などの下部構造によって規定されていると考えているとみなされるかもしれない。しかし本書では、本人自身もわかっていないかもしれないが、自分たちがわかりたいようにわかった結果としてとる行為が、環境などの下部構造を変化させていると考えている。したがって、本書で示す上部構造と下部構造の関係は、下部構造に規定されている決定論ではないということになる。本書の理論構成としては、下部構造の制限の中で、上部構造が制御していると考えている。その意味で、拙著『人口問題と人類の課題』で示したように、認識や理解と環境条件や人口は相互作用的な関係を持つ。ポラニー（ポラニー、マイケル：Polanyi, Michael：一八九一年三月一一日～一九七六年二月二二日）の『層の理論』[7]にあるように自然環境などの下位の構造によって人間の認識構造や理解は「制約・限定・規定」されていると同時に、その範囲の中で社会の在り方は人間の理解の仕方によって「制御」されていると考えている。

　このようなとらえ方は既に哲学者のポパー（ポパー、カール・ライムント、(Popper, Karl Raimund, 一九〇二年七月二八日～一九九四年九月一七日）によって世界1～3の区分として示されている。ポパーは科学哲学者としても著名で、反証主義を提出し科学の定義に大きな影響を与えた哲学者であり、ヴィトゲンシュタインとの論争でも名高い。そのポパーの区分に従えば、世界1：物理的対象・出来事の世界。生物はここに含まれる。世界2：心的対象・出来事の世界。世界3：客観的知識の世界で世界1と世界2の相互作用によって構成されるとした。これを社会学の分野に持ち込み世界3を社会科学の対象領域として定義しようと努力している研究者に犬飼裕一がいる。[8]ポパーの分類に従えば本書の分析も世界3を対象としている。

　つまり人間社会は、下位構造や自然科学的条件によって決定されているわけでも、主意主義的行為理論のように人間が思うとおりにできるわけでもなく、その相互作用の中にあるということになる。しかし重要なことは、この理解もまた人間の理解の中での話であり、再帰的認識能力によって規定されているということから逃れることはできないのである。そして本書ではその関わり方を明らかにしている。

　ポパーの世界3論が研究対象をその性質からとらえた分類であるのに対し、本書はその世界3の中でどのように社会が構築されているかを、世界1と世界2を要素として、その論理構造の中に取り込みながら、人間の持つ再帰的認識能力から引き出される不可知性を原理として置くことでその構造を分析しているといえる[9]。

この再帰的認識能力が自己認識能力の一部であることは疑いを得ない。自己認識能力の一つとして人間は鏡に映った自己を認識することができる。しかしほとんどの動物には鏡に映った自己を自己だと理解できる能力はない。

例えば、早朝街を歩いているとスズメが車のカーブミラーの前で踊りを踊っている様子を見ることがある。これは動物行動学者にいわせるとスズメは踊りを踊っているのではなく、鏡に映った自らの姿を自分の縄張りに侵入した別のスズメと認識し、威嚇している状態だという。人間は自分の考えをスズメに投影するので、スズメが踊っていると感じるが、そのスズメは鏡に映った自己を自分だとは認識していないということになる。

自己認識の中でも、特に再帰的言語を用いた再帰的認識能力は人類が共通して持っている能力であるが、人類に固有な能力であり、他の動物と現生人類を分かつものといえる[10]。したがって本書で扱うのは、私たちを楽園から追放したその人間の特性としての再帰的認識能力である。この問題について考えてみる前に、ここで扱う限界は人間の認識能力に付随する問題であるために、社会学に固有な限界ではなく、自然科学も同じ限界の中にいる、つまりどのような学問分野であってもその制約から逃れることができないということを少し説明する。そしてこれは言葉をかえれば、私たちは永遠に知的追求を行うことができるということでもある。

【注】

1　犬飼裕一が「フランクフルト学派とレトリック主義の貧困」でこの批判理論について分析している。犬飼、二〇二四年、「フランクフルト学派とレトリック主義の貧困」、『研究紀要　第１０８号』を参照。

2　マートン、一九六一年、『社会理論と社会構造』を参照。

3　クーン、一九七一年、『科学革命の構造』。

4　ヴィシェドスキーも再帰的言語構造に関してはチョムスキーの研究に依拠している。チョムスキーの再帰的言語理論に関しては酒井（二〇一九）による。

5　ヴィシェドスキーは、論文のなかで「考古学的、遺伝学的に、六〇万年前までにヒトが近代的な言語装置を獲得したという圧倒的な証拠がある。(1)複合造形芸術、(2)目のついた骨針、(3)住居の建設、(4)精巧な埋葬など、近代的な想像力を示す遺物は、六〇万年前よりも前に誕生している。しかしなぜ現代的な言語装置の獲得と七万年前と考えられる再帰的な認識能力としての現代的な想像力の獲得の間に長いギャップがあったのか、は依然として不明である。」と述べている。

6　社会システムとメタ理論の関係に関しては、著名なシステム論者であるニクラス・ルーマンの著作がある。ルーマン、一九八四年、『社会システムのメタ理論―社会学的啓蒙　ニクラス・ルーマン論文集2』。しかしこれはシステム論の見地からのメタ理論であり、理論構成そのもののメタ理論ではない。本書はルーマンの論述のさらに外側を論じていると考える。

7　ポランニー、一九八〇年、『暗黙知の次元―言語から非言語へ』を参照。

8　犬飼は社会科学の対象としての世界三論を展開している。犬飼、二〇二二年、「三世界論と歴史社会学の新提案：客観的な世界三存在としての歴史と社会」、『研究紀要第１０３号』など。

9　現在コンピューターの分野でリナックス（Linux）は一定の地位を獲得している。そのLinuxはＯＳを購入しようと思ったコンピューター技術者のリーナス（Torvalds, Linus Benedict）がその価格に驚いて、ＯＳの中核部分に当たるカーネルを書いてみたところ機能し、そのソースコードを公開したことに始まることはよく知られている。それまでカーネルは大企業でなければ到底開発できないと思われていたのである。このカーネルを世界中のソフトウエアエンジニアが改良を続けて現在では最も堅牢なＯＳの一つとなっている。この背景にはＵＮＩＸという基幹業務用コンピューターの分野で支配的な地位を持っていたＯＳに対して、その特許に触れない形でソフトウエアを開発するフリーソフトウエアムーブメントがアメリカ西海岸のソフトウエアエンジニアの間で起っていたことがある。そこではＧＮＵ（GNU is Not Unix）と呼ばれる一連のソフトウエアが開発されていた。そこに欠けていたのはまさしくカーネルというＯＳの中核部分であったが、そこをリーナスがＬＩＮＵＸという形で開発してしまったことで、一気に実用的なソフトウエアとなった。本書が目指すのもまさしくこの社会学というシステムのカーネルである。世界3論はその枠を端的に示している。

10 これは動物の自己認識能力を図るミラーテストとして知られている。ミラーテストで自己認識を持つと考えられた動物にはボノボ（Bonobo：Pan paniscus）がいる。そのほかの類人猿は個体差があるようである。ボノボには構造的に発話能力はないようだ。ヒト（Human：Homosapiens）は生後一八か月ぐらいから、鏡像を自分自身であると認知できるようになるという。

3 自己言及・再帰的認識能力の深い闇

1 再帰的認識能力と社会

（1）再帰的認識能力からみた社会—認識の網の目

社会学の学問的特性、つまり相対化は人間の認識の本質といえる再帰的認識能力から引き起こされる現象であるといえる。ここで、これまでの考え方を逆転し、人間が再帰的認識能力を獲得したからこそ、そこから生み出される不安を解消するために、その能力を発現させないように猛烈な努力をし、社会の網の目を構築してきたと考えることはできないだろうか。

つまり人間の特性として誰にでも備わっている再帰的認識能力を事実として社会分析の基本的な要素に置くことで、社会がみえてくる。そしてその能力は、すべての人が持つ能力であり、いわゆる社会を構築する際の最も基本的な要素や性質＝〝原理〟をなすのである。

例えばパンツを含めた服を着るということは、他者から見られている自分を常に意識している、ということである。このことは再帰的なイメージ操作能力から生み出される行為であり、その事実を展開することで、社会学の中心的な課題から宗教の必要性までもが説明できる。本書はこの人間にとって普遍的な能力である再帰的認識能力が社会制度をつくり上げたという視点から社会学を組みなおす試みである。

簡単な例をあげよう。確実に人から見られていないことが確保されているお風呂に裸で入って恥ずかしがる人は、多少、いやかなり自意識過剰だといえる。それが気がつかない間に少し隙間が空いていて、見られたかもしれない、ということがわかると急に恥ずかしさを覚える。これは事実が変わらない中で、窓が開いていることに気がついた結果として、見られたかどうかではなく、見られたかもしれないという想像が働いた結果といえる。事実は関係なく、自らの想像力によって見られたかもしれない、と意識し、そこで他者の目を想定することで、恥ずかしく感じるのであろう。

漫画家である永井豪の作品に『けっこう仮面』という作品がある[1]。これは通常恥ずかしい場所と思われて隠している恥部が恥ずかしいのではなく、社会的特定を表す顔と結びついたときにはじめて恥ずかしい場所になるということを示し、社会的に驚きを与えた。これは当然のことながら社会の中での公的な自分が求められる機能を果たすうえでの役割期待とそれに伴う役割演技の問題と深くかかわる。そして私的存在から社会的存在への移行もまた日常意識するまでもなく経験することである。その意味で、その移行のほころびがみえる「電車の中での化粧」などは私たちに違和感を与える。

聖書にはアダムとイブが蛇にそそのかされて、知恵の木の実を食べたことで、恥ずかしさを感じ、お互いの恥部を隠したとある。知恵の木の実を食べたことで、それまで野生生物と同じ意味で楽園にいた人間が楽園を追われた。

また人間の持つ能力としての想像力も同時に形成されたようだ。想像力は、脳科学的には再帰的な認識能力と同じメカニズムによって生じる。演繹的な操作的な言語能力を持つまでは、今のような形での想像力を持っておらず、想像力を持つまでは、演繹的な操作的な言語能力を持たなかったと考えられる。したがって、それによって自らが縛られることもなかった。つまり、それまでは自然の一部であり、生死を含め意識されることもなかったと考えられるのである。その意味では聖書の寓話は大きな意味を持っている。そしておそらく脳の変異として生じた再帰的認識能力の獲得の時期、つまり失楽園の時期が大体明らかになった。ボストン大学医学部のヴィシェドスキーの研究がそれを示している。ヴィシェドスキーの研究に入る前に再帰的認識能力をもつヒトという視点から考え、旧約聖書の該当部分を確認してみよう。

（2）社会学的なヒトの成立―再帰的認識能力をもつヒト

①再帰的認識能力がもたらす困難

人間は進化の過程のどこかで他の動物とまったく異なった社会性を持つことになった。本書では遺伝子進化学的なその過程はヴィシェドスキーの研究を援用する。遺伝子の変化が同時に二人の子どもに生じ、そこで獲得された言語的操作能力を伴う再帰的認識能力は人間社会を決定づける知恵の源泉でもあり、人類だけがホモ（ヒト）属の中で圧倒的な存在となった能力であるが、同時にこの能力は本質的に困難な問題を引き起こす。

　私たちの理解は、脳において様々な情報を統合することで、それが行われていると考えるのが一般的であろう。養老孟司の『唯脳論』[2]でもわかるとおり、今ここで行っている知的な行為も、それどころか五感、もしかしたら六感までも脳を通じて理解される。これは内知であろうが外知であろうが同じことである。あくまでその理解は脳が理解した形で私たちは理解している。どんな世界観だろうが、どんな宗教だろうが、どんな神の啓示だろうが、それがひとたび理解されるというプロセスを通る場合には、あくまで脳によって処理される。これはどこまで行っても同じで、どのような認識であってもその制約を離れることはできない。どのような世界観であれ、視覚であれ、聴覚であれ、味覚であれ、私たちの五感すべては脳で理解されることではじめて、私たちにとっての意味のあるものとなる。

　したがって、論理的には、他者が同じものをみていたとしても、自分が同じものをみているとは限らないし、同じものを食べていたとしても同じように味わっているかはわからないことを意味する。この認識論上の相対化による不可知論の議論はその中で循環する限り、どこまでも議論をすることができる。社会学という学問自体がこのような相対化を基本的な視点として持っており、その結果として循環論や系統性のない議論に陥りがちだということは先に述べた。その意味では論理的にいくらでも循環構造をとることは可能であるが、同じ論理段階の中で、この問題の解消を図ろうとしても、その解消は不可能である。

再帰的認識能力の深い闇を理解するためには、自己認識の不確定性の問題がなぜ論理的に解消不可能かということを明確に理解することが必要になる。ここからこの問題を論じることで再帰的認識能力がもたらす甚大な影響について考えていくことにする。

②再帰的認識能力と想像力と恐怖

再帰的認識能力による言語的想像力は事実と想像の区別を難しくする。実は社会構造を規定する権威による支配もこの想像力で自ら従属するメカニズムを利用している。例えばどんな権力であってもそこで強制できるのは死までである。かつて死刑が一般的な刑罰であった時代には、死刑の方法に工夫を凝らして、恐怖感をあおる努力をしている。そして様々な文学作品でも地獄の描写は微に入り細に入っているのに対し、天国の描写は単調になっている。このことの意味することは死後の世界までも利用してその恐怖を維持することに腐心しているともいえる。

どのような人にも死は訪れ、それを避けることはできない。しかしその避けられない死を人は恐れる。それは死が経験できないものであり、理性的な理解の範疇を超えたものだからである。しかし実際に重大な病気などで死に直面すると、それに対応することで精いっぱいで、悩む暇さえなくなる。どのような天災であっても事故であっても、それが起こったときには対応することが先で、恐れている暇もない。

出典は不明だが〝ミミズは幸せだ〟という詩がある。「ミミズは幸せだ。次の瞬間、鍬で引き裂かれようとも、それを悩むことはない。ミミズは幸せだ、次の瞬間、トラクターで踏みつぶされようとも、それを悩むことはない」。非常に厭世的な内容であると忌避する人もいると思うが、これは事実である。不安におびえることの方が事実よりも大きく人を縛っている。実際に事が生じたときには対応することが優先され、悩むことは忘れられる。そして人間が直面する悩みのほとんどが十分な情報を論理的に検討しないで、つまり問題として明確に把握しないで、想像力の中で主観化している状態であるといえる。

（3）想像力がもたらす大きな課題

①幽霊の正体見たり枯れ尾花

この人間が獲得した「想像力」という能力は、予期的行動をとることで農業を可能にし、人間の生産性を上げたり、世代をまたぐ構築物を可能にし、大規模インフラを含めた社会を構築したというだけでなく、大きな課題をつくり上げた。その理由は、人間が自分の想念の中で想像力という力を使って主観的事実をいくらでも拡大できるようになったということである。これは能力の中での演繹的機能の拡大だと考えることができる。

その結果として、事実ではなくとも自分にとっての主観的な事実が、大きな影響を与える。〝幽霊の正体見たり枯れ尾花〟という川柳がある。江戸時代には幽霊は冬の季語であった。小塚原などの刑場には罪人の死骸が放置されて、電気もない時代、夜になれば真っ暗である。星明りで影ができるような状態は、いまではなかなか経験できないが、新月など月が出ていなければ、金星で影ができるほどの闇は当時は日常であったと思う。[3]

江戸時代、ほとんどの活動は日中に行われていたと考えられるが、何らかの理由で夜になってしまうこともある。その時に提灯の明かりぐらいで歩いている人が、冬になって枯れたススキが風で揺れる様子を幽霊が手招きしていると勘違いして、心底驚くというのは、あり得た状況であろうと容易に想像することができる。

ススキに驚く人はあまりいないと思うが、それに暗い中で出会えば想像力を膨らませ、幽霊と勘違いすることはありうるということである。この誤認を笑うのは簡単だが、このような想像力に基づく誤認を私たちが普段にしていることは事実である。ススキを幽霊だと誤認すれば、それに驚いて腰を抜かし、運が悪ければ心臓麻痺を起こしたり、足を踏み外して大けがをすることや、場合によっては土手から川に落ちて溺死することなどもありうる。

私たちの普段の生活を考えてもそうだが、事実で判断しているというよりも自分が主観的に理解した主観的な事実、もしくは主観的な理解によって行動している。したがって事実というものが必ずしも正確に把握されているとはいえない。

②被害者意識と正義・キリスト教の俗人宗教意識

当然のことだが、この想像力というのは個人の中で働くもので、徹底して個人の主観の問題だということである。このような想像力の持つ性質から、自分が被った被害は大事件であっても、自分が行った加害はそれほどでもない、と考えがちになることも説明ができる。

想像力は個人の中で働くものであるが、すべての人が持っている能力であり、同じ条件に置かれれば同じ想像力を他の個人も働かせる。また他者との関係性で、自己をどこで自己と認識するかは、おそらく決定される。その意味では同じ歴史や情報を共有し、同じ情報を顕在的にも潜在的にも共有している集団があれば、結果として同じ想像力を共有するのである。

その典型例を二〇二四年のいま、私たちはパレスチナで目撃している。自分の所属する集団が被った被害は非常に大きなもので、それに対して他者に行う過剰な復讐は正義の名のもとに正当化される。現在ガザで起こっている殺戮は同害復讐をはるかに超えた殺戮であり、ユダヤ教の基本聖典であるであるトラー（モーセ五書）でも、さらに古いハムラビ法典でも、いかなる宗教の経典でも禁止されていることであることは改めて思い起こすべきだろう。そしてこれは被害者意識とそれに対する備えをする、という考え方が増幅されて生じている現象であるといえる。それは正義の名のもとに行われているが、そこに欠けているのはまさしく正義であり、自己の生存のためなら他者を犠牲にして顧みない姿勢であるといえる。

　仏教の場合には因果律が基本で、さらに一人ひとりの前世が現状をつくったと考えるので、それを他者の責任と考えることとあまりない。このような基本的な考え方の違いによって仏教は社会運動につながりにくくなる。しかし部族の神の場合にはそうではない。それがある集団に対して行われた場合には、その集団に所属する個人にとっての利害とそのまま結びつくので、同じようにその集団が被った被害は大事件で、他の集団に対する加害はその被害で正当化されるというメカニズムが生じやすくなる。

　現代社会にも国際援助の基本理念とされたライツ・ベースト・アプローチのように、自らが受けた被害は保証される権利があるとする考え方がある。[4] 被害者であるかどうかという事実認定の議論は別としても、そこにあるのは被害者意識に基づいて、〝自ら受けた被害に対する補償を求めることは権利であり、その権利に基づいて加害者に強制できる〟とする考え方である。社会的にみて〝正義〟の重要性はいうまでもない。しかしいわゆる法の世界でも主観的な被害の認定は容易でなく、経済的な尺度に置き換えられえて判断される場合が多い。そしてそこには法という基準があるから適用できるが、そうでない場合はまたしても価値の闘争を生み出す。

　この被害者意識とその補償を求めて抵抗する、つまりプロテスタントはまさしく近代を生んだプロテスタンティズムによって近代的啓蒙と結びつくことになった。マックス・ウェーバーが指摘するように宗教は通常は、この支配の正当性は神によって与えられているというような現状肯定的な役割を果たし、「幸福の神議論」として社会の安定化に根拠を提供する。しかしユダヤ教やキリスト教はその成立から被害とその補償を正義の基準として考えてきたようで、その結果として世界的な価値観ともなっている。

この問題点について哲学者であり、自分自身が牧師の子どもとして育ったニーチェ（ニーチェ、フリードリヒ・ヴィルヘルム：Nietzsche, Friedrich Wilhelm, 一八四四年一〇月一五日～一九〇〇年八月二五日）がヨーロッパの伝統に叛旗を翻す形で、ヨーロッパ文明の基盤ともなっているがゆえに、それまで扱えなかったであろうキリスト教神学に対する批判を素直に述べてしまっている。[5] ニーチェは、〝キリスト教の本質はルサンチマンから生まれた、ゆがんだ価値評価にあるとした。「貧しき者こそ幸いなり」、「現世では苦しめられている弱者こそ来世では天国に行き、現世での強者は地獄に落ちる」といった、弱いことを肯定・欲望否定・現実の生を楽しまないことを「善い」とするキリスト教的道徳はルサンチマンの産物である。実際に憎悪やねたみが、キリスト教をつくり上げてしまうほどの創造的な力に変換された歴史があると述べた（ニーチェ、一九九四年）。[6]

マックス・ウェーバーもユダヤ人を「パリア民族：Pariavolk」と呼び、差別された民族であると述べている。差別を受けた被害を保障される権利があるという考え方とニーチェのルサンチマンが同じことをいっていることは明らかである。ただキリスト教の成立によって、ユダヤ人からキリスト者へという形で選民思想の置き換えが行われ、民族的な選民思想が廃されたことは大きな意味を持つ。つまり特定の民族が支配者になることを正当化できなくなったのである。ただ残念なことに、キリスト者のみが神の国に入ることができるという形で、キリスト教以外の信仰を排除するメカニズムは残り、神の名の下で凄惨な征服や宗教弾圧が行われた。そして自らの正義の価値観のもとで、〝被害を受けたものが保障される、それが真実の正義である〟という考え方が引き継がれることになった。

③応報的宗教性と預言　正当化のメカニズム

単純な疑問として、〝差別によって受けた被害を保障される権利がある〟といった場合に、その権利の執行を裏づける何らかの具体的な力がなければ、その権利が実現されることはないのではないかという〝問い〟が生れる。ユダヤ人にみるような、その権利の実現を神に求める考え方は、一〇〇年も前にウェーバーによって応報的宗教性として明らかにされているが、そのことは忘れられている。[7]被害を受けた人は、ニーチェが指摘したようにルサンチマンによってすべてを正当化する。現在でも人権を含め、権利の根拠として進歩的であると自称する人たちも神や普遍的という言葉を持ち出して、それ以上考えることをやめる。普遍的ということをどのように定義するのか、普遍的であればなぜ強制力を持ちうるのか、についての議論は寡聞にして知らない。さらに神を持ち出す場合、持ち出す人たちが神と直接話したことも啓示を受けたこともないことが多いはずである。そのような中で、どうしてそれを絶対の存在であると確信し、自分のわかった範囲でしかわかりえないにもかかわらず、自分の理解が他者の命を奪えるほど正しいと思えるのだろうか。

本書での議論はあくまで社会科学なので神の存在それ自体を議論することはない。神の存在そのものの議論は、合理的な判断の外にあって、まさしく〝信じる〟という、批判的思考と対極の行為である。しかしそれがどのようなメカニズムで、勝手に正しいと思い込むことができるのかという議論は、社会を考えるうえで可能な議論である。

どのような宗教であっても、その経験や奇跡は人によって解釈され伝えられる。直接、神との交流の経験を持った人にとっては、それが宗教的体験として否定しようのない事実であっても、それが正しいかどうかはまったく別のことである。仏教では超常的な現象を否定しないが、禅などでは魔境といって注意すべき現象であるとされ、悟りと関係ないと考える。

キリスト教の場合には〝信じること〟が非常に重視されるが、それであっても直接神と対話したのはモーセ[8]やヨブのような聖書の中の登場人物に限られる。イエス・キリストによって新たな契約がなされたとしても、その内容は何度も翻訳され、さらにその当時あった様々な議論を当時の力学で淘汰し、何度かの公会議を人間が開催して現在の聖典が制度化されたことは歴史的事実である。

むしろ敬虔な信者であれば、被造物である自らが神の意志を完全に理解できると思う傲慢に恐怖するのではないだろうか。少なくとも公会議で、その当時数多く存在した様々な福音書を選択し、聖典として選定したのは人間であることは歴史的な事実である。そして、それが人間の選択ではなく、〝神が選択したものであり絶対に正しい〟という根拠については、それをみたことがない。[9]

キリスト教の草創期に既に「ユダの福音書」[10]が存在し、グノーシス派の影響の中で聖書の神を否定するような言説があったという事実がわかっている。その当時から絶対神でありながら暴力行為を繰り返す神に対する疑念があり、理性的な愛情に満ちた真の神の世界があることを信じた人たちがいたということは歴史的な事実なのである。

旧約聖書に見られる様々な預言も、プロテスタントが聖書をそのまま読むようになって発達した聖書学や聖書考古学の研究の進展に伴い、預言の多くは事後的につくられたことが学問的に明らかになっている。例えばバビロン捕囚を予言したダニエル書はバビロン捕囚の数百年も後に書かれたと考えられている。具体的には最初の捕囚は紀元前五九七年に、その後、紀元前五八七年または五八六年、紀元前五八二年または五八一年に起こり、最後の捕囚は紀元前五七八年に、行われたとされている。このことを予言したダニエル書は、一般には前二世紀ごろ、シリア王アンティオコス四世（在位前一七五〜前一六三年）の迫害に苦しむユダヤ人同胞を励ます目的をもって書かれた文書であるとみなされているのである。[11]当然、起こってしまった後で預言がなされればそれは一〇〇パーセント成就する。

ここで注意してほしいのは、ここでいっていることは、決して被害が保障されなくてよいということではない。特定の価値観に基づいて、当然の権利として他の人の生命財産を無条件に奪うことはできないのではないか、ということである。

話を現実世界に戻すと、権利にもとづく考え方に欠如しているのは、自ら行った加害によってそれを受けた集団Bが同じように被害の補償を権利として、集団Aを攻撃すれば、その悲劇の連鎖は終わらない、という認識なのである。自らが受けた被害は非常に大きく感じるけれども、他者に対して与えた被害というものはあまり痛痒を感じないという人間の想像力の特性が生み出す悲劇であるといえると思う。しかも繰り返しになるが、それが加害しているという意識ではなく被害者意識で行われていることが惨禍を拡大する。

二〇二三年一〇月七日にイスラエル南部地区レイムで開催されていた音楽祭に、ガザからイスラエルに侵攻したハマスの戦闘員が攻撃を行い、一四〇〇人ほどの死者が出た。その背景に対する議論はここでは一切捨象するが、その結果としてイスラエル側は圧倒的な武力で攻撃を行い、何十倍もの被害者を生み出している。そしてそれだけの大きな被害を与えても、なお、完璧にそういうことが起こらないようにすることがイスラエルの利益であるとして主張しているのである。

冷静に考えれば、人の命に軽重がないということを前提としてみると、明らかに死者を多く出す方に問題があるといえる。進歩したはずの現代の人間は数千年も前に成立したハムラビ法典（紀元前一七五五〜一七五〇年）で形成された同害復讐の原則すら実現していないのである。どうして自らの受けた被害は人の被害よりも大きいといえるのだろうか。自分の視点だけを正当化すれば当たり前の考え方かもしれないが、それぞれの人間の存在とその価値が等しいという前提に基づくならば論理的にそれに答える術はない。逆にいえば、それが等しいと考えなければ成立する。このような違いの正当化が、私たちの中に無条件ともいえる形で組み込まれているのである。なぜこのような違いの正当化が生じるのか。これも、再帰的認識能力による不確定性とそこから引き出される不安、想像力と恐怖、そして限られた生態系の中での人口圧に常にさらされていた人類という要素を持ち込めば説明することができる。そしてそれが意識するまでもないほど私たちの中に組み込まれ、その行為を規定していることがわかる。

このことは私たちの生産体系に関してもすべて同じである。人間がこの能力を持つことで罠をつくり、動物を多く捕獲することができるようになった。生きるためであれば、そこに必要となる食料を獲るだけでよいのだが、想像力を獲得した人類は飢えに対する恐怖を抱えながら生きるようになった。これから獲れないかもしれない、という恐怖感が必要のない狩猟を行わせる誘因となる。そして、多く獲ることで、社会的な賞賛を得て地位を上げることもできるようになる。このように人間の獲得した想像力は不安をつくり出し、その不安に備える予期的行為を生み出し、必要のない殺戮や必要のない過剰な狩猟というものが行われるようになったと考えることができる。

もう一つ重要なことは、私たちは人間でありすべてを知りうる存在ではない、ということである。つまり、常に過小情報をもとに判断を行う状態に置かれている。このような状態にあっても、人間はその能力としての想像力がもたらす不安を避けるために、自らのわかるように事実を説明し、物語をつくり、わかりたいように理解することでその不安から逃れている。

このことが引き起こす影響はかなり深刻である。どんなに主観的に納得したとしてもその現象を引き起こす因果律と異なった理解であれば、その因果律に基づいた推測は当然妥当しない。したがって〝思っていること〟で問題の解決を図ろうとしても、それはできないことになる。そうであっても、その事実を認めることは難しい。どんなに外からみたときに異なった因果律にしたがっていようとも、その価値観を信奉する人たちは自分たちのわかる因果律の中に事物を落とし込み、その中で理解しようとする。

もちろん本書をふくめ科学的理解もこのメカニズムから逃れることはできない。この問題に対する対応として科学の方法がある。いかなる理論といえども、事実に基づいた科学的な反証が挙げられたら、その反証に対する修正という形で、研究を進めていくしかない。

（4）自己の不確定性・変化する自己・帰属集団の規模と自己

私たちはこの生物として生きている自己を自己と思うことが通常だが、家族のため、民族のため、国家のためと死を顧みない行動をとることはよく知られている。それはなぜ成り立つかも、この自己の確定が他者を通じてしかできないというメカニズムから考えれば理解できる。

つまり人間が再帰的認識能力を持つことで自己の不確定性が本質的に生じる中で、自分をどこで自分と位置づけるかは、自己を再帰的認識能力の系として集合Nとした場合に、Nを確定するためにはN＋1の1をどのレベルで認識するかということで規定される。言葉をかえればNをどのレベルで認識するかによって自分の範囲やアイデンティティは変化する。そのNとN＋1の関係のレベルが国家間の闘争であれば戦争になり、特攻攻撃も辞さないことになる。暴力団の抗争であれば、それは他の暴力団になるし、村であれば他の村になるし、不良グループであれば他の不良グループになるだろう。

近代においてはこのアイデンティティは、生物学的な自己に重なる形で理解されるが、再帰的認識能力から考えれば、アイデンティティは基本的に社会的なものであるということになる。つまり自分をどの範囲で自分と認識するか、もっと一般的に考えると、どのレベルで準拠集団や帰属する範囲を認識するかは、その条件次第で変化することになる。再帰的認識能力はいうまでもなく自己をどのように自分がみるか、ということでもある。自己をどのようにみるかということも価値や規範と不可分に結びついている。行為の基準となる価値は、それが機能するためには意識されないことが重要になる。意識されるとそのことで問いが生じ、相対化されて不安定化する。したがって自己をどの範囲で自己とみなすかということそのものも、それが問われたときには逡巡を生み出すことになる。それを避けるためにも通常はそれが問われないように自己を社会的な網の中に組み込んでいく。

このアイデンティティを安定したものとするためには、言語的な習得や再帰的認識能力の言語的操作以前に自己肯定感という形で刷り込まれることが必要になる。自己の不安を発現させず、不安に縛られないためには、幼少期に親からの絶対的な肯定を受け、それが刷り込まれることが必要になる。そしてそれは、第一次社会化の中心的な要素である。このことは、ピアジェ（ピアジェ、ジャン：Piaget, Jean, 一八九六年八月九日〜一九八〇年九月一六日）が発達心理学で指摘していることでもある。[12]

また脳科学的にも再帰的認識が生じる前頭前野統合（ＰＦＳ）がある程度完成するまでの間に、再帰的言語に触れることがなければ、再帰的な言語習得がほぼ不可能になることがわかっている。[13] つまり再帰的認識能力の獲得は、脳の成長と深いかかわりがあり、五歳までにそれに触れることで脳が不可逆的な変化をするということがわかっているのである。再帰的な認識能力が前頭前野統合によって生じるのであれば、そこから生み出される不確定性と存在論的な不安を安定化させるための仕組みも同時に組み込まれたということと理解できるかもしれない。この分野はまさしく脳科学の分野であり、その発展に任せたい。

話をアイデンティティの確立に戻すと、近代におけるアイデンティティの確立という考え方は、個人の絶対化ともいうべき思想と関係があることがわかる。しかしアイデンティティの確立とはいっても、実はどこに自己を設定するのかは時代や環境によって変化すると考える方が妥当であるということになる。いわゆる現代的な意味でのアイデンティティは個と個が対峙することで自己確認をしているような社会条件の中で成立する。例えば極端な戦乱の中で、社会集団が生き残ることが優先されるような状況下では、個のアイデンティティを主張することは難しい。

そう考えなければ新渡戸稲造の『武士道』にあるような主人の身代わりに自分の子どもの命を差し出すという行為の妥当性を説明することはできない。アイデンティティが生物的な個人を超えて、家族や会社、国家に置き換わったときに、過労死が生じるメカニズムや自己犠牲による志願兵などが成り立つといえるのではないだろうか。論理的には生じないはずの自分の生命よりも重要な存在もそこに生まれてくる。言葉をかえれば、個人＝生命体としての自分よりも重要な自分が出てくるのである。[14]

個人という価値観が重要視される現代社会から考えれば、生物的な自己を超えて、国家のため、社会のため、宗教のために死を賭した行動をとることは論理的に理解することが難しい。しかし、本書の分析にしたがって、そのような行動をとる人が、自らを国家に擬し、社会に擬し、宗教に擬し、家族に擬し、生物学的な自分の命よりも、それらの集団の生存の方が重要な価値を持ったと考えれば、自分の生命よりも重要な価値のために自らの命を投げ出す行為は合理的であるということになる。それは、その帰属する集団、家族であったり、共同体であったり、国家であったり、の存在と価値観を守ることの方が、自ら定義する自らの範囲を守るために、自らの生物としての命を守るより大事になったということを示している。

自殺も同じで、自らの存在価値が見失われてしまった場合、もしくは社会的に自分の位置を見失った場合には、自分の生物としての存在に価値が見出せなくなった結果として、自らの生命を断つ現象であるといえる。くり返しになるが、自分自身を自分で確定できないということが、これほど大きな影響を与えるということは、言葉をかえれば、私たちは私たち自身としては自分がわからず、他者や様々な社会関係の中で自己を相対的に確定しているということであり、それがその人にとって〝すべて〟といえるほどの影響を持つということである。さらに、どのように自己を認識するかという、その範囲もその置かれた条件によって変化する。これは社会学的に新しい発見ではないだろうか。人間にとって、つまり自分にとって最も重要なものは、その条件次第では自分の生命ではなくなるという意外な結論が引き出されると同時に、私たちがこれまで精神論で語っていた内容も、認識構造の展開という点から説明することができる。

そしてこのような視点に立てば、社会学の主要な議論である社会実在論も社会唯名論もどちらも正しく、どちらも誤っているということになる。社会を離れて個人はあり得ないし、個人のない社会はないのである。しかもそれらすべてを一人ひとりの脳で判断している以上、本質的に思っている世界観と事実の区別はつかないのである。

2　存在と認識の限界について

（1）デカルトの認識・釈尊の認識

この認識の問題を人類はどのようにとらえてきたのだろうか。すこし遡ってみよう。近代科学の祖といわれるデカルト（デカルト、ルネ：Descartes, René, 一五九六年三月三一日〜一六五〇年二月一一日）の思弁は巨大なものであったのではないかと改めて思う。近代的懐疑を象徴する言葉であるコギト・エルゴ・スム（Cogito ergo sum）も通常理解されている単純な懐疑論ではないようである。この言葉は実体論の是非を論じたのではなく、〝そうとしか設定できない〟、ということだったのかもしれない。そうだとすれば、存在論を問わないという意味で、非常に妥当な設定である。

養老孟司が『唯脳論（一九八九年）』の中で、〝これは英語や仏語では表記できない〟と指摘している。[15] それは英語であれば**I think, therefore I am**　仏語であれば**Je pense, donc je suis**となるが、それらの言語では主語が〝私〟になってしまう。デカルトがラテン語を使ったのはラテン語のCogito ergo sumには〝私〟という「主語がない」からだと指摘している。こうすることで、考えることと存在を等価に結びつけているともいえる。このように主語を固定しないことで、すべてを関係性と考えることもでき、仏教の唯識論との近似性も生まれてくる。

釈尊は自己の存在論を問うような議論を戯論（けろん）として退けた。[16] 現時点から考えれば、その理由は明確である。この議論は人間の知性の根幹を規定する性質によって生じる問題であるために、いつまでも議論できると同時に答えが出ないという性質を持っているため、このことをいくら考えても何も生まないからである。釈尊はこのことを知ったうえで、その議論に普通の人間が耐えられないこと、また議論しても実際上の改善につながらないことを踏まえて「戯論」として禁止したと考えられる。

実際、ゲーデルが不完全性定理でその不確定性を言語化するまでは、それが証明できない性質を持つということを論理的に確定することはできなかった。釈尊自身は、人間の認識がつくり出すこの構造を理解していたようである。釈尊の言葉をほぼそのまま伝承したと考えられる原始仏典を紐解けば、そこには、釈尊の発見として、人間は自らの思念に完全に縛られる[17]が、それは決して恣意的なものではないということを明言していることからそのことが推定できる。

そして再帰的認識能力の論理の中で、自己の存在を確定することが原理的にできないならば、逆に、それを人間の認識の基本的な性質として捉えることができるということになる。そして人間の持つ認識の不確定性が人間にとって逃れられない基本的な性質であるのならば、それは人間社会の基本的な要素でもあることになる。そしてその事実を理論の基盤として、つまり〝原理〟として位置づけ、社会現象に当てはめてみると、ほとんどの社会問題にその視点から答えを出すことができることがわかった。逆にいえば議論しても意味がないことの理由を把握できたら、議論する価値が生まれたのである。筆者の発見はここにある。

そして、このような性質を持つ認識構造が人間社会を構成する最も大きな要因であるという仮定を置くことで、社会についての透徹した視点を持ちうるのであれば、それは社会分析の道具として有意義なものとなる。仏教の基本に「諦める」という考え方がある。これはまさしく様々に複合している現象の因果律、仏教の言葉でいえば「縁起」を「明らかにする」ということだといわれている。人間の認識が持つ特性をその特性の中で循環するのではなく「事実」として把握することで、様々な問題が明確になるのであればそれには意義がある。

つまり自己認識の問題を考える場合、その議論の中に入ってしまえばその問題は絶対に解消できない、という性質があることを明確にすることが決定的に重要であるということである。言葉をかえれば、なぜ議論しても意味がないかを明確に把握しなければ、それが「戯論」であることが理解できないし、それが人間社会にどれほど大きな意味を持つのかを理解することができないのである。したがって本書では存在論的な意味での不可知論に陥るような探究を中止する。この問題は論理的にはそのことの是非を確定することのできない性質の問題で、いわゆる〝解なし〟という性質の問題である。したがって、その是非論をその論理の中でいくら遡及しても意味がない。このような場合、論理学的には、存在すると考えても、存在しないと考えても等価であるとのことである。

ここでは現実の世界があると仮定し、数学を含む自然科学がこの問題をどのように扱ってきたかを若干検討したうえで社会科学に戻り検討する。そうすることで人間は、この認識の限界から論理的には離れることができないことを示す。

（2）自然科学における認識の限界についての若干の考察[18]

①デカルト座標、ヒルベルト・プログラム、ゲーデル、N＋1

自然科学や数学はこの人間の認識構造がもたらす循環性とそれに伴って引き起こされるこの決定不能性の問題をどのように扱ってきたのだろうか。簡単にみてみよう。人間の認識構造から考えたとき、どこまで行っても私たちは自らの認識から逃れることができない。その意味で私たちはハイデッガー（ハイデッガー、マルティン：Martin Heidegger, 一八八九年九月二六日～一九七六年五月二六日）のいう「世界内的存在（In-der-Welt-Sein）」なのである。この制約は私たちが客観的な科学であると考えている自然科学であっても離れられないと考える。

デカルトは近代科学の父として知られている。具体的にはそれまでまったく違った発展をしてきた幾何学と代数学を、デカルト座標で統合した。これは空間や時間などの次元内の姿を数値で扱う方法を示したものである。これが現在のコンピューターを使った数値コントロールにつながっていることはいうまでもないだろう。デカルトは、代数で物理的な空間や存在を示す方法を見出したといえる。このデカルトの発見から自然科学的な事象は数学で記載されるようになった。その意味でガリレオが述べたように〝この世界は数学という言語で記載されている〟というのが現代の科学の基盤となっている。

②数学と認識体系

この数学は人間の持った論理体系の極限ともいえる発展をみせている。私のような社会科学系の研究者にとっては、自然科学系の研究者のように数学的操作と実際上の技術が完全に対応するということがなかなか感覚的に理解できないが、ＡＩなどの発展によって人間のみえている社会の再構成も数学で行われていることは理解している。数学や物理学に大きな業績を残したノイマン（ノイマン、ジョン・フォン：von Neumann, Johann Ludwig, 一九〇三年一二月二八日〜一九五七年二月八日）などの思考を追うと、[19] まさしく物理現象は数学で記載でき、そのように数学で記載できたことは技術として利用できると考えていたと思われる。ノイマンはゲーム理論という形で社会現象を数学的論理で分析する手法を見出し、現在のコンピュータのほとんどを占めるノイマン型コンピュータの生みの父である。そしてこのゲーム理論はパレート最適の考え方やナッシュ均衡などの考え方を含め数理社会学理論にも大きな影響を与えた。

この現代社会の科学技術の根幹が数学であることは厳然たる事実である。数学においては論理的な整合性が重要であり、人間の持った演繹的・論理的能力の極限を示している。この数学の体系を完全に証明しつくすという計画がノイマンの師でもあるヒルベルト（ヒルベルト、ダーヴィット：Hilbert, David, 一八六二年一月二三日〜一九四三年二月一四日）によって開始され、ヒルベルト・プログラムとして推進された。このプログラムは、数学を形式化しようとする試みであり、数学において真である命題は必ず証明できること、公理から形式化された推論をどれだけ行っても矛盾が示されないことを、証明しようと考えた。

③ゲーデルの不完全性定理と数学

これに対してゲーデル（ゲーデル、クルト：一九〇六年四月二八日〜一九七八年一月一四日）は、一九三一年に「不完全性定理」を発表し、「自然数論を含む帰納的に記述できる公理系が無矛盾であれば、自身の無矛盾性を証明できない（第2不完全性定理）」ことを証明してしまった。この証明をみてヒルベルト・プログラムの推進者のひとりであったフォン・ノイマンはその完成をあきらめた。このゲーデルの不完全性定理は数学という厳密な論理構成の中での証明であり、翻案することは適切ではないかもしれないが、これは特定の系の中でその系の無矛盾性を証明できない、と読むことができる。

またゲーデルの「第1不完全性定理：〝初等的な自然数論〟を含む無矛盾な公理的理論は不完全である。つまり無矛盾な公理的理論内で証明も反証もされない命題（決定不能命題（undecidable proposition）、あるいは独立命題）が存在する」でも決定不能性が示される。通俗的に考えると集合Nを証明するためにはNの中では証明できないということにならないだろうか。不在証明は悪魔の証明と呼ばれ、一般にできないことの証明はできないが、筆者の知る限り〝その証明ができる〟という事実を知らない。この数学とゲーデルの定理との関係もまたメタ構造になっている。[20]

④言語の一形式としての数学

数学が言語の一種であることは広く知られてきている。つまり自然現象を記述する言語として活用されている。数学が言語であるということは面白い結論を導く。つまり数学的に可能であることが自然科学的に意味を持つかどうかは、また別の問題であるということである。同時にアインシュタインが危惧したように数学の適切な発達がなければ自然現象を記述することができないということも示している。そして数学がこれまで人間の論理的な演繹能力の限界を示してきたことからいえば、その限界は人間が考えられることの限界、すくなくとも限界の一側面をあらわしているといえるだろう。

この点からゲーデルの不完全性定理は、発表当時にゲーデルショックといわれる衝撃を西欧社会に与えることになった。数学の勝手な解釈や展開は許されないとしても、ゲーデルの基本的なアイディアが示すことは、人間の認識能力の限界を持ってしても、自分という公理系を証明することはできないと読み取るのは許されないだろうか。その論理に従えば、自分を確定しようとすれば自分という公理系Nの外に何かが必要になる。

量子力学の分野では、ノイマンがこの問題をノイマン・ウイグナー理論として提起した。[21] どのような現象であれ事物であれ、人間の認識を通してしか人間は理解できないので、その制約は自然科学分野であっても逃れることはできない。存在を証明することも不存在を証明することもできない。上記のゲーデルの証明も、「自身の無矛盾性を証明できない」という形で無矛盾性の証明が不能であるという論理的事実を証明していると考える。[22] したがって人間の認識の系のなかで自己の存在証明が論理的にできるということが証明できれば、この制約は否定され、その意味で反証され、本書の論理はすべて破綻する。読者の中で証明できるという方がいればぜひお教え願いたい。

⑤有限の中の無限

本書では、この内容を人間の認識のありかたに落とし込み、循環系をその循環系の中で説明しようとしても解がなく、人間の認識の問題をその循環構造の中で説明しようとしても、無限の自己言及を起こすだけで、確定することはできないということを前提とする。この前提に立てば、自己を再帰的認識能力の系として集合Nとした場合に、Nを確定するためにはN＋1がどうしても必要になる。しかしどのような認識であっても人間が脳で認識している以上、客観的な意味でのN＋1を持ってくることはできない。この問題を解く可能性があるのが、次元を上げて考えてみるという方法である。[23]そしてゲーデルの「完全性定理」と「不完全性定理」の関係もこのような関係にある。[24]

⑥メタ理論と次元

次元を上げて考えてみる。この関係こそ社会学のフレームを構築するうえで重要な視点となる。実は社会学はそのほかの社会科学と異なり、様々な社会における様々なゲームのルールである価値観を相対化して考えるという意味で、人間の意味理解の次元を一つ上げて考えている学問であるともいえる。しかしながらその結果、自己言及という無限ループから抜け出せず、そこでもがき、学問としての系統性を構築することができていない。むしろこの構築できないことを学問の特質として居直っている部分すらある。この再帰的認識能力の循環構造を理解するためには、そのメタ構造を理解しなければならない。つまり、社会学の理論の構造化を果たすためには、循環構造の中でいくら議論をしたとしても答えが出ないことを示している。このことを考えてみるうえでごく単純な例を挙げることができる。それは数学でよく知られた無限の最も初歩的な理解である。

⑦球の上の私

この数学的に定義されたもっとも単純な無限に「循環」というものがある。数学者ではないので簡単な例を挙げる。例えばゴムボールがあってそこに数学的な線、つまり幅のない線を描くとしたら永遠に書き続けることができる。これは数学でいう次元に置き換えて考えることができる。

例えば、私がある球の上に住んでいる直線しか歩けない生物（一次元生物）であるとする。その球の上に住んでいる動物は、その有限な塊である球の上を永遠に回ることができる。そしてその回っている範囲においては、その回っていることを意識することはない。しかしながら、それを二つ階層を上げて3次元生物となって、球の上にいるということを理解できれば、その有限性が理解できる。そして玉の上で歩き回る行為が、永遠であると同時に、ある有限の中で循環していることを理解することができる。

これと同じことが人間の認識の中で起こっている。認識の中で循環している限りは、最初に図示したNとN'の循環が永遠に続くのである。つまりボールそのものは有限であっても、無限に書き続けることができる。一次元生物にとっては永遠に歩き続けることができる。実はボールがボールという有限なものであることを理解するためには、ボールを外から眺めることが必要である。集合NをNと確定するためにはN＋1が必ず必要になる。

しかし再帰的認識能力がある人間にとって自分を確定するNの外にある1はどうやって求めればよいのだろうか。再帰的認識能力の問題の限りなく深い闇の根源はここにある。どこまで行っても人間の認識を通じてしか理解できない以上、〝自分の外はない〟のである。そしてこれを人間の認識構造に当てはめてみると、客観的な意味におけるN＋1は存在しないことになる。しかし、どのような人間であっても基本的な能力として持っている再帰的認識能力が自己言及をつくり出し、循環構造をつくり出すという〝事実〟を認識することはできる。

まさしく有限の中の無限である。その循環系に人間の認識が支配され、構造的に抜け出すことができないということを明らかに把握することで、はじめて人間の認識構造が自己言及的な構造を持つことで引き起こされる帰結が社会を支配していることを理解することができる。そしてそれを解消するためには仮説としてでも次元を上げて理解するしかない。この人間が獲得した再帰的認識能力は無限の問題と深くかかわる。無限は数学で定義された概念でもある。本書では人間の思考の限界を示すものとして数学的な考え方を援用している。

(3) 映画『マトリックス』の世界観

いずれにしても、人間が理解している世界は脳で再構成されている世界である。この場合かなり深刻な疑問を私たちに突きつける。つまり私たちは現実と脳の中のイメージ区別をつけることができるのかという問いである。

ラリー・ウォシャウスキー／アンディ・ウォシャウスキー兄弟（現姉妹）による1999年のアメリカのSFアクション映画『マトリックス（The Matrix）』は、ワイヤーアクションを多用したアクション映画として大成功を収めた。しかしこの映画が本質的に画期的だったのは人間にとって見えている世界（思っている世界）と現実との区別がつかないことを映像で示した点である。[25]

仮想世界のおそらくはシステム上のバグが生じたときのみ、実際にある世界が垣間見える。要旨を紹介すると、キアヌ・リーブス演じるネオ（トーマス・A・アンダーソン）が現実世界に目覚め、おそらくはシステムの改修の役割を果たす。この映画の中の現実世界で生物としての人間は生存維持するカプセルの中にいて、それを巨大なコンピューターが維持している。

世界的に少子化が中心的な課題となっている現状では関心が薄れているが、地球という限られた生態系のなかで人口爆発が起こった場合に、人間を人間らしく生存させるために、そのような社会をつくり上げたと考えると、物語の設定がよくわかる。当初人間にとって仮想現実を提供している敵のようにみえたコンピューターシステムは限られた生態系の中で増えた人類の一人ひとりの生命を守り、人間らしい生活をさせるにはどうしたらよいかということに対する答えを出したとも考えられるのである。

おそらくその世界自身、その世界をつくった人類が選択したもので、コンピューターというシステムにどうしても付随するバグの対処法として、時々その現実に気づく生身の人間の役割があると考えれば、整合性がある。したがって当初は敵役のように位置づけられていたコンピューターシステムそのものが徐々に敵ではなくなっていく。そこでは現実世界を何より優先するべきであるという価値観も徐々に崩壊していく。実は人間の認識からいえば現実と仮想の区別は本質的につかない。この現実と思われている世界が仮想でないことは誰も証明できないだろうし、逆に確固たる実態であることも証明できない。

（4）シミュレーション仮説

このような世界観に関する学説がまじめに唱えられている。ここでは深入りしないが、少しだけ紹介する。これは「人類が生活しているこの世界は、すべてシミュレーテッドリアリティである」とする仮説である。実はこの考え方には証明も反証もできない。この仮説はオックスフォード大学教授のニック・ボストロムが提唱したものである[26]。ニック・ボストロムは

①何らかの文明により、人工意識を備えた個体群を含むコンピューターシミュレーションが構築されている可能性がある。

②そのような文明は、そのようなシミュレーションを（娯楽、研究、その他の目的で）多数、例えば数十億個実行することもあるだろう。

③シミュレーション内のシミュレートされた個体は、彼らがシミュレーションの中にいると気づかないだろう。

と述べている。

つまり一種の超文明がこのようなシミュレーションをつくり出していると仮定している。しかし前述のように、そのことを証明することも否定することもできない。ただボストロムの想定する通り仮に超文明の産物であったとしても、その超文明をつくり出した超文明人たちはおそらく操作的再帰的認識能力を持っており、その意味で再帰的認識能力を持ち脳で考えている以上、彼らにとっての実態と考えられている現実もまた、それが仮想であるか、実態であるかの区別は論理的につかない。つまりどんなに上位の存在を仮定しても問題が解決することはない、のである。

（5）多元的宇宙論

シミュレーション仮説のような理論が出てくる理由として、この世界があまりにも人間に都合よくできていて、そうでもなければこの宇宙の存在を説明できないということが挙げられる。実際私たちが認識しているこの宇宙も非常に特殊な条件でしか存在しえないことが明らかになっている。そこに創造神を持ち込まないためには、なんと10の120乗もの宇宙が多元宇宙として存在する必要があるということが明らかになっている。それを奇跡と考え、その奇跡に神を見ることも、自らの存在に意味を見出したい人間が自らの不確定性と存在論的な不安定性を回避したいという欲求の表れかもしれない。多元的宇宙論であれば、私たちの存在を可能にしているこの宇宙が存在できる確率が、あまりにも低いことに対し驚いているだけで、別に創造神を持ち込まなくとも説明できる。つまり、どんなに特殊な条件でしか成立しない私たちの宇宙であっても、存在している私たちの方からそれを見てそれを説明していると考えれば驚くことではないことになる。その意味では本書が神の存在を問わず、いわゆる絶対神という概念は、人間の認識の不可知性からもたらされる不安定性を安定させ、自らの集団の生存を正当化するためにつくり出したという説明ともシンクロすることになる[27]。

それしか方法がないのであるが、実験などを通し観察事実と矛盾した場合にはその理論が棄却されることを前提として厳密な理論構築を行う科学の進歩をどこまで推し進めたとしても、宇宙や社会がそうなっているのか、それともそうとしか見れないのかの区別は原理的につかないということになる。

3　認識の安定化メカニズム

このような性質を持ち人間を不安定化させる、再帰的認識能力とその演繹的展開に基づく不確定性を安定化させるためにはどのようにすればよいか少し考えてみよう。ここからがいわゆる社会学の領域となる。[28]

（1）空間上の上下関係―物理空間と社会空間

①位置を決める　物理空間

まず空間の位置関係である。現実の世界があると考えなければ議論は進まないが、いわゆる客観的な存在と思っている空間も自分たちで理解したいように理解していることを意識してみよう。

認識が脳によって行われるということからいえば私たちの視覚、つまり見えている世界も脳によって処理されている。客観的に事実としてみていると思っている世界も私たちは脳によって処理している。それもここで扱っている全体の基調と同じで、好き勝手に恣意的とか思いのままに見えるというものではない。私たちの理解としては、「事実」として認識され、見ていると素朴に信じている世界も私たちが想念で思っている世界と区別がないということを意味する。

例えば私たちが普通に歩いていて、地球にぶら下がって歩いていると思っている人は、ほとんどいないだろう。しかしながら地球が丸いということを踏まえ万有引力の法則に従うと自分が地面に立って歩行しているということは、地面にぶら下がって歩行しているということにほかならない。普通、私たちは重力の存在によって引っ張られる方を下と認識し、その反対側を上と認識し、それに疑問を感じることもない。もし仮に、ぶら下がっているという想念を持っている人がいたとすれば、

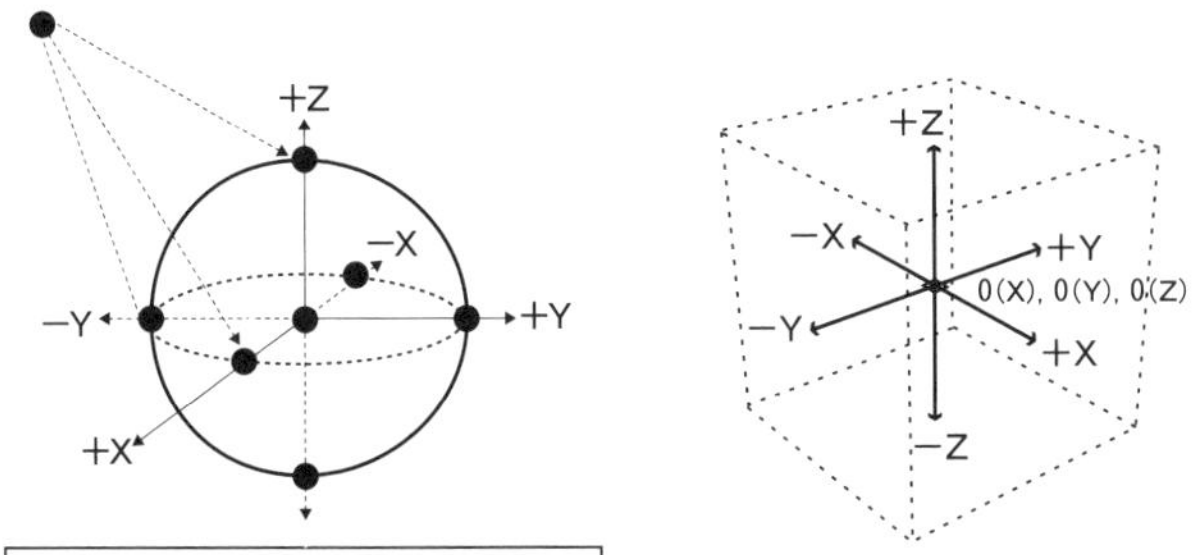

図　空間における位置決定

それは神経症とみなされるだろう。
　私たちが宇宙空間で自分の位置を決めようとすれば、上下方向として2点を設定し、水平方向に4点を設定し、合計6点を固定して、その中で自分の位置を決めるしかない。その意味では絶対的な位置関係は存在せず、相対的に固定しているのである。[29]
　この場合でも例えば星座のように宇宙空間の中での位置を決めようとすると、球面座標系だけでは決定できず、その系の外に7番目の点が必要になる。
　つまり万有引力で考えれば、私たちは足下から地球にぶら下がっているが、そのように理解して生活していないのである。私たちは、地上では重力を感じるために地上を下として認識し、空を上と考え、自分の位置を決めている。空間認識をする場合には、まさしくこの上下方向の認識と横方向の認識で私たちは空間を認識していると考えてよい。これに現実の社会を考える場合には時間を加えていわゆる物理的な世界を認識しているといえる。
　論理的には、この空間認知そのものも相対的に決めるしかない。そして時間をどのように考えるかも実はかなりの難問である。おそらく人間だけが時間を区切り生活している。時間に間に合わないと焦っている犬や猫を見たことはないし、人間以外の動物が時計を見ながら行動するというのは見たことがないと思う。このように私たちは水平方向の位置関係を決め、上下方向の位置関係を決め、また時間の中で自分を位置づけることで、私たちを自然の中に位置づけているのである。[30]
　このように主観的ではないと考えられる自然科学的な認知であっても、実は私たちは自分の理解したいように、認識して世界を構築していることがわかる。繰り返しになるが宇宙を考えたときに、上も下もないことは自明である。しかしどうしても自分たちが地面に立っていて宇宙は上にあるという素朴な認識を離れることは難しい。つまり何もないところで位置を決めるためには相対的に決めていくしかない。そしてそれを決めて、それを決めたことすら意識しないようにしなければ生活しにくい。

ハッブル望遠鏡から始まって、ジェイムズ・ウェッブ望遠鏡が深宇宙の美しい映像を届けてくれている。宇宙は広いなと素朴に思うが、一〇〇億光年も遠くの宇宙を見ているということは一〇〇億年前の宇宙を見ていることである。現在宇宙の年齢は約一三七・二億年と考えられているが、その距離の天体を見るということは、宇宙が始まったごく初期の小さな小さな宇宙を見ているのである。しかもどの方向を見ても同じ宇宙の始まりを見ているということになってしまう。私たちの素朴な感覚ではだんだんついていけなくなる。

このように上下も左右も絶対値として決めることができないということは、非常に不安定な状況を生み出す。古代人がそのような現代宇宙論を考えていたとは思わないが、再帰的認識能力の結果として自分の存在を固定できない現象が生み出されると、存在自身の不確定性につながり、猛烈な不安を導く。そこでどうしたか。おそらく現代社会にも続く解決法は、考えないで済む仕組みをつくるということだと考えられる。

私たちが客観的認知と思っている自然科学の認識も、まさしく人間にとって不便がないように設定しているということができるのではないだろうか。空間的には素朴に感じられる重力を基準に上下を位置づけ、東西南北という形で位置を決めることで、自分がどこにいるかを決めることができる。そして時間という概念を創造することで、自分が変化していくありようを時間の中に位置づけることができるようになる。後は周りを見回して水平方向における位置関係を決めている。

コペルニクスから始まって、アインシュタインの相対性理論や量子力学が与えた衝撃とは、自然科学におけるより妥当な説明の追求、言葉をかえると合理性の追求に伴って生じた発見によって、私たちの素朴な世界観が覆ったことで生じた衝撃であったということができる。

②位置を決める　社会空間

これは私たちの認識が物理空間であれ、社会空間であれ同じ脳で行われ、認識と事実の区別がつかないということを考えれば、社会空間も同じような構造を持っていると考えることができる。社会学が扱う社会的空間にはその垂直構造に暦法・権威・社会階層・地位があり、まさしく社会的秩序問題そのものということである。水平方向、つまり空間であれば東西南北で規定される関係性は、いわゆる人間のコミュニケーションそのものとなり、これまで社会学が中心的に扱ってきた空間であるといえる。

このような分類をしてみると、ウェーバーの関心の中心は社会空間の中でも秩序構造という意味での垂直方向の問題にあり、デュルケームのそれは水平方向の全体の動きにあり、ジンメルの場合には水平方向のコミュニケーションの中で一定のパターンが存在することにあったといえる。

時間の実在の問題は物理学でも最先端の問題のようであるが、〝暦を意識するのは人間だけ〟であり、暦法は社会秩序と深くかかわる社会的な事象である。ここでは社会科学の分野として、時間軸を暦法、そして社会の地位や支配体系を認識上の上下関係、他者とのかかわりを水平の関係と考えれば、人間がそれらの認識上の安定性を構築するためのメカニズム、言葉を換えれば不可知論の闇から抜け出すためのメカニズムの構築に営々と努力してきたことが納得できると思う。

（2）社会空間における社会的安定化メカニズム

前述したように、いわゆる自然科学の対象と考えられている空間認知においても、私たちは自分たちがわかりやすいようにそれを理解する。認識を通じてすべてを理解している以上、このような現象は必ず生じてくる。そしてそれを意識した際には認識論上の問題になり、不可知論の罠にはまってしまう。このような認識から不可避的に生じる、そして、それそのものとしては解けない問題に対して、人間は対処しなければならなくなった。

空間における位置確定は確定したい点の外の六点で確定できるが、社会的位置確定はもう少し手が込んでいて、位置確定の系として可算システムをつくり、その外にもう一つの系としての非可算システムをつくって、それ以上の想像力が及ばないようになっている。そしてそれが多重な構造になっている場合も多い。可算システムとは地位や立場が数字で表されるようなシステムのことを仮にそう呼ぶことにする。非可算システムは可算システムの最高位である1を規定するために、1位を規定する何かが必要になるということを意味している。

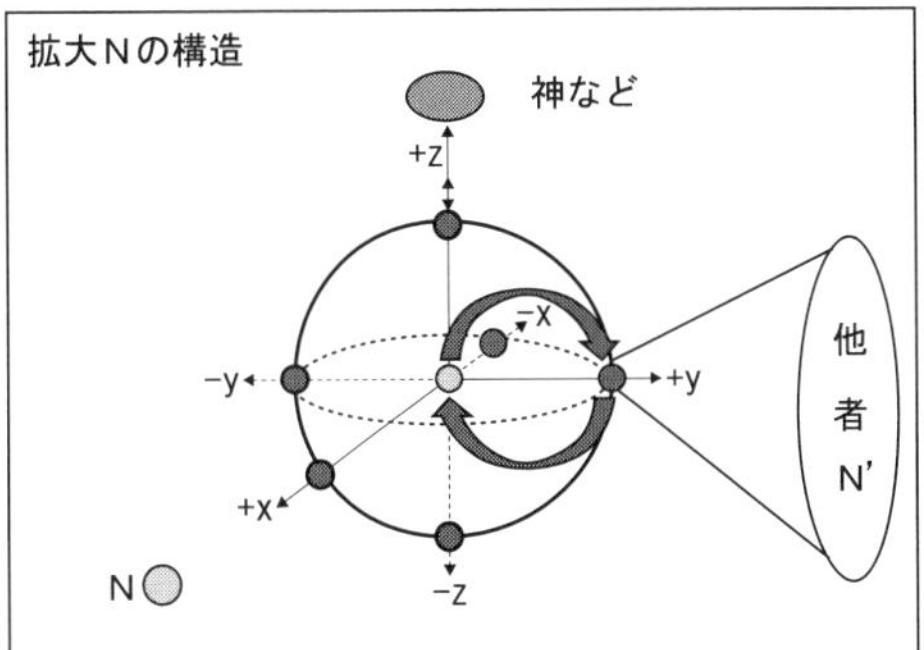

図　社会空間における位置決定

これは社会の信念体系や秩序構造にとって決定的に重要な構造で、日本の場合であれば天皇陛下には位階がなく、位階を与える存在として通常の可算（評価）システムと神の世界である非可算システムの間にある存在となる。可算システムが通常の論理的な競争関係や秩序関係の指標となるのに対し、非可算＝つまり論理的な思考の範疇の外に置かれたシステムはそのような議論になじまず、〝信じるしかない〟という話になる。したがってこの世の最高の統治権である主権は、何らかの形で非可算の根拠を示さざるを得なくなるのである。[31] このことに関しては、後程もう少し詳しく述べる。

図はそのイメージで、球面座標系の外部に内部の縦軸を序列化し暦をナンバリングするための可算構造をつくるために、神や宇宙観を設定した模式図である。いうまでもなく神や宇宙観は自分を含む位置関係を決めるためのN＋1の役割を果たす。自己認識の視点からいえばN＋1は存在しえないが、自己の位置を確定するためにN＋1の1に当たる存在としておかざるを得ない存在であり、それ以上の議論を封じるための存在であるといえる。

社会空間の場合には、水平方向にN'として、自己を形づくる自己が理解した他者がいる。これも擬制的にN＋1の1の役割を果たす。そこに社会的な共有知としての非言語的な知識や法体系などの言語的な演繹的な情報がかかわる。この日常の絶え間ない確認によって個人は認識の安定性を獲得するのである。それは知識による拘束性を示し、社会学の主たる研究対象領域となるが、ここに示すように、存在被拘束性や立場性のように固定したものではなく、日常の絶え間ない確認という動態構造によって結果として固定しているといえる。

つまり一人の認識では安定性が獲得できないが、それが相互作用することで安定性を確保していることになる。このメカニズムによって、この自己は身体的な自己ではなく、いわば拡大された社会的自己を構築する。社会的自己は、社会学でいう帰属やアイデンティティと深くかかわるが、どの範囲で個人が自己を認識するのかということは、前述の通り、状況によって変化するのである。社会集団としてのまとまりをもつためには、自己の帰属する社会集団に対応する、異文化や他国などが必要になるということを意味する。言葉を換えれば自分がアイデンティティを置く、または帰属している集団は他者としての外的集団の規模によって決まる面があるといえる。

アイデンティティとは自己を自己であると認識している動態的な過程ともいえる。したがってアイデンティティと流行は深い関係を持つことになる。そして若いころにその流行を生きた人には流行が終わっても、その価値観が内在化される。流行との関係であれば典型的な事例を目撃したことがある。一九八〇年代にいわゆるトラッドファッションが流行った。特に社会的に比較的恵まれている大学生のファッションはトラッド一色になった。その典型的なファッションは夏であればポロシャツにチノパンであった。

そのころ東京の三田にある有名私大の前を通りかかったとき、その東門から学生が大量に出てきた。そのほとんど全員の男子学生の姿がポロシャツにチノパンなのである。これは他の大学ではみられないほど画一的であった。そして興味深いことに、よく見るとそのブランドや色が少しずつ違っていた。まさしく中流以上の社会階層の価値観にその大学の学生たちは準拠していたということになる。これはアイデンティティが社会的にみた場合には帰属する集団によって基本的に規定されるとともに、一人ひとりの学生にとってみれば、その中での微細な差異を示すことが、他者との差別化という意味でのアイデンティティと感じられているということを示す典型的な事例として興味深かった。

つまりアイデンティティが個人に内在化された集団規範であり、それが準拠集団によって強力に維持されているとともに、差別化することで自分が埋没しない努力をしていることをこの事例は明確に示していた。再帰的認識の視点からみれば、準拠集団の中に帰属することを含め、自らを形づくるために他者が存在するともいえる。

アイデンティティの基盤をつくる不安定感の程度は、その自己の存在確信によって大きく変化する。言葉をかえれば自己の存在に不安感を持たない人にとって他者との比較はそれほど大きな意味を持っていない。仮に人生の中で困難に直面しても自己の価値観にしたがって、それを乗り越える努力を続けることができるということになる。しかし自己の存在に確信が持てなければ持てないほど、社会的な関係の中で自己確認をするしかなくなる。そしてこのような不安の中にある人にとっては〝自分が何者であるか〟という社会的自認としてのアイデンティティの確立よりも、他者との関係が重要な意味を持つことになる。その結果として、自分が状況によって変化し続けることになり、健全な社会的な役割を果たすうえでも困難に直面することになる。

このように他者も自己も、自己の属する集団の状況によってその設定は変化するので、固定されたものではない。前述したが、国と国がその命運をかけて戦い、その戦いに国民が強烈にコミットしている場合には、国がその帰属集団として意識されるだろうし、村と村が争っている場合には、村が帰属集団として意識されることになる。このメカニズムは、自分をどこで自分と意識するかというメカニズムと同じである。したがって人間が獲得した再帰的認識から生じる不確定性を安定させるために、社会的な集団形成のメカニズムは必然的に上記のような構造を持ってしまうことになる。つまり帰属というのは人間を本質的に規定することになる。

そしてそのことは〝問われてはならない〟。後述するように脳は非常にエネルギーを使う身体の器官であり、目的論的に脳を使うことは生存に合理的であっても、回答の出ない問題に使用することは生物としてみれば合理的ではない。社会規範がなぜかくも大きな意味を持つのかについての回答がここにある。人間社会としては、自らが持ってしまった能力をどのように封じ込めるかが大きな課題となったのである。筆者は修士論文でそのような人間社会における知識の在り方に注目し、〝社会は思考放棄で成り立っている〟と分析した。現在であればもう少し学問的に〝思考の経済学が働いている〟とでもいうのかもしれないが、人間は強い意志をもって思考を放棄し、それを問わないメカニズムを懸命につくっているという確信は、現在に至るまで変わっていない。32

社会的には秩序構造の問題は、価値や伝統などに従う、つまり問われないことによって維持されてきた。ところが価値や規範の相対化を果たす社会学の登場によって社会科学的に問題になってしまったのである。そしてこの安定化メカニズムは、顕在的・非顕在的知識の共有、社会構造、相互確認によって行われ、そのすべてが社会学の対象であるといえる。

①考えないこと—問われないこと

ここで〝問われないこと〟の機能を考えてみよう。反語的だが〝問われなければ問題ではない〟。人間は営々として、その思考の負担を軽減するために、考えなくて済むようにするために、ありとあらゆる努力を払ってきたように思える。例えば社会的地位。これは秩序化することで認識の安定性をつくり出すが、〝なぜ偉いのか〟は子どもでも疑問に思う〝問い〟であると同時に組織論の専門家も容易に回答が出せない問題である。

社会的地位が高いことを〝偉い〟というならば、それは社会学の用語を使えば生得的地位（Descent Status）、帰属的地位（Ascribed Status）と獲得的地位（Achieved Status）などに分類される。その地位が権力など実際的な力とどのように結びつくかは「支配の正当性」などの問題と結びつき、社会学の中心をなすような広がりのある研究対象となる。しかし一般の生活のなかで、そのような考察をしていては社会の運営は容易でなくなり、日々の生活は成り立ちにくい。そこで行われるのは〝偉いから偉いのだ〟という説明にならないトートロジーを持ち込むことである。そうすることで議論を封じ込める。また問うことのよって引き起こされる不安を抑制するために、その問題を提出した人を社会的に抹殺するだけでなく、身体的に抹殺するということも行われている。そこまでいかなくとも、そんなものだ etc.、という説明にならない説明が世の中にあふれていることは、観察すれば身の回りに枚挙のいとまもないだろう。

②秩序構造＝社会空間における垂直構造

このような〝考えない〟という思考の負担の軽減、つまり社会全体の思考の経済学は、様々な仕組みで秩序化される。空間的認知、時間から始まって、暦法、社会的地位、権威、役割、会社の中における権限・職務分掌など、ありとあらゆる場面で秩序化される。社会的な位置確定において空間的な垂直構造に当たるものがまさしく秩序構造である。

その秩序化の中での動きは社会的に規定されていて、まさしく役割期待と役割演技を通じて徹底して秩序化が図られている。そして過去の経験の蓄積として、その理由を問うことなく、〝そうしたものだ〟という形で規範化（規範の内在化）される。教育の主な機能はまさしくこの規範化であり、同調のメカニズムを通じて、同化を果たし、その結果として子どもたちが社会の中でそれぞれの期待された役割を果たすように訓練することにあるといえる。そしてその規範に疑問を感じ、別のことを行ってみようと思った、「はねっかえり」は〝逸脱〟と呼ばれ、不安をあおられたくない人たちから抑圧されることになる。

この逸脱という言葉は規範、つまりこれまで共有されてきた価値観や知識からみて異なった行為を指すだけなので、本来は価値中立的であるべき概念であるし、非常に多義的な概念である。例えば科学的発見は、新しい知識や考え方を提示するものであり、既存の概念を破壊するという意味では逸脱といえる。実際、優れた発見や発明を行った科学者の多くは、幼少期には。教育の現場から見たら〝はねっかえり〟や〝吹きこぼれ〟のように、いわゆる良い子から外れた子どもたちであった場合が多い。そのような子どもたちが学問を学び、その疑問を温め続ける中で科学の発展を担っていたのである。言葉を換えれば、科学とは制度的に系統だった逸脱をつくり出す仕組みであるともいえる。その意味では現代社会において、その社会の発展を期すためにも、教育制度の中でそのような子どもたちをいかに育てていくかが、重要な課題となっている。

　このように逸脱というのは多義的な概念であるが、社会的にいわゆる犯罪行為に分類される逸脱にも大きく分けて二つの類型があるといえる。

　一般に犯罪は逸脱行為に分類されるが、国家という社会制度の中でそれが定める法的な観点からみれば犯罪であっても、それを行っている社会集団にとっては、その集団の生き残り戦略として、妥当な戦略である可能性もある。最も有名なのはマフィアであろう。マフィアがシチリアの出身であることはよく知られている。シチリアは乾燥地帯であり、イタリアの中で特に生態的な扶養力が乏しい地域である。そこで自らの血縁を単位とするファミリーが内集団とみなされ、その結束が「血の掟」といわれるほど絶対なものとなり何より重視され、それ以外の集団はまさしく外集団として収奪の対象とみなされたのは不思議ではない。[33]その行動規範がアメリカに持ち込まれたと考えれば、映画『ゴッドファーザー（一九七二年）』で描かれた世界が理解できる。

　また映画『インディ・ジョーンズ　魔宮の伝説（一九八四年）』で描かれたが、インドを植民地支配するときに英軍によって撲滅されたといわれた、カーリー神を崇拝する殺人集団であるタギーなども、社会集団として数世紀にわたってその組織が維持されていたことを考えると、その集団内部の社会的な規範は維持されていたと考えることが妥当であろう。これは社会学的には内規範と外規範の問題として知られている。つまり犯罪には、自らの規範が崩壊した逸脱や犯罪と、外集団に対して内集団の規範に従った形で行われる犯罪があるということである。その意味では犯罪とはいってもその性質はまったく違ったものであり、一方はおそらく発達心理学的な課題であり、もう一方は社会的な価値観の問題である。他の集団からしたら犯罪でも、その犯罪集団の組織としてみたときには合理的で正常な行為であるということになるが、当然社会的な排除圧力が行使される。

③自己承認欲求─恒常的確認─

この再帰的認識能力から生じる不確定性とそれに伴う存在論的な不安を排除するために、私たちがその生活の中で最も頻繁に行っているのが不断の確認であろう。これは社会的地位などの社会空間における垂直構造と普段のコミュニケーションという水平構造のすべてにかかわる形で行われる。私たちは五感すべてを使って常に自己確認をしているといっていいだろう。

長距離の飛行機に乗っているときに機内のディスプレーに最も長く表示されているのは、今この飛行機がどこを飛んでいるかというフライトナビゲーターである。見たからといって早く着くわけでもないのに、どこにいるかということが把握できることは、安心につながる。そしてそれだけ長く表示されるということは、それだけのニーズがあることを示している。さらに私たちは時計を気にする。特に時間に縛られる予定がないときでも時計をまったく見ないことはまれであろう。また東京のような平野に位置する大都会ではランドマークとなる大きな建物で、地方都市であれば見慣れた山などで自分のいる位置を常に確認している。

これは社会空間においても同じである。相手のちょっとしたしぐさ、目線の動き、返事をすること、しないことを含め、立場の確認、役割の確認、何であれ自分の位置確認を他者の位置確認と同時に行っている。これは本質的には他者を使って自分の位置確認をしているので、自分の位置確認を私たちは常に行っているといってよいと考える。これは意識を持って生活しているすべての時間において五感を使って常に行っている確認であり、日常の絶え間ない確認とでも呼べるものである。

子どものいじめとして知られる〝しかと〟は、意図的に反応を遮断することで行われるいじめである。大人になれば相手にもいろいろな事情や場合があることを理解するので、すべてに反応しないということも学ぶが、自己を形成している途中である子どもにとっては、非常に大きな負担となる。つまり、自分は自分だけで存在するのではなく、関係性の確認が健全に行われている状態を自分だと感じているということを示している。

他者との関係性を健全に維持するためは自己の存在に対する無条件の肯定感を意識下に刷り込み、内在化することが必要になる。この過程は言語の習得における再帰的能力の獲得を見ても、五歳ぐらいまでになされる第一社会化の時期が決定的な重要性を持つ。具体的には、その期間における親子関係の中で無条件に肯定されることが決定的な意味を持つと考えられる。この過程そのものは発達心理学や脳科学などの分野であり、専門的な分析は筆者の範囲を超える。しかし社会学的にはこの第一次社会化の過程で、親の愛情を十分に受けて育った子どもは、自己肯定感が刷り込まれ、不安感を抑制したうえでの自己確認になり、建設的な努力に基づいた冒険も可能になることは経験的にも理解できる。

しかし望まない妊娠の結果生まれたなど、その存在が最初から疎まれてこの世に生を受けた子どもの場合には、その生育環境の中で十分な自己肯定感を得ることは難しくなる。そしてそのような乳幼児期を過ごした子どもの場合には、意識する以前の段階で基本的な自己肯定感が刷り込まれていないために、不安感が強く、青少年期に至っても他者からの自己肯定を過剰に求める傾向が強くなるのではないかと推測できる。

この自己を自己として認識するアイデンティティはまさしく第一次社会化の中での親の愛情と絶対的肯定感を得られたかどうかにもよって、それが安定したものとなるかどうかが決定されると考えられる。この自己肯定感は、それを自分だけで構成することはできない。基本的には親という最も重要な他者との関係で構築されることがわかる。

人間の再帰的認識能力が構築されるのは五歳ごろといわれる。出生からそのころまでに第一社会化がなされ、言語理解の基礎となるパターン認識なども習得されると考えられる。再帰的認識能力の構築の前に、親の愛情という形で自己の存在の肯定をインプリンティングされることは、その後に習得する不安定性を乗り越えるための第一条件となるだろう。

その意味で望まない妊娠によって、望まれない出生で生を受けた子どもは、自己の存在を親から否定される可能性を持ち、虐待を受けて育つ可能性が高くなる。このような環境で生まれ育った子どもたちは、自己の存在肯定感を持つことが難しい。例外はもちろん存在するとしても、そのような環境で生まれた子どもたちがおそらく十分な投資を受けられないという状況を生む。そして現代社会では教育を受ける機会がないことは社会的な地位や高い所得から排除される蓋然性が高いことを意味する。このような過程を経て、望まれない形で生を受けた子どもたちは、そのような環境を再生産しがちであり、社会問題の根源となってしまう。このように生を受けた子どもたちは被害者であるとともに、加害者になりやすいことが知られている。その意味でも健全な社会をつくるためには望まない妊娠、出産を防ぐことが根本的な対策となる。

発達過程にある子どもたちに、スマホなどSNSを可能にする手段を持たせることが妥当かどうかの議論はよくなされるが、SNSを通じて、これまで存在していた物理的な接触の制限を超えて、二四時間匿名で自分の評価にさらされ、関係性の確認を事実上強いられることが大きな負担になることは想像に難くない。アイデンティティが確立されていない子どもにとってその影響力は極めて大きなものとなる。

子育てをしていると〝だれだれちゃんが持っている〟、〝みんな持っているのに私だけ持っていない〟という子どもからの訴えかけをよく耳にする。つまり子どもたちはアイデンティティが十分に確立していないからこそ、他者と自らの違いをきちんと説明できないし、そのなかで自らが他と違う、ということが大きな負担となる。社会的な同調という大きなバイアスを持っていると考えることができる。実際この圧力は子どもの社会で大きなものである。不安定な子どもの社会で〝違い〟は〝脆弱である（vulnerable）〟とみなされ攻撃誘発性（vulnerability）を引き起こし、いじめなどにつながる。

これは子どもだけの問題ではない。大人になってくると自分の承認欲求がまさしく渇きのごとく人を襲う。社会的にきちんと評価される立場にいる人たちには生じにくいとしても、そのような社会的な評価から縁遠い人たちは何らかの社会的評価を手段を選らばずに得たいと考えてしまう。

この一つの事例としてバイトテロや迷惑系ユーチューバーなどSNSを通じて自己承認を求める行為が社会的に許容される範囲を超え、大きな経済的損失を含めた事件となったことは記憶に新しい[34]。刑事事件としての有罪と同時に民事裁判での膨大な損害賠償が求められるような行為をなぜやってしまったか。経済合理的には理解できないとしても、その行為は社会学的には理解可能である。

その行為を行ってしまった若者は、その結果として生じる社会的制裁の重さを理解できていなかったであろうと同時に、若者が置かれた環境の中で自己を肯定的に評価してくれる他者を持っていなかったことが想定される。そのなかで自己に対する不安の中から苛烈な自己承認欲求が生まれ、そのような行為を行うように突き動かした、と考えられる。

寡聞にしてこの問題に関する直接的な相関関係を解明した社会調査結果を知らないが、望まない出生と虐待との関係については政府が行った調査に基づいていくつか報告書が出ている[35]。また生まれ落ちたときから自己の存在を肯定してもらえない人の割合は決して少なくないと推計できる。前著でアメリカ合衆国の過去のデータを基に推計を行っているが、出生の三割以上がそのような望まない妊娠の結果である可能性が高いのである。

このように考えると幼少期の発達を決定づける、望まない妊娠・出産の問題は社会問題の根底にある重要な問題であることがわかる。そして発達段階において自己肯定感が十分に刷り込み（インプリンティング）されていない場合に、不安に基づいた行動をとり、それが社会的課題の主要な原因となっていることが論理的に推定できる。

この人間に特有の認識形態は五歳までに再帰的な言語的なコミュニケーションに触れることで形成されるとされている。これは前頭前野統合（ＰＦＳ）と前頭前野発達遅延（ＰＦＣ）が同時に起こることで生じるとされる。脳科学的な検証は寡聞にして知らないが、この年齢までに人間の再帰的認識構造がほぼ完成されるとすれば、その間にそこから生み出される不安定性を補う、自己の存在確信を与えるようなメカニズムを組み込むようになったということは論理的に納得できる。つまり人間には、自ら獲得した能力を適切に使うために、幼少期にその存在を無条件に肯定されるような、いわゆる愛情が必要であることになるのである。上記でインプリンティングという言葉を使ったが、これは鳥類などでふ化した後に最初に見たものを親と思い込む現象をさしている。同様に人間にとっては再帰的認識能力を確立する前に自己肯定感を刷り込むことが必要であることがわかる。

④自己の確認―交換―構造―ポスト構造主義

この再帰的認識能力から生じる不確定性を排除するために、私たちがその生活の中で最も頻繁に行っているのが日常の絶え間ない確認であることを述べてきた。実はこの問題は社会学の対象そのままであるともいえる。この確認は言語的、非言語的な形かを問わず、いわゆる広い意味でのコミュニケーションを包含する行為といえる。

この確認作業にモノや地位や象徴が付随する場合に、それを私たちは「交換」と呼んでいる。そしてその交換のパターンが決まっているものを「構造」と呼ぶことができるだろう。文化人類学で女性が最も重要な交換の媒体であることが知られている。まさしくレヴィ＝ストロースが『親族の基本構造』で解明したように、婚姻を通じて安定した関係性としての構造がつくられる。[36] このように考えるといわゆる構造主義とポスト構造主義の関係も明らかになる。結果として表れた構造に注目して社会分析を行う立場を構造主義、その構造を生み出す認識上の構造に、つまり構造のメタ構造に注目したのがポスト構造主義であると理解することができる。[37] これらを少し考えてみよう。

⑤社会構造

社会構造に関していえば、構造が何を指すのかについて社会学の中で明確に定義されているわけではない。むしろ文化人類学などで解明されたように親族構造が共通の構造を持っていることから、その概念が社会学に援用されたという色彩が強い。しかしながら比較的単純な社会構造を主たる研究対象としてきた文化人類学の構造概念を現代社会に当てはめると必ずしも適合しない。前述したように、文化人類学における構造とはヒト、モノ、地位の交換のパターン化であると考えることができる。この構造という概念を近代社会に当てはめるときに構造とはいっても構造をつくり出すようなメタ構造を想定する必要が出てきた。これがラカン（ラカン、ジャック＝マリー＝エミール：Jacques-Marie-Émile Lacan, 一九〇一年四月一三日〜一九八一年九月九日）らのポスト構造主義となる。

これはまさしく「鏡に映った自己」を問題とし、発達心理学と本書で扱う再帰的認識能力の結果としての不安定性と構造化の問題を扱っていると考えることができる。しかしながら、明確な形で人間の認識構造の共通性とそこから引き出される不安定性の問題を扱っているわけではなく、精神分析学への還元とその中での記述にとどまっていると考える。そしてラカンらの著作は、循環系の中で循環する自己を扱っているので非常に難解なものとなっている。同じポスト構造主義の研究者に分類されるフーコーは、権力が社会の中での違いをつくり出し、自分の所属する社会集団を「正常」として区別することを示した。そしてその「正常」の概念は「狂気」などが社会的に規定されることで、変化することを膨大な実証研究で明らかにした[38]。この研究は、ヴァン・デン・ベルクの臨床の精神医学などと同じ土俵と考えることもできる。

ラカンの難解さは、〝わからないこと〟を精神分析学に還元して説明しようとした結果として生じたものであるかもしれない。フロイトの精神分析学もそうであるが、そのように説明しているだけで解明されたといえる性質のものではない。しかしながらラカンは、その〝わからなさ〟を理解できるのは精神分析の実践家だけだと述べている。つまり端的にいえば〝わからないこと〟を〝わからない〟で説明しているのでトートロジーになって循環している。フーコーはそのような還元と循環を避けて、時代ごとに正常と異常が変化することを示した。

フーコーは精神医学の研究者ではあっても医師ではない。その意味ではいわゆる脳の機能障害を含めた〝治療〟に当たることはできない。医師として精神医学者として治療にも携わってきたヴァン・デン・ベルクはその担当した患者の例として、自らの見えている世界が客観的な事実で変化する実例を示している。脳の機能障害などは脳科学の課題であり、ここで論じる課題ではない。しかしいわゆる脳の機能に異常がない場合の見え方の変化が、社会関係を反映して変化することは社会学的な問題となる。

その意味では実は空間認知と社会的な上下関係や暦法などを含めた社会的に与えられる認知である社会空間認知はつながっていることになる。社会構造がいわゆる〝思っている世界〟ではなく、本人にとってみればまさしく事実としか見えない〝見えている世界〟で拘束されるという意味で、より強固な拘束力を持っているといえる。

人間は自分の所属する社会集団を通じて自己を確認するメカニズムを持っている。このことを考えれば、状況次第で自己の範囲は変化する。当然時代によってもそこで定義する「正常・異常」は変化する。その時代や社会の権力関係によって、「正常・異常」の在り方が変化することは論理的な展開の結果として理解できる。フーコーは、「正常・

異常」を切り分けるような、社会関係がつくり出す構造を「権力」と呼んだ。このフーコーの定義する「権力」は、すべての社会構成員の共犯による共構造でつくられているといえる。ただ、この権力の規定は社会における〝生きづらさ〟を示すものであり、ウェーバーのいうような他者の意志を排除してでも自らの意志を貫徹するという意味での権力の定義には当てはまらず、権力を支える構造もしくは、人間が自分の認識の結果としてつくり出す構造ということになり、本書で説明されている。

フーコーの研究の価値は、精神医学に持ち込んで構造を説明したところにはなく、むしろ丁寧な歴史的資料の渉猟の中から、社会における正常と異常の変化をまさしく実証的に示したところにあると考える。フーコーはこのような区分と隔離が古典主義世界に生じ、それを〝大いなる閉じこめ〟と呼んでいる。それは古典主義世界といいながら、近代科学であるニュートン力学が成立した時期であり、西欧世界が極端な明証性、わかりやすさを求め、その結果としてその範疇に入らない存在を隔離したととらえることもできる。

フーコーは、この古典主義が終わり、古典派経済学がいわゆる資本主義を対象に研究をはじめた一八世紀の後半からをモデルネの時代＝つまり現代と呼んでいる。そこでは狂人は単に囲い込む対象ではなく、治療の対象となり、区別されながら組み入れられる。これは現代の構造を考えるうえで興味深い。そしてそれはまさしく社会の時代による変化をとらえたものとなる。〝大いなる閉じこめ〟は、宗教改革から宗教戦争の過程を経て、神と対峙するプロテスタントの社会がつくられ、秩序構造まで極端に明証的な存在であることが志向された結果と考えられるかもしれない。同時期にそれまで社会の中に組み入れられていた経済が独立し自律的な活動を始めた。これを現代的な意味での資本主義と考えることもできる。これはカール・ポラニー（ポラニー、カール：Karl Polanyi, 一八八六年一〇月二一日～一九六四年四月二三日）が『大転換』で指摘した点である。[39]

筆者の論点から考えれば、いわゆる社会的な構造をつくり出すメタ構造としての認識構造の変化をラカンやフーコーはとらえたのだといえる。栗本慎一郎などがラカンの心理学などを取り入れたポスト構造主義こそが構造だといっているのは、社会の現象としての交換などと結びついた構造を成り立たせている構造の方が現象的として表面に現れた構造よりも安定していることに注目した結果であると考えられる。

構造に話を戻すと、構造はそれが複数の人間で共有されるという性質上、どうしても演繹的な体系を持つ必要がある。つまり演繹的に考えても矛盾がないことが必要とされる。比較的単純で安定的な社会では特にその特色がはっきりと出てくる。レヴィ＝ストロース（レヴィ＝ストロース、クロード：Claude Lévi-Strauss, 一九〇八年一一月二八日〜二〇〇九年一〇月三〇日）は『親族の基本構造』で、オーストラリアのカリエラ族における親族関係の研究に基づき、数学者のアンドレ・ベイユの協力を得て、その婚姻の規則は行列式で表現することができ、その行列式はクラインの四元群と同じ構造を持っていることを明らかにした。オーストラリアのカリエラ族は社会変動があまりなく、またその社会成員が移動することもないということを含めて、長期的な安定性を持っていた。安定化した社会であるからこそ、矛盾を避けることが必要になり、行列式で表すことができるほど明確な構造を形成していったと考えることができる。

社会集団が移動し、その場その場での最適を求めるときにはそこまでの構造的な安定性を必要としないのであろう。その意味で、人間の社会集団における社会構造というものは、まさしくここでいう認識の矛盾を避ける構造を持っていることが理解できる。そして共有される思考の枠組みは、どうしても演繹的な体系を成す。そうでなければ社会集団の成員が、そのことを理解できないからである。

ここで注意しなければならないことは論理的・演繹的という言葉は暫定的なものであるということである。つまりその用語を共有する人たちがある種のゲームのルールの前提に基づいて、ルールを使用しているような意味での、論理性・演繹性であり、必ずしも疑問の余地がないほど厳密なものであるとは限らない。

例えば、ウェーバーが『職業としての学問』で、スコラを批判している。スコラが前提とし、それで無矛盾の体系をつくり出していると思っている、真、善、美などの概念それぞれが、矛盾する性質を持っていることを例示している。しかしながら欧州の学問体系は数学に範を取り、スコラの体系の中で法学などの無矛盾の体系を指向してきたといえる。

いうまでもなく数学的な数値と自然現象の対応性と、社会的な用語と概念の対応性の間には大きな距離がある。そして社会的な用語の場合には多くの場合、ソシュールが提示するように、シニフィエとシニファンは特に有意な関係があるとは限らない。さらにシニフィエとシニファンで構成される単語としてのシーニュは当然のことながらイメージを背景に持っている。したがって、言葉が通じるということは、イメージを含め多くの部分を共有しているからこそ意思疎通ができると同時に、そこに微妙な違いがあるからこそ個人により受け取り方の違いや、変化を生み出し、齟齬も生じることになる。

話を文化人類学的な〝構造〟に戻すと、この演繹的な体系が明確に形成されるためには、ある一定の時間と安定した環境が必要であることがわかる。また、その社会構造そのものは、その社会の構成員、それを取り巻く非構成員などが移り変わることによって、また状況によって変わったときに、不断に再構成され続けていると考えることができる。

つまり、ラカンのいう〝鏡に映った自己〟、ここでいう自省のメカニズムを使って、その演繹的な構造を相互に再構成することが行われていることになる。今田高俊やギデンズなどが行ったシステム論的な自己組織性や構造化の議論はこの部分の研究である。これにゲーム理論を含む論理実証主義的な議論を含め組み合わせによる理論化を図ったのが、ここ四〇年ほどの日本における社会学理論研究の主流であったといえるだろう。

経済人類学的な知見に基づけば、効用の最大化から交換が行われたのではなく、沈黙交易などの形で、消極的にでも敵意がないことを示すために交換が始まり、それが経済的な交換の始まりであったという説も説明できる。そして資本主義が成立するまでは経済は自律的に存在するのではなく、社会のなかに組み込まれ、あくまで社会的交換の一部であったということである。

ほぼ孤立した集団でも生存できている以上、その人口規模であれば特に交換がなくとも生存できている。つまり交換が利益の追求を目的としたものではなかったという論点は正当性を持っているのである。

【注】

1　永井豪とダイナミックプロ、一九七四年、「けっこう仮面」『月刊少年ジャンプ』。

2　養老、一九九八年、『唯脳論』を参照。

3　ラオスにおける調査でルアンプラバンの近郊にあるラオスン（高地ラオ族）の村で聞き取り調査を終えて外に出たら新月でまったく明かりがなく、三〇センチメートルしか離れていない調査員の顔も判別できない闇を経験した。人類の歴史の中のほとんどの期間にわたって夜はこのような闇が支配していたのである。

4　楠本、二〇一九年、「国際人口開発会議（ＩＣＰＤ）から25年―未解決の問題としての「中絶」―「人権」と「宗教」との対立の構造と解決に向けた試論」『社会学論叢』、１９６号、一―一九頁でライツ・ベースト・アプローチの問題点について分析している。

5　ニーチェ、一九九四年、『ニーチェ全集14―偶像の黄昏　反キリスト者』、筑摩書房を参照。

6　ウェーバーの社会学の構築に当たってニーチェの影響は大きいのかもしれない。ニーチェは『アンチクリスト』で西欧社会の価値観の根底にまで影響しているキリスト教の絶対性を完全に否定し、価値観を相対化し、それを〝真理〟から引きはがし、科学をその対立概念として導入している。その意味ではウェーバーの科学方法論との強い近似性がある。

7　マックス・ウェーバーは、ニーチェのルサンチマン説と被害が報われなければならないという考え方を明確に分析した。「応報的宗教性 Vergeltungsreligiositat」と呼ばれている解釈である。被害を受けることがまさしく神の恩寵であり、その苦難に従い、神の定めた戒律に従うことで最終的には賤民社会全体が解放され、賤民が選民となって世界支配者の地位へ高められる国が実現する、というものである（ウェーバー、一九七六年、『宗教社会学―経済と社会第2部第5章（Weber, 1922)』、一四二―一五二頁）を参照。まさしくマルクスの主張したプロレタリアート独裁と共産革命の構図そのままである。この応報的宗教性についてウェーバーは、ニーチェのルサンチマン説を援用して「道徳主義が、意識的なないし無意識的な復讐欲を合法化する手段として働いている（同上）」と述べている。同時に前述した『我と汝』のような二者関係と支配―被支配の関係を固定しない関係性もまたユダヤ教の特質であり、一言でラベリングすることは難しい。ただ多様な側面があるとしても政治的シオニズムにルサンチマンが強く反映されているのは事実であろう。これは国際援助の基本理念として主張されたライツ・ベースト・アプローチと共通した論理構造を持っている（同、一四五頁）を参照。

8 神から直接授けられたとされるモーセの十戒も、メソポタミアの律法を引き継いでいると指摘されている。

9 旧約聖書、新約聖書ともに偽典や外典と呼ばれる聖書の中に取りこまれなかった経典が数多く存在している。一九四七年以降に死海の北西（ヨルダン川西岸地区）にあるクムラン洞窟で発見された「死海文書」もその中の一つである。ウィルスン、エドマンド、一九七九年、『死海写本：発見と論争 1947-1969』を参照。

10 ロドルフ・カッセル／マービン・マイヤー（編集）、『原典 ユダの福音書』日経ナショナルジオグラフィック社、二〇〇六年、ならびにハーバート・クロスニー（著）『ユダの福音書を追え』、日経ナショナルジオグラフィック社、二〇〇六年を参照。

11 ダニエル書の成立時期については（ジャコブ、一九六八年、『旧約聖書』、一〇五頁）。考古学的な発掘に基づくバビロン捕囚に関しては（ケラー、一九五八年、『歴史としての聖書』、三四一頁）。ダニエル書については（秋山、二〇一六年、「『ダニエル書』試論：古典古代学的アプローチ」、『古典古代学』）を参照。

12 ピアジェ、一九七二年、『発生的認識論』第1章「認識の形成など」を参照。

13 Vyshedskiy, 2019.

14 面白いことに著作権や著作者人格権もこのような意味で自己が類的存在であることから説明できる。自分の範囲は身体としての自分を超えて存在するとすれば、著作権や著作者人格権が人権の一部として扱われる論理も成り立つ。

15　養老、一九九八年、『唯脳論』、一〇九頁。

16　「〈われは考えて、有る〉という〈迷わせる不当な思惟〉の根本をすべて制止せよ。内に存するいかなる妄執をもよく導くために、常に心して学べ」（中村元、一九八四年、『ブッダのことば―スッタニパータ』、二〇〇頁）。

17　第二章　樹下成道　第六節　屋舎の作者「この世なる幻の屋舎を誰ぞつくりしや。〈中略〉われ爾（なんじ）の本を知らんと欲す。意（こころ）によりて思想（おもい）は生ず。われ爾を思い想（おも）わずんばすなわち爾もここに有らざるなり」、三三一―三三四頁。第七節無常、苦、無我　第八節不放逸「たとえ如来この世に出ずるも、出でざるも、かの法の性決定してかわることなし」、三三五頁（友松圓諦、一九八一年、『仏教聖典』）。

18　数学的な証明を認識構造に展開することに関しては批判もあるかもしれないが、数学の範囲でそれを理解することは筆者の能力を超える。ただ示したような論述は論理的に可能であると考えるし、ゲーデルも集合論としての証明をしており、人間の思考の系、特に論理的・演繹的思考を系と考えた場合には妥当であると考える。

19　高橋、二〇二一年、『フォン・ノイマンの哲学　人間のフリをした悪魔』を参照。

20　不完全性定理は数学そのものの定理ではなく「形式化された数学」に対する定理であることが指摘されている。形式化された論理と不完全性定理の関係を論じた柄谷公人の「形式化の諸問題」について、国崎敬一が柄谷のゲーデル理解に関し、不完全性定理の無制限な社会理論への適用に関する課題を明示している。数学的な議論であればその通りであり、さらにそこで論じられている recursive な仕組みとコンピューターシステムの共通性もその通りである。しかし本書では、コンピューターが利用するような意味での自己言及性は、本書が〝原理〟と置いている〝自己の不確定性〟からなり立った社会の中のメカニズムであり、全体を構成する議論ではないと考える。それはサブシステムの議論であり、通常の社会学理論と同じ論理段階にある理論と位置づけられる。さらに本書ではゲーデルの理論を援用するにあたっても、形式化の問題として扱っているというよりはカントールが扱ったような、集合と無限の関係で扱っている。ゲーデル自身もカントールの集合論と無限の定義の議論の展開とヒルベルトの形式化の展開の中で不完全性定理を見出した。その意味では、その発想の原点には本書と共通するものがあるのではないだろうか。いずれにしても本書で必要となる議論は数学論理ではなく、単純に自己の存在証明が論理的に不可能であるという一点である。ゲーデルの不完全性定理も人間の認識の限界を示すものとして利用していて、そこに還元しているわけではない。いずれにしても、そこが否定される反証が出てくれば本書の論理は破綻するが、出てこなければ成立すると考える（国崎、一九八八年、「自己言及性と有限回帰的構成：柄谷のゲーデル不完全性定理把握―近代社会における形式化の探求のために―」）。なお国崎論文は、大山智徳・日本大学社会学会員からの指摘による。

21 欧米の学問との違いかもしれないが、そのような認識論上の問題がそのまま操作的に自然科学の現象として適用できるということに関しては個人的には違和感がある。また量子力学の世界では一般的な法則として受け入れられている不確定性原理の観察者問題も、論理の段階が違う問題が同一に扱われているのではないかという疑問がある。これに関しては「小澤の不等式」という形で、数学者の小澤正直・名古屋大学教授が二〇〇三年にハイゼンベルクの不確定性原理を修正する方程式を提出したが、私にはその内容を論じる能力はない。ノイマンも物理法則の数学的解明があればそのまま操作的に提供できると考えていたようだ（高橋昌一郎、二〇〇二年、一三三頁）。前述したように印欧系の言葉では社会的につくられた法と自然の法則との区別はあまりないようである。

22 この部分に関してはナーゲル、et.al.,一九六八年、『数学から超数学へ ゲーデルの証明』、一一一頁を参照。

23 数学的論理を一般的な見解に拡大することの誤謬はあると思うが、本書で取り扱っているのは認識の在り方そのものにかかわる問題であり、学問の専門分野によって影響を受ける性質の問題ではないと思う。人間の認識と無限の関係についてムーアの著作で、ゲーデルの不完全性定理と自己認識の問題を含め包括的に分析されている（A・W・ムーア、二〇一二年、『無限 その哲学と数学』、一四七頁）。

24 再帰的能力そのものが循環であり、循環構造を持つことは考えるまでもなく自明のことである。これは玉の上での無限について述べたような構造を持っている。無限の性質の数学的な解明はカントールによって創始された。そこでは無限は集合の密度として扱われる。ここで扱う無限は無限の中でももっとも単純なアレフヌル（ℵ0）という性質のものとなる。この集合としての無限と、公理系内の無矛盾性を明らかにしていったのがゲーデルの完全性定理であり、この公理系そのものの完全性も不完全性もその系の中では証明も否定もできないことを証明したことが「不完全性定理」となる。人間の認識がもたらす循環系を無限集合として考えるときにこの数学の考え方はそのまま使える。つまり人間は自己の認識の中で自己を論理的には確定することができないのである。この問題をわかりやすく書いた著作としては足立恒雄の『無限の果てに何があるか―現代数学への招待』が挙げられる（足立、二〇一七年、『無限の果てに何があるか　現代数学への招待』）。

25　フッサールの現象学が厳密な学としての哲学を指向するものであり、概念のそれ自体の把握を目指すものであるのに対し、この〝見えている世界〟というのはオランダの精神医学者であり現象心理学者であるJ・H・ヴァン・デンベルクの言葉である。ヴァン・デンベルクは概念としての抽象化というよりは臨床の精神医学者として患者がどのように世界を見ているかを扱う。いわゆる私たちが自らの属している世界を理解する場合には抽象化して理解しているというよりは、そう見てしまっているというのが現実であろう。その意味で本書でも概念としてそれ自体を利用したいときにはフッサールの手法を利用し、ここでの考察である人々の認識空間を分析するときにはヴァン・デンベルクが提示した〝見えている世界〟を利用している。ヴァン・デンベルクの思想は早坂泰次郎によって数多く紹介されているが、最も端的にわかりやすいのは日本での講演録である『現象学の発見：歴史的現象学からの展望』ではないだろうか（ヴァン・デンベルク、一九八八年、『現象学の発見：歴史的現象学からの展望』）。

26　Bostrom, Nick, *2003, ARE YOU LIVING IN A COMPUTER SIMULATION?*, pp.243-255.

27　野村、二〇二四年、『多元宇宙（マルチバース）論集中講義』。

28　Walter Wallace が Principles of Scientific Sociology のなかで空間配置から社会学の領域を述べている。Wallace, 1983, *Principles of Scientific Sociology*.

29　この図は球面座標系を表しているが量子の重ね合わせを説明するブロッホ球の図を利用した。

30　時間を区切ることは「時間を空間に比喩的に配置しようとする試みに縛られているのである。（エヴァレット、二〇二一年、『数の発明』一七頁）」と時間も人間における空間認知として理解されていることが指摘されている。

31　楠本宗太郎が『各国憲法の比較研究から導き出された憲法の構造と機能―科学としての憲法学の構築に向けて』でオックスフォード大学の法データベースである（https://oxcon.ouplaw.com/home/OXCON）に掲載されている世界一九二か国の憲法前文を比較して検証した。本論文は博士号申請論文として準備された未公開論文であるが、憲法前文を比較し、いかなる憲法であっても主権を規定する超越的な正当性を掲げていることを示している。

32 楠本、一九八六年、『権力と疎外―知識論的分析―』、日本大学大学院文学研究科社会学専攻修士論文。

33 ユダヤ教でもイスラム教でも内集団とみなされる同じ宗教の信者から金利を取ってはならない。シェークスピアの「ベニスの商人」が成り立つのもユダヤ人の金貸しが外集団であるキリスト教徒に金を貸したから金利を取り立てているのである。後に述べる人口との関係で社会集団が生存するために外集団を排除したり、搾取したりしている。これは後述するが人口圧力の中で不可避的に生じる排除の原理と深く結びつく。その展開を含め興味深い研究分野である。

34 読売新聞オンライン（https：//www.yomiuri.co.jp/national/20231013-OYT1T50195/）くら寿司「しょうゆ差し」なめ動画、二一歳に執行猶予付きの有罪判決（2023/10/13 14：36閲覧）。内容：名古屋市中区の回転すし店「くら寿司名古屋栄店」で今年2月、しょうゆ差しの注ぎ口に口をつけて飲むような様子の動画を撮影してSNSに投稿したなどとして、威力業務妨害罪などに問われた兵庫県尼崎市、会社員の男（21）に対し、名古屋地裁（大村陽一裁判長）は13日、懲役3年、執行猶予5年（求刑・懲役3年）の判決を言い渡した。（2023-11-3）

35 https：//www.niph.go.jp/wadai/mhlw/1995/h070830.pdf（「望まない妊娠の結果生まれた児」への虐待をめぐる問題）、国立保健医療科学院（https：//www.niph.go.jp 〈wadai〉 mhlw PDF）（2024-3-31）

36 レヴィ＝ストロース、一九七七年、『親族の基本構造』を参照。

37 ポスト構造主義に関してはポスト構造主義者の間でも多様性がある。その意味では定義できないのだが共通の視点は上記のようなものといえると思う。ジャック・ラカンはポスト構造主義に分類されるが、フロイト流の無意識を無意識で説明するというトートロジーの誤謬を起こしているが、精神分析に根拠を置くという前提を外せば、本書の論点と近似している。ラカンのいう言語が無意識から規定されているというのは本書でいう外部化された知識の演繹的論理性と共有され内在化された知識とイメージの関係性で説明できると考えられる。この構造分析は言語学や脳科学の領域であり、本書の範疇を超える（ラカン、一九八五年、『ディスクール』、七一頁）。

38 フーコー、一九七五年、『狂気の歴史：古典主義時代における』を参照。

39 ポラニー、カール、二〇〇九年、『大転換』を参照。本書で方法論を利用しているマイケル・ポラニーの兄。

4　人間はいつ失楽園したか

このようなややこしい状態を引き起こした知の獲得を聖書では人間の原罪と結びつけている。なるほど知恵の木の実を食べることで、今私たちが理解する社会問題のほとんどが生じていることを考えれば、失楽園したのであろう。せっかくなのでそのことを少し考えてみる。

1　旧約聖書「創世記」失楽園

この劇的な内容は旧約聖書創世記にある。旧約聖書の創世記第三章にアダムとイブがエデンの園における知恵の木の実を食べたことで失楽園するシーンが描かれているので引用する。[1]

第三章

4 へびは女に言った。「あなた方は決して死ぬことはないでしょう。

5 それを食べると、あなたがたの目が開け、神のように善悪を知る者となることを、神は知っておられるのです。」

6 女がその木を見ると、それは食べるに良く、目には美しく、賢くなるには好ましいと思われたから、その実を取って食べ、また共にいた夫にも与えたので、彼も食べた。
7 すると、ふたりの目が開け、自分たちの裸であることがわかったので、いちじくの葉をつづり合わせて、腰
に巻いた。
8 彼らは、日の涼しい風の吹くころ、園の中に主なる神の歩まれる音を聞いた。そこで、人とその妻とは主な
る神の顔を避けて、園の木の間に身を隠した。
9 主なる神は人に呼びかけて言われた、「あなたはどこにいるのか」。
10 彼は答えた、「園の中であなたの歩まれる音を聞き、わたしは裸だったので、恐れて身を隠したのです」。
11 神は言われた、「あなたが裸であるのを、だれが知らせたのか。食べるなと、命じておいた木から、あなたは
取って食べたのか」。

〈中略〉

21 主なる神は人とその妻とのために皮の着物を造って、彼らに着せられた。
22 主なる神は言われた、「見よ、人はわれわれのひとりのようになり、善悪を知るものとなった。彼は手を伸べ、
命の木からも取って食べ、永久に生きるかも知れない」。
23 そこで主なる神は彼をエデンの園から追い出して、人が造られたその土を耕させられた。

2 知恵の木の実がもたらしたもの

旧約聖書の教えることころによると以上の経緯を経て、人間は人間として生きる苦しみを知り、人間はエデンの園を追われることになった。ここで面白いのは知恵の木の実を食べる前までは裸で恥ずかしさを感じることはなかった。

そして、その恥ずかしさは、最初は〝恐れ〟と表現されていることである。知恵の木の実を食べたことで人間は恥ずかしさを覚え、秘部を隠した。これは何を意味するのだろうか。

先にお風呂での〝恥ずかしさ〟について述べたが、なぜ裸だと恥ずかしいのだろうか。前述したように一人でお風呂に入っていて恥ずかしいと感じる人はほとんどいないだろう。仮に完全に締め切った自室でフラッシュダンスの真似をして、ほとんど衣服を身に着けず踊っても恥ずかしくない。しかしお風呂と同じで閉めたつもりの窓が開いていたと気がついたときは、事実としては何も変わらないのに急に恥ずかしくなる。

この状態は〝事実はともかくとして〟も、他者から見られたかもしれないという自分の想像力の中で恥ずかしいという感情が起こっていることを示している。つまり人間にとって、社会的行為としては、衣服を着ることで役割演技をしているものが、自分の主意的なコントロールを離れる、つまり危険にさらされるから、恥ずかしいと感じると考えてよいのではないだろうか。

その意味では、裸であることが恥ずかしいわけではない。裸であっても、プロの裸のダンサーであるストリッパーにとってみれば、それは見られることを意識した演技であり、作品であるために恥ずかしくないと考えられる。いかに煽情的に美しく見られるかを追求するだろう。相撲などのようにほとんど全裸で行う競技は、その土俵の中での様式としてそれが認められ、様式美にまで高まっている。

古代ギリシャのオリンピックなどでは人間の最も美しい姿が全裸であると考えられ、全裸で競技したといわれる。これは神事として通常の生活と異なる儀式の中で聖別され、別の意味を与えられ、秘部を隠すことよりも裸でいることの意味が重要視されたと考えることができると思う。栗本の分析に従えばこれは、聖別そのものが、パンツを脱ぐことで生じるカタルシスと蕩尽ということである。

宗教儀式と性、聖の問題はここでは扱わない。栗本の分析にしたがって、人類社会のメカニズムとして過剰なエネルギーを消費するために蕩尽が行われ、それが快感をもたらすといっても、それは現状の説明にとどまる。人間がそのような仕組みの中で循環しているというだけで終わりであれば、そこから出ることのできない輪廻のようなもので、何をやっても無駄ということにもなりかねない。

したがって本書では栗本の分析を踏まえるが、まったく別の、人間がどう理解したかという点から社会問題の分析と理論構成を行っていく。つまり普通の社会で人が服を着て生活している社会の分析を行う。

3　失楽園の時期と人類―七万年前の失楽園

近年の自然科学研究の進捗に伴って、この失楽園の時期がほぼ確定されてきた。これは筆者の研究にとって必須ではないものの、失われた輪をつなぐ業績が自然科学の成果として出てきたことを意味する。

これは大きく二つのステップがあったと考えられる。まず人類絶滅に近い状況を引き起した大規模自然災害が起こり、次にそこで減少した人類に脳の変化を引き起こす遺伝子上の変化が発生したと考えられている。これは近年明らかになってきた重要な科学的な事実であり、簡単に紹介する。

まず人類が絶滅に瀕するほどの自然環境の激変として挙げられているのが、約七万年から七万五千年前に、インドネシアのスマトラ島にあるトバ火山が大噴火し気候の寒冷化を引き起こし、その後の人類の進化に大きな影響を与えたという出来事を指す。地質学・古人類学の分野では、火山の噴火とその後の気候変動を指してトバ事変と呼び、一連の人類に与えた影響はトバ・カタストロフ理論（Toba catastrophe theory）と呼ばれている。[2] まずトバ・カタストロフ理論を簡単に紹介し、その後、人類に生じた脳の変化についてのアンドレイ・ヴィシェドスキー論文の概要を紹介する。

4　人類の進化におけるトバ・カタストロフ[3]―人類人口の急激な減少―

人類の遺伝子とチンパンジーの遺伝子を比較すると、人類はどうも何度もボトルネックを経験しているらしい。おそらく地球規模的な自然災害で何度も絶滅の危機に瀕したようだ。このことは実は八〇億人を超える人類の遺伝子の多様性が極めて乏しいことからわかるという。つまり比較的新しい時代に極端な人口減少を経験し、そこから増加したと考えなければならないようだ。

本書の中心的な課題である人間における再帰的認識能力の獲得がもたらした影響も、ヴィシェドスキー論文が示すような大脳の前頭前野統合（PFS：Prefrontal Synthesis）をもたらす何らかの遺伝子上の変化が引き起こしたことが事実であっても、その変化が大きな社会集団の中で、ごく少数の、具体的にはおそらく双子として生まれた二人の変化から生じたとすれば、その社会集団全体に影響が及ぶまでに、多くの時間がかかる。[4]実際この能力の獲得は幼児期の生存確率を下げるであろうことが想定されていて、生き残るという点から考えればよいことだけではないのである。

この変化に先駆けて地球規模的なカタストロフが起こっていた。その結果として生じた急激な人口減少の中で、遺伝子の変化が生じた結果として、人類全体にその形質が拡大したようである。言葉をかえれば現生人類はその二人の遺伝子を引き継いでいるということになる。[5]

この地球規模的なカタストロフを簡単に紹介する。

（ア）七万―七万五〇〇〇年前、トバ火山（インドネシア・スマトラ島）が火山爆発指数最大のカテゴリー8の大規模な超巨大噴火（いわゆる破局噴火）を起こした。

（イ）この噴火で放出されたエネルギーはＴＮＴ火薬１テラトン分、一九八〇年のセント・ヘレンズ山噴火のおよそ三〇〇〇倍の規模にも相当し、噴出物の容量は二〇〇〇立方キロメートルを超えたとされ、この噴火の規模はヒト（ホモサピエス・サピエンス）発祥以来最大であったともされる。

（ウ）その結果、大気中に巻き上げられた大量の火山灰が日光を遮断し、地球の気温は平均五℃も低下し、劇的な寒冷化はおよそ六〇〇〇年間続いたとされる。

（エ）その後も気候は断続的に寒冷化するようになり、地球はヴュルム氷期へと突入する。

（オ）この時期まで生存していたホモ属の傍系の種（ホモ・エルガステル、ホモ・エレクトゥスなど）は回復不可能なレベルにまで減少・分断されて絶滅し、現世人類の直接の祖先も気候変動によって総人口が一〇〇〇人〜一万人程度にまで激減し、生物学的にほぼ絶滅寸前近くまで追い込まれた、とされる。

（カ）現世人類の先祖に生じた人口減少によってボトルネック効果が生じ、その遺伝的多様性はほぼ失われた。現在、人類の総人口は八〇億人を超えるが、遺伝学的に見て、現世人類の個体数に比して遺伝的特徴が均質であるのは、トバ事変のボトルネック効果による影響であると考えられる。

（キ）遺伝子解析によれば、現世人類は極めて少ない人口（一〇〇〇組〜一万組ほどの夫婦）から進化したことが想定され、遺伝子変化の平均速度から推定された人口の極小時期はトバ事変の時期と一致する。

この学説は六万年前に生きていた〝Y染色体アダム〟や二〇万年前に生きていた〝ミトコンドリア・イヴ〟を想定した学説とは矛盾しない。[6] また、現世人類の各系統が二〇〇万年〜六万年の時期に分岐したことを示している現世人類の遺伝子の解析結果もトバ・カタストロフ理論とは矛盾しない。そしてそれくらいの人口規模であるならばわずか二〇〇年程で全人口に脳の変化を引き起こした遺伝子が組み込まれても不思議ではない。

5　脳の変化：アンドレイ・ヴィシェドスキー論文[7]

本書が注目する脳の変化、つまり人間がここで扱う再帰的認識能力を獲得した時期に関しては、ボストン大学の進化神経科学者であるアンドレイ・ヴィシェドスキーが二〇一九年に画期的な論文を提出した。「言語進化から革命へ：七万年前の豊富な語彙を持つ非再帰的コミュニケーションシステムから再帰的言語への飛躍は、前頭前野の成熟を遅らせる突然変異が二人以上の子どもで同時に可能にした、前頭前野合成と呼ばれる想像力の新規要素の獲得と関連していた―ロムルスとレムスの仮説」という長い題名の論文である。以下に要約する。

論文は、進化数理モデルを使って七万年前の前頭前野統合（ＰＦＳ）獲得後の人口爆発を予測した。前頭前野統合獲得の結果として、

（ア）第一に、ホミニン（Homininae：ヒト亜科）は狩猟戦略を持続狩猟から罠の構築に変えることで、ほぼ無制限に食料を得ることができるようになり、その結果、繁殖力が高まり、死亡率が低下した。

（イ）第二に、持続的狩猟と採食の間、ホミニンは捕食者にさらされる機会を減らすことができたので、捕食による部族の損失は減少したに違いない。[8]

（ウ）第三に、大型動物との接近戦で受ける傷の数は、大型動物の捕獲が優先的に行われた結果、減少したに違いない。

（エ）第四に、前頭前野統合は宗教と再帰的言語を通じて部族間の結束を劇的に高めたに違いない。

（オ）第五に、前頭前野統合は槍投げや弓矢などの新しい道具の発見を促した。[9]

（カ）その結果、指数関数的な人口増加が起こった。このことから、(1)七万年前頃にアフリカで人口が急増したこと[10]、(2)六万五〇〇〇年前に人類が前例のない速さでアフリカから拡散したことを説明することができる。[11]

（キ）このモデルはまた、前頭前野統合を持つ人類がそれを持たないホミニン（ヒト亜科）を虐殺したために、暴力的な死が増加したことも予測している。つまり現生人類以外のヒト属はほぼ絶滅させられたことを意味する。このことは五万年前と推定されるフローレス原人（ホモ・フロレシエンシス）の絶滅時期をほぼ説明することができる。

6 衣服の起源

この時期に関しては別の観点からも傍証が得られている。例えばヒトに寄生するヒトジラミは二つの亜種、主に毛髪に寄宿するアタマジラミ（Pediculus humanus capitis）と主に衣服に寄宿するコロモジラミ（Pediculus humanus corporis）に分けられる。近年の遺伝子の研究からこの二亜種が分化したのはおよそ約七万二千年前（±四万二〇〇〇年）であることがわかっている[12]。

つまり、およそ七万年前にヒトが繊維を織った衣服を着るようになり、新しい寄宿環境に応じてアタマジラミからコロモジラミが分化したと解釈される。進化学者はトバ・カタストロフ理論と時期的に一致することからトバ火山の噴火とその後の寒冷化した気候を生き抜くために、ヒトが衣服を着るようになったのではないかと推定している。

実際そのころ世界は最終氷期が始まっている。最終氷期は、およそ七万年前に始まって一万年前に終了したので、ほぼ人間が再帰的認識能力を確保した時期と重なる。しかも二・一万年前の最終氷期の最寒冷期には海水面が現在よりも一二〇メートルほども低下し、現在のインドネシアなどを含め現在は島になっている所がスンダ地塊という陸地を形成していた。東京湾もほとんど干上がり、多摩川は東京湾渓谷に滝のように流れていたと考えられる。その後、地球は温暖化し縄文海進といわれるように海水準が上昇し、それぞれに分離していった。氷期におけるこのような海水準の低下は世界中の多くの地域を陸続きにし、人類の移動を容易にした。人類の一部はアラビア半島沿いに海岸線を通じて移動していったようで、その遺跡のほとんどは現在では海底下にあるといわれている。
その意味ではアフリカにいる限りは服を着る必要はなかったと考えられるが、アフリカから出ていった人類にとって再帰的認識能力によって衣服をつけることを学んだ後には、環境適応の点からも衣服の重要性が発達したと考えられる。ある意味では偶然としか思えないことがいくつも重なっていたのである。

7　その後の人類の移動

これにはまた別の傍証もある。近年のヘリコバクター・ピロリ菌の遺伝子解析によれば、ヘリコバクター・ピロリ菌は五万八〇〇〇年前に東アフリカから世界各地へ広がったものと考えられている。したがって、ヘリコバクター・ピロリ菌に寄生された現世人類がアフリカから世界各地へ拡散していったのは少なくとも五万八〇〇〇年前以降であることを示している。このように様々な生物進化学的知見が失楽園の時期を明らかにしつつある。この解明は人類学などにお任せして、本書では再帰的認識能力獲得の結果として、他者を通じて自分を意識し、衣服を着るようになったと考える。

【注】

1　『聖書　聖書協会共同訳』、一九八七年、日本聖書協会。
2　この学説は一九九八年にイリノイ大学教授のスタンリー＝H・アンブロース（Stanley H. Ambrose）によって唱えられた。Ambrose, Stanley H.（1998）. "Late Pleistocene human population bottlenecks, volcanic winter, and differentiation of modern humans". Journal of Human Evolution. 34（6）: 623-651. doi : 10.1006/jhev.1998.0219.

PMID 9650103.

3　ウイキペディア「トバ・カタストロフ理論」（2024-4-14）他。
https// : ja.wikipedia.org/wiki/%E3%83%88%E3%83%90%E3%83%BB%E3%82%AB%E3%82%BF%E3%82%B9%E3%83%88%E3%83%AD%E3%83%95%E7%90%86%E8%AB%96 および https : //arstechnica.com/science/2009/09/a-plumbers-guide-tosupervolcanic-eruptions/

4　酒井邦嘉（二〇一九）も再帰的言語が双子から生じたと考えている。酒井、二〇一九年、『チョムスキーと言語脳科学』。

5　現生人類のＤＮＡの多様性はチンパンジーのＤＮＡの多様性の数分の一しかなく、何度も絶滅に瀕したと同時に何度も人口が急増したことが示されている。自然状態では人類祖先の人口は世界人口でもおそらく二〇〇万人程度が最大であったと考えられる。この自然状態から西暦元年ごろに二億人、それからわずか二〇〇〇年で現在（二〇二四年）時点での八一億人まで増加しており、元の人口規模が極めて小さかったことは前提として理解しておく必要がある。

6　異なる地域の一四七名のＤＮＡに含まれるミトコンドリアの分析から人類が約二〇万年前に一人の女性を共通の先祖として持つ可能性を示した（Cann, et.al, 1987, Mitochondrial DNA and human evolution.）

7　Vyshedskiy, 2019を参照。

8　Hart, et.al, 2005, *Man the hunted : Primates, predators, and human evolution.*

9　Lombard, 2011, *Quartz-tipped arrows older than 60 ka : further use-trace evidence from Sibudu, KwaZulu-Natal, South Africa.*

10　Mellars, 1996, *The Neanderthal Legacy : An Archaeological Perspective from Western Europe.*

11　遺伝子を構成するＤＮＡ鎖の数は決まっているので、先祖を遡るごとに指数的に増えていくＤＮＡのすべてを受け継いでいるわけではない（ライク、二〇一八年、『交雑する人類　古代ＤＮＡが解き明かす新サピエンス史』）。ただボトルネックした人類であればおそらく二〇〇年ぐらいで前頭前野統合（ＰＦＳ）をつくり出す遺伝子を受け継いだ人類に置き換わるということが起こりうる。それを起源として急拡大していったと考えることができる。

12　Kittler, et.al., 2003, "*Molecular Evolution of Pediculus humanus and the Origin of Clothing*".

5 社会をどうみるか—人間の特性としての再帰的認識能力

——『パンツをはいたサル』との分析視角の違い

1 パンツをはいたサル—社会制度としてのパンツ

ここで再帰的認識能力の論理的展開に行く前に、同じように社会と制度の関係を包括的に分析した栗本慎一郎の『パンツをはいたサル』[1]と本書の分析視角を比較する。そうすることでその違いを明確にすることができ、本書執筆の理由の一つも明らかになる。

栗本は地球という生態系がエネルギー過剰な生態系であることに注目し、そのエネルギーと制度の関係を論じた。これに対し本書は端的にいえば、なぜ人は制度をつくる必要があったのかを人間の認識構造から説明しようとしている。

『パンツをはいたサル』はいうまでもなく生態系と人間と制度の関係を扱った先駆的かつ著名な著作であり、一世を風靡した。本書もまた人類社会がなぜ制度をつくらなければならなかったのかという視点を持っており、栗本のアプローチと本書に類似性があるようにみえる。しかしながらその分析視角はまったく違っている。そしてそれは矛盾するものというよりは人間社会を別の側面から見たものと考えている。そして筆者は栗本の説明では社会制度を十分に説明できないのではないかと考えている。

この点を明確にするために、『パンツをはいたサル』の主要な論点を本書の論点と比較することでその相違を明らかにしてみる。栗本は、人間を「パンツをはいたサル」としてみることで、生物としての人間を地球の生態系から人間固有の社会的関係を持つ存在として包括的に把握する論考を著した。そこで展開されたのは地球という基本的にエネルギーが過剰な惑星における生態学を経済学ととらえる視点である。その過剰なエネルギーを消費するメカニズムが蕩尽であり、その過剰と蕩尽というメカニズムから人類社会をとらえ、その仕組みを経済人類学として体系づけた。

栗本が「パンツ」と名付けた社会制度は、この過剰と蕩尽のセレモニーのために脱いだり、履いたりすることに快感を覚え、社会システムをつくったのだという分析であったといえる。栗本のエネルギー過剰から人間社会を説明するという論理は、かなり根源的な分析であり、地球社会を大枠から説明することができると考える。確かに地球という惑星は太陽からのエネルギーを受け取り、そのエネルギーの循環の中で生命は生存している。おおざっぱにいって太陽光による入射と赤外線による放散のプロセスでほぼ均衡しているといってもよい。それでも入射量の方がわずかに大きいためにエネルギーは蓄積される。

地球の自然史からみればそのエネルギーの過剰を化石燃料という形で折りたたんで隠してきた歴史ともいえる。現代になって、私たちがそれを急激に使用することで、放散プロセスが阻害され地球温暖化などの問題を引き起こしている。つまり全体でみたときに地球にとってのエネルギーが過剰であるというのは客観的な事実なのである。その意味で栗本は過剰と蕩尽というプロセスの中にすべての生命が存在し、人間はそれを快感原理で社会制度化しているという、ある種のエネルギー還元主義で説明していることには妥当性があるといえる。しかし、それがどのように社会制度を構築しているかについての説明はほぼ欠如していると考える。

つまり、地球のエネルギー収支の結果として全体からみれば過剰であるという栗本の指摘は正しい。しかし人間社会という視点からみれば、その過剰は人口によってあっという間に蕩尽され、社会を一定規模に保つためには、人口規模を抑制するメカニズムを必要とする。栗本の指摘する蕩尽のメカニズムは祝祭の形をとり、その祝祭という遊びを軸に人類社会が回っていると要約できる。しかしそのように解釈することは可能でも、残念ながらそれで十分なわけではない。したがって私たちが直面している問題を現実的に解くためには別の分析が必要になる。

栗本がエネルギーの過剰という視点からある種のエネルギー存在論に還元する形で分析した「パンツ」を、ここで筆者が認識論的な視点から見直すことで、私たちが直面している多くの問題に答えることができる。つまり本書の試みは人間社会をエネルギーという存在論的な見方でとらえるのではなく、人間が考える動物であるという認識論的な視点からとらえる分析となる。

しかし、そもそもどこまでを再帰的認識能力というのか。これは定義が極めて難しい。例えば多くの生物にみられる〝擬態〟のように他者から見られていることを前提として自分の姿を変えていくことがどうして可能なのか、筆者としてはいくら考えてもわからない。これも見られていることを前提としているともいえるが、生物学者の研究を待ちたいと思う。

したがって、ここでいう再帰的認識能力とは他者を通じて自己を認識することだといえる。人間にとって、自分の裸を見られることが恥ずかしいという感情は一般的なものであるといえる[2]。人間と動物の差異を考えればわかることだが、裸で恥ずかしがっている犬や猫を見たことはない。裸で恥ずかしがるのは人間だけなのである。その意味で、ここでいう自省や自己認識能力は、再帰的認識能力であり、前述したように再帰的言語（recursive language）能力、もっというと言語はイメージを背景とするので、再帰的言語・イメージ（recursive image and language）能力のことになる。

栗本は、人は寒いから服を着るというのは間違いであると指摘している。確かに他の動物がパンツをはくことはなく、どんな寒い環境でも裸で過ごしている。人間に毛があまりない理由として、その進化が熱帯地方で起こった結果であるという説、長距離を移動するために失ったという説、ヒトがチンパンジーなどの類人猿と共通の祖先から分岐して進化する過程で、一時期「半水生活」に適応したことで直立二足歩行、薄い体毛、厚い皮下脂肪、意識的に呼吸をコントロールする能力など、チンパンジーやゴリラなどの他の霊長類には見られない特徴を獲得した、とするアクア説[3]などがある。しかし、いずれにしても生物としてみたときに服を着なければ生きていけないのであれば、とっくに絶滅していると考える方が妥当であろう。

栗本は、人間が衣類を身に着けることそのものを、過剰と蕩尽という視点から社会制度の象徴として、その論を展開した。つまりパンツをはいたサルとはサルと大差ない生物体としての人間がパンツという社会制度を身につけることで人間社会が成り立っているということを端的に示している。

本書では、自らパンツをはいているのは動物の中で人間だけであるという視点は栗本と共通する。しかしここでは人間が獲得した再帰的言語・イメージ能力によって、その必要性が生じ、そこから生み出されたものであるという視点から議論を進めていく。そして、人間がおそらく七万年前に獲得した再帰的言語・イメージ能力がもたらした深刻な課題を解消するためにつくられた社会制度を栗本のいうパンツと考える。パンツで隠す性器は、動物としての人間と主意的に行為していると考えている人間の接点にある。性器は、コントロールできない生物としての自分をいやでも見せつけられる身体の部分である。そして性は社会関係構築の基盤であり、生命の連続性を維持するものとなる。

その意味で動物としての人間が露骨に表に現れる部分である。社会的にみた場合にそのような性も社会的な表現の中で発現される必要性があるが、その暴走を止めることは容易ではない。つまり社会関係を人間が思っている形で成り立たせるためには、それを隠す必要があるのである。言葉を換えれば、自分の理性でコントロールのきかない性器をパンツで隠すことで、自分を主意的な自らの意思の下でコントロールしたいということを示している。そうすることで、社会的な自分を演じることができる。

2　循環と永遠（エネルギー循環と水循環と地球のエネルギー収支）

栗本の議論に戻ると、その議論は基本的にエネルギー循環と人間社会を結びつけた議論である。おそらくそれはそれで正しいし、生態系による人間社会がこれらの水循環を含むエネルギー循環に規定されていることは事実であろう。それに人間がわかる形で物語をつくっていったという指摘はその通りだと思う。そしてそのような基盤構造に規定される形で、シンメトリカルな構造として経済があり、祝祭と蕩尽があるという指摘も正しいと思う。しかしながらそれは私たちの社会を規定している条件ではあっても、すべてではない。人がそのような理解に基づいて社会をつくったというよりは、そのシステムのうえに乗らなければ社会が成立しなかったといえる。その意味でまさしく理解というものは後付けでつくられたのだろう。結果として水を媒介としたエネルギーも認識も循環系を持っている。しかしここでの主たるテーマはこのエネルギー循環ではない。この論点からの解明は経済人類学に任せたい。

3　これまでの理論　プリゴジンの散逸構造論

栗本の過剰・蕩尽理論、今田の自己組織性など、社会科学的な秩序構造論は、物理学者のイリヤ・プリゴジンが提唱し、ノーベル賞を受賞した散逸構造（dissipative structure）論に準拠していた。これはエントロピーの法則にしたがって全体的にはエントロピーが増大し無秩序化するとしても、エネルギーが散逸していく流れ、つまりここでは太陽からのエネルギーを受けている地球というシステムの中には、自己組織化を可能にする定常的な構造ができることを示したものである。これはワールドロップらの「複雑系」の議論も同じである。[4]また今田はこの散逸構造論のうえで、〝自省による揺らぎ〟が社会の自己組織化を生み出すとした。[5]

栗本の理論は特に地球という生態系に太陽からの輻射エネルギーによってエネルギーが与えられ、さらに放出する差分の中に過剰なシステムとしての生態系システムをみる考え方であり、そのサブシステムとして人間社会を考えているので、このプリゴジンの考え方と親和性が高い。今田の理論もプリゴジンの散逸構造がもたらす秩序構造が自省による揺らぎによって自己組織化されるとした。これは、プリゴジンの理論を社会学的にしたものである。ただそこには社会を物理的にとらえる視点はあっても、人間の意味世界とのかかわりはない。[6]

これらのエネルギーが社会を構築する原動力であることは否定しないとしても、そこに還元することは社会学的な認識論との間に断絶を生む。そして栗本や今田のような還元は社会を構築したのが人間であるという視点を失わせ、その責任を見失わせ、ある意味での宿命論に導く可能性がある。またルーマンの「オートポイエイシス論」やギデンズの「構造化理論」は自己言及が秩序構造をつくるといっているが、どのようなメカニズムでそうなるかに関しては明確に述べていない。ルーマンが利用した「オートポイエイシス論」は結果として生物学的な適応の問題に還元されているし、ギデンズの「構造化理論」では地理学者の発案した概念を利用して、時空間座標に位置づけるということは提唱されているが、それがなぜ秩序化するのか、なぜそうなる必要があるか、ということは説明されておらず、結果としては単なるフィードバックとの差異がわからなくなっている。

それでは社会学の分析としては十分ではない。地球環境と人間社会の価値観が「層の理論」に従い、制限と制御の関係にあると考えると、それらの構造が人間社会の構造の限界を制限することは事実であっても、どのようにそれらの構造をつくるかという制御までは説明できない。筆者は『人口問題と人類の課題』で地球環境と人間の在り方を分析した。これは地球をエネルギーの系としてみる議論と人間社会の在り方の中間にある問題を〝人口〟という観点から明らかにしたものと考えている。本書ではその人間が自らの持つ再帰的認識構造から自然に働きかけて社会の形をつくる「制御」の面を扱っている。そしてこの問題に関しては、本書ではすでに述べた通り人間の認識の安定化メカニズムとして、不確定性を確定する必要性からつくり出さざるを得なかったとして説明することができる。

この議論は多層な原理の間はそれぞれに下位の層が上位の層を制限し、上位の層が下位の層を制御する形をとるので、一義的に人口は社会の制限要因であるとはいえない点を確認しておくべきであろう。地球の生態系と人口の関係であれば、地球の生態系が人口を制限し、その範囲の中で〝環境をどのように利用するのかということ＝制御〟は人口という人間の活動で決まっていく。人口と再帰的自己認識によって構築される社会の網の目も同じで、人口という制限の中で、〝社会の網の目が社会の在り方を規定していく＝制御〟していくという関係になる。現実的には一つの現象なのでこの区分は見方によって変化することに注意する必要がある。

本書は人間が人間社会をつくり出したという視点から論述し、その中でも恣意的な個人性の問題ではなく社会の基礎構造をつくり出している人間の認識構造の特性を「原理」とし、そのメカニズムを明らかにしている。そして実際の社会的な個別事象はこの共通構造のうえで成り立っている。その意味では本書で行われていることは、人間が自らの理解の中からつくり出す社会の基礎構造を明らかにする作業ということになる。そして人間の認識がつくり出す「世界」の基礎構造として、人間の理解を制限している構造を明らかにする作業ともいえる。

具体的には人間の再帰的認識能力から生じる自己の不確定性、脳によって世界が理解されていることから、その不確定性が根源的な不安を導き出すこと、その不安を解消するためには解消のための仕組みが必要であるという論点から分析を展開している。そのような解明の中から、人間がつくり出した人間社会の枷（かせ）ともいえる拘束と闘争のメカニズムを解消する道は、物理現象でも神でもなく人間自らつくらなければならないということを示すことができるのである。

【注】

1 同著は一九八一年に光文社からカッパサイエンスのシリーズとして刊行された。改めて再版されており入手の容易さを考えて再版版を底本とした（栗本、二〇一七年、『パンツをはいたサル：人間は、どういう生物か』）。

2 いわゆる裸族にはそのような感情はないのではないかという批判は生じ得るが、通常は何らかの衣類に類するものを身にまとっている。梅棹忠夫によってハッアピ族のように人類学的には完全な裸族があることも報告されている（梅棹、一九七六年、『狩猟と遊牧の世界』）が、その脳科学的な研究は寡聞にして知らない。

3 アクア説は、ヒトがチンパンジー等の類人猿と共通の祖先から進化する過程で、半水生活に一時期適応することによって直立二足歩行、薄い体毛、厚い皮下脂肪、意識的に呼吸をコントロールする能力など、チンパンジーやゴリラなどの他の霊長類には見られない特徴を獲得した、とする仮説。水生類人猿説（すいせいるいじんえんせつ）とも呼ばれる）。
アクア説—**Wikipedia**（2023-11-5）

4 ワールドロップ、一九九六年、『複雑系』。

5 今田、一九九四年、「自己組織性論の射程」『組織科学28（2）』二四—三六頁。

6 現時点で考えたら、栗本や今田の議論も、プリゴジンの散逸構造論に還元していることを考えれば、マルクス的な下部構造規定論に拘束されていたと考えることができる。

6　行為と意味

1　行為　社会学の主たる対象

これまで人間の行為を形成する前提条件について長らく検討をしてきた。ここで社会学に戻って、〝行為〟について考え、その後、その行為のほとんどが何らかの形で再帰的認識能力や自己確認と関わることを説明していく。

社会学の主たる対象が〝行為〟であることを否定する社会学者はまずいないだろう。これは多様な方法論や対象を主張する社会学者にとっての共通了解であるといえる。この社会学の中心的課題である行為は、本書の中心的な論点である個人の不可知性を安定化させるための認識構造と社会における安定化メカニズムの中で発現される。そしてその安定化メカニズムは、個人の安定化メカニズムも社会の安定化メカニズムもその基本構造は同じになる。

このような視点から考えれば、個人という部分と社会という全体の関係はセルフシンメトリー（自己相似性）の関係にある。セルフシンメトリーとは数学的にはマンデルブロ集合として知られる。それはペーズリー柄のように、極微でみたパターンが全体でも同じパターンを示す。つまり極小の構造が寄り集まったときに、全体でみても同じ構造を保っているような幾何学図形である。セルフシンメトリーに入るかどうかはわからないが、単位格子の大きさでいえば〇・五六四ナノメートル（nm）ぐらいしかないいわゆる食塩の構造が、同じパターンが繰り返されることで、時に一辺が二センチメートルぐらいもある結晶をつくる。当然、食塩を構成する単位格子は小さすぎて肉眼では見えないが、電子顕微鏡で見た食塩の構造も一辺が二センチメートルもある直方体の食塩の形も同じである。つまり、ここでは個人の認識構造の安定化構造と社会全体の安定化構造が基本的に同じ構造をとることを意味している。[1]

行為は、この構造の中で個人が社会的な知識としての意味を内在したものを行動として発現した現象であるということができる。したがって社会学の主題である行為は、この構造の中に意味を構成する知識をどのように組み込むか、目的をどのように設定するかでその構造を説明できることになる。[2] ここでは、行為の因数分解を行い、その構造を明らかにしたのちに、目的の違いによる行為の類型を考えていく。

(1) 行為の因数分解

「行為」は、社会学の対象そのものともいえる。この行為を因数分解すると「意味」と「行動」になる。行為とは、意味をもって主観的に理解された行動といってもよい。意味は〝主観化された知識〟でその人の理解の中で統合された知識や思考方法と置き換えることができるだろう。

ここでカギとなるのが意味を構成する知識と行為として現される行動との関係である。体で覚える、という表現があるようにこの知識には言語的なものと非言語的なものがある。言語的な知識は、外部化された知識の特性として論理的でなければならない側面があり、演繹的な展開に縛られる。同時にその特性として部分的なものであり、記述できるものしか記述できない性質を持っていると考えることが妥当である。

しかしスポーツや武道でもそうだが瞬間の判断を求められるときに、考えていては間に合わない。反射という言い方をされるが、訓練を通じて体がそのように動く必要がある。このような知識は、そもそもは外在的な知識であったものが、修練を通じて内在化し、非言語的な形で取り込まれたと考えることができる。

したがって、この行為を形成する意味としての知識には、言語的・演繹的・操作的な性質を持つ顕在的な知識と、非言語的・イメージ的・意識されない運動能力とつながる潜在的な知識があることになる。これを顕在的知識と潜在的知識と区分しよう。顕在的知識としての言語的な知識は、論理構造を持たないと共有されないために、論理的な一貫性が強く求められる。しかし論理性に縛られるあまりに既存の概念の操作に終始しがちであり、概念そのものの妥当性にはなかなか踏み込まないという現実を生む。

潜在的知識は暗黙知ともいわれるが、この構造も単純ではない。そもそも原理的に意識できない、生命として持っている知があるのかもしれない。またフロイトのいうような無意識があるのかもしれない。しかしここで扱うのは、社会的な知識が内在化されることで、意識されなくなった知識である。つまり〝知識として意識される知識として習得されたものであっても〝内在化して意識下に組み込まれた知識〟という区分に従えば、〝内在化して意識下に組み込まれた知識〟のことを指す。行為のほとんどが意識されると行為しにくくなることから考えても、この潜在的知識が意味を構成する中心であり、それが行動という形で表されたときに「行為」となると考えることができる。

(2) 行為の二つの形式　存在自目的行為と目的合理的行為

このような性質を持つ人間の行為を、マックス・ウェーバーは感情的行為・伝統的行為・価値合理的行為・目的合理的行為と四類型に分類した。この分類は人間の行為を、まさしく理念形として類型化した分類である。感情的行為とは、その行為の根拠が〝感情〟を原因とする行為となる。伝統的行為はその社会が安定している中で、その行為の意味を問う必要がなくなった状態が長く続いた場合に、〝過去にそうだったから〟ということを根拠に行われる行為ということになる。価値合理的行為は宗教のように世俗の合理性から考えれば必ずしも妥当性があるとはいえないが、

〝信じられている＝価値〟が行為の基準そのものであり、行為規範となっているということになる。

このような分類は意味があるが、その行為の意味を考えるうえではもう少し異なった視点が必要になる。例えば感情的行為は感情が行為の原因であるとすれば、それをそれ以上論じても意味がないし、社会学的に対処しようと思っても対応のしようがないということになる。しかし、その〝感情〟がどこから生み出されるのかという問いを立てれば、その感情は社会的な思考の省力化を〝感情〟として解釈し、わかりやすい形で理解されていると考えることができる。伝統的行為は伝統が行為の基準となっているということは、まさしく〝過去にうまくいっていたので、その意味を問う必要はない〟という形で思考の経済学が働き、思考の負担を減らしていると解釈でき、その遵守そのものが行為規範となっている行為であると解釈可能である。価値合理的行為はまさしく、信仰のように価値そのものに準拠した行為であり、その価値体系を信じることで、思考の負担をなくした行為であるということになる。このようにウェーバーの行為の四類型も実は本書の分析枠組みで分析し直すことで、社会学的にさらなる因数分解が可能になる。

最後の目的合理的行為は現代社会で支配的な行為類型であり、その目的と機能を解明することが現代社会学の主たる対象となっている。このような分類は現象をその基準にしたがって分類したものであり妥当性を持っている。しかしウェーバーの行為の四類型はすべてある意味での〝目的を持った行為〟と分類できる。例えば感情的行為の目的は感情の充足である。伝統的行為の目的はこれまでの生活を維持することであり、価値合理的行為はその信じる価値に従うことが目的である。つまりウェーバーの行為の四類型は目的論的な構造を持っていることになる。しかし人間の行為は、ウェーバーの行為の四類型のようにすべてを目的論的に考えることができるのであろうか。人間の行為を考える場合には、このような類型化する以前に、その性質から〝目的のある行為〟と〝目的が特に設定できない行為〟の大きく二つに分けて考える方が妥当性があると考える。

ヒトもほかの生物と同じように生まれてきて死ぬ。そこに意味を問うのは人間だけだろう。このような観点から人間社会の〝意味〟を考えたとき、じつはそれは〝目的論的な構造を持っていない〟ことがわかる。私たちが行為として意識しやすい目的合理的行為は、ある目的を達成するということのために合理的に行為する行為であり、その合理性は、あくまで目的があって成立する。

　しかし人間の存在や人間社会の存在の目的が何かといわれても、宗教的な形で人間を超越した価値観を持ちこまない限り、それを設定することはできない。宗教のような理外の存在を考えないのであれば、つまり論理的な展開の中で考えるならば、人間の存在そのもの、社会の存在そのものが目的であるとでもいうしかなくなる。その意味では、人間の存在には目的論的な構造を持ちえないので、それ自体が目的であるような仕組みを想定するしかない。社会全体の仕組みを考えるとき、それ自体が目的であるような行為＝存在自目的行為とでも呼ぶしかない行為こそが社会の根本となることは論理的に理解できる話である。

　人間社会そのものがそのようなメカニズムの中にいるという指摘は、栗本が過剰・蕩尽・快感理論を提出する以前より指摘されてきた。目的合理的な行為でない行為の典型は、祝祭といえる。リオのカーニバルなどにみられるように一年間ためた資産を一気に蕩尽するメカニズムは知られていた。日本の祭りもお神輿などを繰り出す、いわゆる〝おまつり〟の期間は数日だが、実は一年間の循環全体が祭儀であり、一年間貯めた過剰を一気に放出する「蕩尽」の部分を「おまつり」と呼んでいるということもできる。存在自目的にみたときに、普段の生活そのものが四季の循環の中での、祭りの中にあると考えることができるのである。

（3）存在自目的行為と遊戯

　このような視点から、〝遊び〟が人生の目的ではないのか、という問いは古くから指摘されてきた。『梁塵秘抄』にも白拍子の歌として「遊びをせんとや生まれけむ」と歌われている。厭世的なイメージとも結びつくが、それを否定する根拠も見出せない。ホイジンガがその著書で膨大な歴史研究に基づいて、この社会を〝遊び〟とみて、私たち人類を「遊ぶ人＝ホモルーデンス」とし、『ホモルーデンス』という名著を著している。近代合理性の権化のように行為理論をシステム化しようとしたパーソンズであっても、遊戯の重要性を理解しており、遊戯の方が本質的だと気がついていた節がある。いうまでもなく遊戯に特に目的はなく、その遊戯そのものに価値がある。

目的のない祝祭や遊びは、目的合理的な価値観のなかで生活している現代の私たちからみれば〝何という無駄なことをしているんだ〟となりがちである。しかし社会は本質的にその存在自体が目的である、ということを否定することは、神の国の実現などの宗教的な価値観を持ち込まない限り難しい。したがって歴史的に考えると目的合理性が圧倒的な価値観になったのは、資本主義の精神が広まる中で、社会が目的論に移行し、それまで主流であった、循環的な快楽と蕩尽のサイクルが圧倒されていった結果といえる。そこでは祭儀を通じた循環的な安定的メカニズムが破壊され、資本主義という形で、蓄積の継続が行われるようになった。その結果として環境問題に象徴されるような地球の生態系を脅かすような負荷を生み出し、人類の存在そのものを脅かしているのかもしれない。

このように私たちの社会の在り方を、栗本らのように過剰と蕩尽のシステムとそれを行う理由としての〝快楽〟という点から考え、私たちの社会が大きな地球のエネルギーフローの在り方によって規定されているという形に還元して、それを解釈することは可能である。しかしそれで十分に問題が説明できるわけでもなければ、社会課題が解決できるわけでもない。

しかもそこに還元することは、エネルギー規定論とでもいうべき宿命論をつくり出し、人間の営為の意味の解明につながらない。このような還元は、私たちの社会を構成する制約条件でしかないものを、それがすべてであると考える誤りを起こすことになる。社会科学として私たちが直面している課題を解決に向けるためには、その規定要件を制御している、つまり形を与えている人間の再帰的認識能力がもたらす重大な結果を考える必要がある。私は、そうすることで初めて私たちの様々な行為の理由が説明できると考える。

普段の生活は目的のある行為とその行為そのものが目的である行為が結びついて存在する。「コミュニティ」や「ゲマインシャフト」は、実はその存在そのものが目的の集団であるが、集団を維持するためには維持に必要な機能を満たす必要があり、目的合理的な要素を含みこんでいる。これを個人の視点からみて組織の有無を問わない概念が「プライマリーグループ」であるといえる。

(4) 目的合理的行為・中範囲の理論

このような生きることそのものが目的とでもいうべき存在自目的行為に対して、様々な目標を設定し、その目標を達成するための行為があり、それが社会学の中心的な対象とみなされてきた「目的合理的行為」である。マックス・ウェーバーがいうようにそれは明証的であり、理解が容易である。社会学の用語でいえばそのような社会集団は、コミュニティに対する「アソシエーション」、ゲマインシャフトに対する「ゲゼルシャフト」になる。

目的合理的行為はその行為の目的の意味を問わなければ理解が容易である。日々の生活のなかで目的が前提であれば、その意味を問わなくても生きていける。その意味を問うことは社会の変わり者であり余裕を持った学者（スカラ）である哲学者の仕事とされ、一般的な生活には関係ないとみなされる。つまり前提を棄却することで、思考の負担を軽減している。

この目的合理的行為は、人間の持つ論理的・演繹的な思考能力から、なぜか多くの人にとって理解可能である。それがなぜ理解可能であるのかについての本質的な議論は、心理学や脳科学の発達を待ちたい。本書ではその事実だけが重要なので、なぜ理解可能であるのかについては踏み込まない。

社会科学的にみたときの明証性という点に関していえば、比較できる現象に関しても、同じ考え方が適用できる。

比較できるということは、集団の違いによって共有されている文化＝つまり非言語的に共有されている知識が違い、意味が違うということを意味する。そこでは比較を通じて、その差を明らかにすることで、対象を構成している性質が明らかになる。したがって比較可能なものに関しては、いわゆる社会科学の調査手法を使用して、その対象の置かれた様々な条件やその中で構成されている意識を統計的に処理することができ、相対的に〝実証〟することができる。そしていわゆる〝客観的〟に理解することが可能になるのである。

また生物学的な視点からの指摘であるが、生物は生存競争に晒されていて、わずかな違いが生死を分ける。したがって基本的に生物の行動は、目的合理的にならざるを得ないという指摘がある。[3] これは非常に短い時間における競争であり、社会で私たちが競争と考えるものと同様である。したがって短期における競争の生き残りという視点から考えても目的合理的な形をとることが理解できる。

しかし本書が注目するのは、このような短期の集積で全体の合理性が成り立つわけではないということである。目の前の短期の戦いを勝ち抜かなければ生き残れないとしても、勝ち抜いただけの結果を集めただけであれば、やはり全体として破綻する。人間は長い時間をかけてそのことを学び、外的条件を組み込む形で、過剰と蕩尽の循環系をつくり出したのだと考えることができる。言葉をかえれば循環系だけが永続的に維持できる仕組みなのである。

（5）現代社会の目的論的構造

このような理解に立つとき、現代社会が目的論的な構造を持っていることに注目する必要があることがわかる。おそらく西欧においても宗教改革までは過剰と蕩尽のメカニズムの中で循環的に行われてきた富の生産と消費がプロテスタンティズムの中で蓄積する一方となった。蓄積しなければその寡占もそれによる支配もない。そこでカール・ポラニーが唱えた、「社会に埋め込まれた経済」から「経済に埋め込まれた社会」への『大転換』が起こったといえる。[4]

経済が循環構造の中に組み込まれていたものが、経済が目的となることで目的論的な構造を持つようになったと解釈することができる。

ウェーバーが『プロテスタンティズムの倫理と資本主義の精神』で示した、富の集積の正当化が、その媒介である貨幣の価値化をつくりだした。つまり貨幣が交換の媒介物ではなく、その役割を超えて社会的価値に転化した。いわゆるマルクスのいう〝貨幣の物神化〟が生じたのである。

またカトリックにおいて、その信徒が聖書を読むことはほとんどなかったが、プロテスタントは直接聖書を読むようになった。そこにあるのは終末思想であり、神の国の到来を目的とする思想である。予定説と「裁きの日」に対する恐怖が、人々の勤勉の原動力であった。そして資本主義が目的論的な構造を持っていたことで、近代において資本主義が世界に広がるなかで、世界中が目的論的な構造を持ってしまったといえる。

自然のリズムと同じように、一年という単位で集積と蕩尽が生じている循環的な社会であれば、その集積も限界がある。しかしその循環性が壊れ、目的論的な構造になると、人々は勤勉に富を集積し、それがさらなる投資を生み、さらに大きな経済活動を起こしていく。

そのような大きな経済活動は、地球の生態系に過剰な負担をかける。これがまさしく現在の環境問題であるといえる。かつて開発途上国の経済システムが様々な意味で西欧的でないことが後進的であると否定的にとらえられてきた。しかし、経済を生態系の循環システムとしてとらえる観点から考えれば、循環システムが持っていた持続可能な経済システムを資本主義のシステムが破壊したと考えることができる。逆にいえば前近代のシステムで生活していた地球上のほとんどの地域はＳＤＧｓが目的とする持続可能性を組み込んでいたといえる。

先進国の社会の価値観の中で発達した社会科学は、その目的論的な観点からなかなか離れることができなくなった。したがって意味で社会学のかなりの部分もまた目的合理的な思考に縛られてきたということができるのである。

2　反知性主義

前述したように行為は、目的によって区分される。そして経験的な全体性を見失って成立した近代において特徴的な行為は、まさしく目的合理的行為であるといえる。ここで寄り道をして、この目的合理的行為にも存在自目的行為にもおそらく該当しない、もしくは価値合理的行為または目的合理的行為の亜類型として、目的をユートピアに置き換えた行為を「反知性主義」の視点から考えてみよう。

この反知性主義は人類の長い歴史の中に組み込まれていたともいえるが、それが極端な形で発現したのは近現代のことであり、その意味で近現代を特徴づけるものといえる。そして近現代における反知性主義は、社会を破壊するうえで歴史上かつてなかったほどの力を発揮した。とくにマルクスによって科学的という表現を与えられた預言は、多くの悲劇を生んだ。科学が、ある理念（神）に殉ずれば救済されるという意味での信仰に転化し、すさまじい思考放棄を生み、全体主義の指導者の意見に反する命はあまりにも軽く失われた。

現時点から考えれば、〝真理が先にあって、それに様々な事象を当てはめる〟というのは科学ではない、ということがいえる。科学が本質的に真理、つまり宇宙や社会を統べるような法則を希求する営為であることは、事実であろう。本書も筆者の視点で社会学が陥っていた陥穽を明らかにすると同時に、まさしくその事実そのものが原理として社会を構成すると考えている。しかしながら、それはあくまで現実の事象から帰納的に導き出された観察であって、それで未来を予言するものではない。そして現実が反証の形で例外を突きつけ、それが理論の範囲で解釈できなければ、理論の方を修正しなければならない性質のものである。

ところがマルクスは自らの理論から展開される未来を必然と考え、それを科学と主張した。マルクスは、空想的社会主義が主張した理想主義的な楽観論を排した。この点が科学の名にふさわしかったのかもしれない。しかしそこでは楽観論の代わりに、被害を受けているプロレタリアートが政権をとるという形での〝ルサンチマンに基づいた応報的宗教性の観念〟がその理論を支配することになった。一般的にいって支配階層にいてこの世の春を享受しているごく少数を除いて、ほとんどの人は自らが恵まれて幸運に支配されていると考えるよりも、不公平を感じ、自らが虐げられていると感じるのではないだろうか。このような誰にでも存在しうる被害者意識をくみ取り、その救済を示したところは、まさしくユダヤ教やキリスト教の構造のままである。小室直樹が指摘しているように、形を変えた神の国の預言者となったということになる。被害者意識は共感を呼びやすい。

歴史的には、社会的に恵まれていない社会階層の持つ被害者意識や反発を権力で抑圧する、つまり幸福の神議論で抑圧するというのが一般的であったといえるだろう。マルクスは抑圧からの解放を訴えた。しかしながらそれは抑圧される立場にいた人の解放を導いただけにとどまらなかった。抑圧からの解放を希求するという社会的正当性は、被害者意識に基づくルサンチマンのエネルギーを背景に、科学的という名の必然論のもとで、全体主義を生み出し、巨大な思考放棄を生み出した。マルクスの理論は善意の知識階層にも共感を生み出したが、社会の底流に存在するルサンチマンとも結びついた。そしてマルクスがつくり出した、結果としての全体主義と思考放棄は、人類史上最大級の人的被害を生み出した。今も続くこの問題を考えるために、〝考えたくない〟という意味での反知性主義について検討していく。

（1）反知性主義とマルクス

歴史的に考えれば、ルサンチマンや反知性主義と結びつくことで、人類社会に甚大な被害を与えたマルクシズムだが、その本質の議論はここでは行わない。巨大な思想は様々な側面を持っていて、一つの切り口だけが真実であるわけではない。実際、知的な善意の若者に、マルクスの思想に存在した弱者救済の思想や、虐げられたものへ目線が共感をもって受け入れられたことは事実である。そしてそれがフロイトの精神分析学と結びついて、反知性主義の対極にあるようなフランクフルト学派の難解な理論構成を生んだことも興味深い。フランクフルト学派はマルクスの思想とフロイトの性的な欲求を共通の基盤に据えた研究を行った。いずれにしても通常の学問では扱いにくい分野を扱い、知識人に衝撃を与えた。いわゆる合理的で明証的なものを過剰に強調する近代に疑問を提示した意味はあったのだと思う。しかし、それが社会理論として社会の解明にどれほど貢献したのかは寡聞にしてあまり知らない。

マルクス主義は、ある種の理想主義として多くの知識人に影響を与えたとともに、社会福祉の実現など社会政策の面でも大きな進展の原動力となった。同時に科学という名の思考放棄や、さらにはソビエトのスターリン粛清、中国の文化大革命のように指導者の綱領だけを信じ込み、それが真理だとし、それに反対するものを排除した思考放棄を生んだ。この新毛沢東主義が持っていた知性への反発、〝無垢な聖なる無知〟への信仰とでもいうべき思考放棄が、貧困を背景に民衆の支持を受け、カンボジアのポルポト支配、ペルーのセンデロ・ルミノソのような活動も生んだ。これらはマルクスの理論からもかけ離れていたかもしれないが、ある種の理想郷の設定と革命を通して、そこに至るまでの被害の是認という共通点を持っている。

科学、つまり自然の法則を無視した政策は多くの悲劇を生んだ。カンボジアでもS21（トゥール・スレン政治犯収容所）の悲劇は知られているが、それ以上に死者を生んだのは、ポルポト水路の失敗による飢餓であったことは注目されてよい。水が重力の法則にしたがって高いところから低いところへ流れるという、当然の物理法則を無視して水路を掘っても水は流れない。その結果、筆者の推計によれば当時のカンボジア人口の三分の一が生まれることができなかったか、死亡した。さらにいえば当時のカンボジアではオンカー（クメールルージュ）の不謬性が強調され、オンカーに対する忠誠が強調された。子どもたちに対し親を密告することが推奨され、社会の紐帯の最も基盤といえる家族制度の破壊も試みられた。[6] まさしく反知性主義が生んだ現代史上の悲劇である。

さまざまなマルクス主義の派生は、マルクスが願った対自的階級（Klasse für sich）によって理想的な社会を構築することではなく、考えることを放棄して、不満を原動力とする暴力へ転化したことは極めて残念なことである。そしてその根拠が『共産党宣言』による暴力革命の肯定にあったことは否定できないだろう。まさしく巨大な思想体系を構築した社会科学者・社会思想家が社会運動家に変わった結果として、導き出された壮大な悲劇であったといえる。

しかしそれでもマルクスが社会科学者として豊饒な業績を上げたことは事実である。本書でも重要な意味を持つ非言語的な知の在り方を〝類的存在〟という概念を導入することで示した。マルクスは『経済学・哲学草稿』で人間を〝類的存在〟としてとらえ、まさしく環境で規定される知、つまり人間が置かれた環境で、その価値観が意識されない形で規定されてしまうと考えた。[7] それは人間を生物的な個体として扱うのではなく、人間が非言語的な社会的関係を含む形で、〝自分を自分であると理解している〟ということを示している。

マルクスはこの考え方を階級闘争の理論に展開し、階級間の理解の不可能性を主張した。しかし知識社会学の創始者といわれるカール・マンハイムは、階級闘争の必然論を相対化し、〝存在被拘束性〟という形で社会学の中に位置づけた。マルクスの場合には、その卓越した知見が論理の演繹展開の中で、皮肉にも徹底した思考放棄を強制する手段となっていった。環境によって規定される知の問題をマルクスは展開し、ユダヤ教の応報的宗教性を適用し、階級闘争の理論として階級間の相互理解ができないという理論を打ち立て革命理論に展開した。そしてそれは一種の宗教に置き換わり、前述したように反知性主義と結びつき二〇世紀に人類史上例をみない悲劇を生み出した。

マルクスによる論理展開の中で、環境によってその考え方が意識しない形で規定されるという考え方は、科学の名のもとに決定論的な信仰に転化し、階級闘争の理論に転化したのである。つまり資本家とプロレタリアートのように立場によって利害が異なった場合、その利害が相対化されることはなく、革命によってプロレタリアートが独裁しない限り、人類の解放はあり得ないという理論につながっていった。必然論へと転化することで、いわゆる科学的社会主義という名の宗教の根拠になっていった。[8]

マルクスは〝宗教はアヘンである〟と述べた。このように信じるという形での宗教を否定したはずのマルクスが、自らの定義する科学的という名の理性への信仰を主張した。その結果として皮肉なことに科学的という名の反知性主義が成立したのである。そしてこのマルクス主義に起源をもつ反知性主義が人々のルサンチマンを拾い上げる中で、暴力革命が正当化され二〇世紀において人類史上最大の災厄が生じてしまった。マルクスの理論にその根拠性を求めることができるスターリン粛清や文化大革命は千万人単位での犠牲者を生んだ。[9] 二〇世紀における革命では世界大戦に匹敵するほどの人命が失われたのである。[10] 反知性主義は、必然論と結びつくために、相互理解が不可能であるならば相手を抹殺するしかないという考え方とも親和性を持ってしまう。そして反知性主義の背景にあったのは素朴な民衆がわかりやすい〝生活感覚の理解こそが善〟なのだという考え方である。

（2）反知性主義が成立する背景

反知性主義によって、これまで意識していなかった非言語的知の優位性を突きつけられた多くの知識人は、これらの思想に対する明確な反対意見を述べることができない状態に直面し、狼狽した。それに加えて民衆による圧倒的な暴力の前に沈黙を強いられたのである。これらは理性に対する不信であるとともに、無知なる者こそが神聖であるという「パルジファル」や『ハックルベリーフィンの冒険』、『トムソーヤの冒険』にもみられる欧米の思想的な潮流ともつながるもので、実はかなり根深いものを持っている。欧米だけでなく現代日本でもＮＨＫの子ども向け番組『忍たま乱太郎』の歌（〇点チャンピオン）や先日亡くなった鳥山明の作品で世界的に大ブームとなった『ドラゴンボールＺ』主題歌「CHA‐LA　HEAD‐CHA‐LA」（頭カラッポの方が夢詰め込める）などは同じ感性を歌っているといえる。

理性に対する不信というのは、実は理性の妥当性に対する不信であるといってもよい。科学者はその発見の妥当性を信じ、真理を探究しているが、その全体像を最初から理解できているとは限らない。多くの場合、自分の研究分野で発見するだけで精一杯である。したがって科学的な発見を含め、歴史的な検証を経ていない発見や発明や考え方は、その結果として生じる副作用やマイナス面については発明者にとっても十分理解されていない場合が多いのである。

新しい技術や発明がなされたときには、その意義を示すために、そのメリットだけが主張される。しかし、そこで生じる可能性のある被害に関しては、その発見時や導入時には思いつかない、もしくは軽視されるというのが一般的であるといえる。

この最も典型的な事例が、まさしく東日本大震災（地震と津波）によって生じた福島第一原子力発電所の原子炉破壊であり、その後の被害であると考えることができる。この問題は原子力発電の開発が急速に進められた一九六〇年代には、現在議論されている高エネルギー放射性廃棄物の処理の難しさを含め、原子力発電に伴って生じる危険性はほぼ完全に理解されていた。それでもなお、専門家の間には〝原子力の使用によって生じる被害を踏まえたうえで、リスクをとるのは当然だし、多少被曝をしてもこの科学の生んだ便益を使用できない人たちは時代から取り残される〟という見解が少なからずあった[11]。

この時代精神を裏づけるように、筆者が子どもの頃に読んだ子ども向けの科学雑誌では、原爆を使って土木工事を行うなどのアイディアが当然のことのように記載されていた記憶がある。今では想像もつかないような考えがあり検討されたのである。原爆開発に中心的な役割を果たしたフォン・ノイマンのように、そういう発想があるならば、それを実現するべきだ、と考えた科学者たちもかなりいたということである。

一九世紀から二〇世紀にかけて近代化が急速に進む中で、かなり乱暴に新しい技術は導入された。マルクスが目撃したのは、人類史上初めて化石燃料のエネルギーを使った蒸気機関が導入され、労働者が資本家の道具として使い捨てられている現状だったといえる。この石炭の採掘では児童労働など悲惨な労働が現出し、ばい煙はロンドンを覆った。霧のロンドンといわれるが、その実態は石炭を燃料とした工場のばい煙であり、それは大気汚染を引き起こし、呼吸器系の病気も広がった。

新しい技術の導入で利益を享受した人がいた半面、被害を受けた一般の人たちにとってみたら〝騙された〟と思うことがあったことは想像に難くない。このような事例を背景として反知性主義が力を持った。ある意味でユートピアの存在を前提とし、わからないものの背景にある真理を追究するという科学の視点とまったく逆の、答えを前提とした中での必然的な史観を科学と僭称した。そしてそこにあるのは虐げられたものが支配者になるというユダヤ教的な被害者意識に基づく観念であった。マルクスは、経済学の膨大な研究の下で、必然論を展開し、科学と名乗った。マルクスの資本論は社会科学の研究書ではなく、そこに救済の方法が書かれている「聖典」となってしまったのである。答えがあるならば科学研究は必要ない。科学研究とはわからないことの不安に耐え続ける営為でもある。

一九世紀末の科学主義の中で、皮肉なことに科学の名の下での反知性主義が多くの支持を得た。それが科学の名を持ち、人間性の回復を掲げていたからこそ、善意の社会科学者ほどその影響を受けてしまった。知識人は、科学や進歩という価値観に従い、理想論に心酔する形で結果としての反知性主義を推し進めたのである。

これとは別の形で知識人ではない多くの人たちにとっても、反知性主義は親和性を持っている。その背景にあるのは科学や理性への不信である。実際、科学の進歩が肯定的な影響ばかりではなく、否定的な影響を与えてしまうという事例が枚挙にいとまがないことも事実である。X線が発見された時には、その被曝の問題などが考えられることもなかった。放射性物質であるラジウムもポロニウムの発見もそうである。その発見者であるマリー・キュリーの遺体は今なお放射能レベルが高すぎて危険な状態にあるという。

知の特性から、発見とは部分的なものである。ある発見や発明がなされたとしてもその望まれた機能とともに想定しなかった逆機能が把握され、その全体が理解されるためには、相当長い時間が必要となる。そして多くの場合、後付けの説明はできても事前の予測はできない。したがって一般の生活感覚からいえば、科学の名の下で行われる発明や発見がもたらす光と同時に影を正確に理解できるかといえばそうではない。そして知らないことは不安につながる。その意味でいえばマルクス主義から派生した反知性主義は、知識人と大衆の双方に訴えかける力を持っていたことになる。

事実問題として、新しい発明や発見というものは必ずしも良いものであるとは限らない。むしろこれまでの生活を破壊し、変化させていく存在でもある。その意味で知性に対する疑問や不信は、むしろ妥当なこととして考えることができる。

このような背景から産業革命が生んだ影の部分に注目し、資本主義の中で富が寡占化される状況を踏まえて、階級闘争の理論が生み出された。蒸気機関の発明などによってそれまでと桁違いのエネルギーを利用した生産が可能になり、それを可能にする資本投資は資本家階級によってなされ、労働者は機械と置き換え可能な労働力を提供するだけの存在に変化していった。このような時代背景を考えれば、マルクスの理論が受け入れられた理由も理解できる。

このように技術変化は社会の在り方も変える。現在ＡＩがある閾値を超えて大幅に進化するＡＩシンギュラリティが間近になっている。産業界もその利用法を探ることで他社よりも先にその果実を得たいと思い、その習得に懸命になっている。このＡＩシンギュラリティは、産業革命よりも大きな変化を私たちに迫り、人類史上経験のない変革を私たちに迫ることになるだろう。しかし、やみくもな警戒と楽観主義のはざまで、そのことがもたらす影響が十分理解されているわけではない。経済学的な視点から見てＡＩシンギュラリティが私たちに突きつける最も大きな変革は、生産と労働が完全に分離する可能性があるということである。これまでシュンペータが提案してきたイノベーション論に見られた生産性の向上や寡占化よりも、より深刻な影響を与えることはまず間違いない。

話をマルクスと反知性主義に戻すと、マルクスが提示した階級闘争の理論の中で協調という概念は拒否され、被害を受け続けてきたプロレタリアによる政権の独裁だけが社会を救うというテーゼが生み出された。しかし、その後どうなったかは、まさしく歴史が示すところである。

新毛沢東主義はともかくとしても、そのような形の〝無垢なる野生〟や〝神聖な無知〟は知性の限界を感じた知識人をも魅了した。そして知識人そのものがその結果として当然生じる被害を予測できるにもかかわらず、そこに対する解答を出すという責任を放棄した。[12] そしてその現状は今に引き継がれている。これらの点から考えれば、このような本当に大きな問題を抱えている反知性主義は単純に否定できるものではないということがわかる。それが成立し、力を持つのは、その背景に新しい知識に対する潜在的な不安が存在していることと人々の考えたくないという強い欲求が結びついていることを忘れてはならないということになる。そして反知性主義は、知識人が知性との闘いを放棄したところで力を持つのである。

（3）ウェーバーによる相対化

このマルクスによる科学的装いをとった必然論の展開に対して、マックス・ウェーバーはほぼ完ぺきな反論をしている。ウェーバーの叙述の特色でもあるが、反論という形で提示せずに、まったく別の装いをもって反論する。価値観の極限である宗教を社会学的に相対化して見せ、今なお適用できる重要な視点を提示している。その膨大な宗教社会学研究の序文にあたる『宗教社会学論選』のなかで、ウェーバーは逐一マルクスの理論構成に対する反論を行っている。このことは改めて注目すべきである。

ウェーバーが社会学をつくっていく中で、社会学の基本的な考え方として、資本主義であれ共産主義であれ、それはある時代精神の中で生み出された相対化されるべき価値観であって、絶対的なものではないという視点がそこにあったと考えることができる。ウェーバーは『職業としての学問』の中で、法学を公理主義によって構成されるスコラ的な学問として位置づけており、スコラの体系の矛盾を指摘している。商法学者として商法の元になっている現実的な経済活動を研究するために経済学に足を踏み入れ、営利を追求するという多くの人々にとって〝当然〟と思われている価値観、つまり資本主義的な合理主義すらもヨーロッパのプロテスタンティズム、特にカルビン派の禁欲の精神から生み出されたと示した。これは法学者として公理の中にいたウェーバーがその公理の矛盾に気づき、それだけでは社会問題に対応できないと考えたことを示している。

いうまでもなく各国法の適用範囲は各国の主権の及ぶ範囲にとどまるが、資本主義は各国の範囲を超えて影響を及ぼし、現代社会の中においてある意味で普遍的な価値観と受け入れられている。ウェーバーの研究は、この資本主義もヨーロッパの文化的な価値観の中で生み出されたものであって、普遍的なものであるとはいえないことを明示したといえる。

私の知る限りウェーバー自身は明確に書いてはいないが、ウェーバーの一連の宗教社会学的な研究、支配の社会学の研究の全体をみたとき、支配の正当性が成り立つためには、人々の理解として、それらの価値観が人々にとって〝普遍的であり、合理的であり、正当性のあるものであると受け止められること〟で社会の秩序構造が構築されていると理解していたと考えられる。

ウェーバーはその方法論の基礎をヤスパースの『精神病理学原論』に準拠していると明確に述べている。[13] そのヤスパースが現象学的な分析の中で了解心理学が成立すると述べていることを考えると、ウェーバー自身の方法の根底に現象学的なエポケーがあったということがわかる。社会学的な分析を行う場合、その価値観の中に入ってしまってはその価値観を理解することができない。価値観を分析する際には、その価値観そのものの分析と同時に、それは〝そのようなものだ〟として理解しなければ、その分析はできないことになる。

そのような方法論的な理解にしたがっているとしても、ウェーバーにはヨーロッパ社会の普遍性や科学の基盤としての合理性を〝信頼したい〟という願いがあったことは事実だろう。しかし〝普遍的であると信じたい〟と書いてあるということは、逆説的にヨーロッパの価値観も、近代合理主義もそれが普遍的であるとは限らないということを認識していたということを示している。

3　意味世界の構造

(1) 本書の理論からみた意味世界と価値観

ここで社会学的な研究対象である行為を規定する存在であり、私たちが社会的存在として行為するための媒介ともいえる意味の構造の分析に移っていこう。そうすることで本書が提示する理論と既存の社会学理論の接合を図ることができる。価値観と意味はどちらも社会的に共有された情報(知識)といえる。その両方とも顕在的・言語的に共有されている部分もあれば、一人ひとりの中に内在化され潜在的・非言語的に共有されている部分もある。

これからその在り方について解明していくが、行為というものが適切に機能するためには、顕在的に言語的に共有されている知識よりも、潜在的・非言語的に内在化され組み込まれた知の方が圧倒的に重要な役割を持っていると推定せざるを得ない。そして価値が基本的に判断の基準となる尺度を表すのに対し、意味は懐かれたイメージと結びついた知(情報)であり、世界内存在としての人間が世界を理解するための情報であると考える。この定義づけからいえば価値観は意味の一部であり、行為の判断基準を形づくるものであるということになる。

本書では、人間が再帰的認識能力を持つことによって生じる認識論上の不可知性を避けるために、私たちは多大な努力をして認識空間的に安定化する機構をつくり出しているということを基本的な論理としている。この構造の中で、私たちは刻一刻と五感を使って自己の確認を行っているが、すべてをゼロから確認することはできない。その中で社会的な知識としての意味世界を共有することで、実際上の社会生活をなしている。つまりこれから述べる〝意味世界〟は人間の認識構造と社会の間を埋める存在であるということになる。そしてこの意味世界は社会学が主要な研究対象としてきた領域である。この意味世界がどのようなものであるかについて、少し考えてみよう。

一般的に私たちは自分が考えて行動していると思っている。つまり自分の行為は、意識的に考えている主意によって決まっていると考える。そしてその傾向は知識人ほど強いといえるだろう。論理実証主義や記号論理学も基本的に顕在的情報の操作ルール、規則性にその研究の焦点が当たっている。

さらに象徴的相互作用主義や構造主義、現象学の研究者によって、意識されていない意味世界の解明に進んでいった。顕在的情報はある意味では明示的に情報共有を行うために存在するといえる。したがってその時代や情報による制約はあるとしても、論理的である必要があるし、論理性を持った演繹的展開をすることになる。

しかしながら実際の行為を考えていく場合には、行為が行為として円滑に行われるためにも、そのような明示的な知識の果たす役割よりは、内在化されエンベッディッドされた知識の方が圧倒的に大きいと考える方が自然であろう。[14]

（2）意味世界の構造と存在被拘束性

内在化されエンベッディッドされた知識は、私たちにとって〝意味〟として理解されているか、もしくは意味を構成する要素となっている。したがって私たちが準拠して行為している意味世界は、社会学的にいえば、個人の中に内在化されて、ほとんど存在被拘束的に形成されているといえる。

マルクスは〝類的存在〟として人間を定義し、結果として人間を取り巻く非言語的な意味世界を提示した。マルクスは、生活で拘束されている類的存在としての人間が、その立場によって規定され、その価値観は相互理解ができず、故に虐げられたものが正義を回復するためには革命を起こさなければならないと考えた。そしてそれは科学的必然であると主張した。それに対してその理論を相対化したのがマックス・ウェーバーである。そして、それを社会学の用語として確立したのはカール・マンハイムであり、その著書『イデオロギーとユートピア』で提示した〝存在被拘束性〟という言葉になる。

マンハイムは、存在＝あること＝つまり普段の生活の中で、被拘束＝つまり考え方が決まってしまう、という現象を「存在被拘束性」と名づけ、社会学の用語として理論化した。これはマルクスの類的存在を社会学的な視点から相対化し概念化したともいえる。存在被拘束性という用語を創出することで、どちらが正しいという議論を排除し、立場によって拘束されている知の在り方を言語化することができた。

そして社会学的なパースペクティブの中で、文字に書かれているような知識だけを知識と考えるのではなく、知識が生み出され、知性が生み出される母体として、その人たちの生活や習慣がその人の考え方を大きく規定しているということを示した。それまで知性というものは、主に、文字で書かれた具体的な知性を指すと考えられていたといえるだろう。それに対しマルクスの提示した類的存在、ウェーバーの理解社会学における理解の概念、ジンメルの形式社会学を継承する形で、マンハイムが非言語的な知識を〝存在被拘束性〟という形で概念化したのである。その概念化によって、実は非言語的な知の上に初めて理性や知性、理論というものが成り立っているということが明確化したともいえる。

冒頭で述べたように、この相対化によって社会科学の研究者が研究する際にその意識されていない社会関係によって、つまり前提としている価値によって研究そのものがすでに規定されていることが明確になった。その結果、社会学、社会科学の客観性というものは存在するのか、という問いを改めて提出することにもなったのである。

（3）ウェーバーの価値自由との関係

この問題は、いうまでもなくウェーバーの提出した「価値自由」の問題と深くかかわる内容となる。「価値自由」の問題は、理解されていない、もしくは誤解されていることが多い内容である。明らかなのは、ウェーバーは〝絶対的な価値自由があるということは述べていない〟ということである。述べているのは逆で、研究者個人が価値から離れられないからこそ、科学としての中立性を保つために可能な限り客観的な手法をとるべきである、ということである。そして、それを科学者の倫理としてその研究の実践において実現すべきであると強く求めている。

自然科学の分野でも生じ得ることだが、特に社会科学においてみられがちなのが、研究者が研究の成果を自分の意見としてではなく、科学的という名のもとに客観的かつ中立的な意見であると主張することである。しかしそれは厳密に考えれば、実は様々な制約の中でしか論じえない内容を、その制約を無視して一般化し、普遍的な真理であるかの如く述べている場合が多い。[15] ウェーバーのいう価値自由とは、十分な検証を経ない言説を不変の真実のごとく述べ、それによって自らの利益を誘導しているにもかかわらず、責任を取らないということに対する強い批判であったといえる。もっというと、このことはマルクスが提示した科学的社会主義に対する批判にもなる。

マルクスの理論は、マルクスが考えた理想郷が絶対的な真実であり、そこに至るための社会活動はすべて歴史の必然としてそうなるものだという考え方に基づいている。いまではすっかり力を失った考え方であるが、一九九〇年頃に生じたソ連邦の崩壊までは、まじめにそう主張する知識人は洋の東西を問わず少なからず存在した。

この実は根拠のないイデオロギーを理想化し、思考すること止め、異論を排除し、信じることで救われるというユダヤ・キリスト教的な言説に対して、価値自由の考え方は近代合理性としての科学の信奉者であったウェーバーが出した批判であったと考えることができる。

第一次世界大戦のあと、ワイマール共和国に課せられた膨大な賠償に疲弊していたドイツ国民にとって、〝共産主義や社会主義という名の神の国がくる〟という言説は、訴求力を持っていたと考えられる。共産主義や社会主義でないとしても、だれか救世主が顕れて世の中を救ってくれる、という信仰に飛びつく可能性について、強い危惧を抱いていたのだと想定される。

自らの責任で発言するのではなく、ユートピアを示すことは、思考の放棄を容易にする。そしてその思考の放棄の中で、指導者を求める動きにつながり、社会をさらなる危機にさらすことになる。いうまでもなくドイツではその後、ヒットラーという指導者が現れ、予言とその成就という、ユダヤ・キリスト教的なカリスマ形成プロセスを演出し、第二次世界大戦へと入っていった。ウェーバーの懸念が当たってしまったのである。ドイツではヒットラーという指導者の下に国民がまとまったが、世界的には共産主義が大きな影響を与えることになった。

その当時、いわゆる左派の学者は、科学的社会主義の名のもとに、自らが自らの責任として言説を発表するのではなく、マルクスのいったことが〝正しいから正しい〟という論理を展開した。筆者が一九九〇年代の中国で調査をしていたときに、中国側のカウンターパートから、昔は『資本論』をどれだけ覚えているかが賢さの基準だったと聞いたことは印象的だった。それが『資本論』ではなく『毛語録』であっても同じである。ユートピアを示した経典が絶対の真理であれば実は社会科学は不要となる。

ユダヤ人を憎み、迫害し、ジェノサイドを行ったヒットラー自身が、ユダヤ教における預言者による預言の成就のプロセスを踏襲し、まさしく旧約聖書の預言者の役割を演じることで、権力を握っていったのは大きな皮肉といえる。そして科学的社会主義の名のもとに宗教を否定し、過去の社会主義を葬り去ったマルクスも、自らが記した『資本論』を聖典とする主張を行ったのである。

一九〇〇年代の初頭は、まさしく共産主義が理想主義的に力を持った時代である。その時代に理性を信じ、その限界を踏まえたうえで社会学を構築していったウェーバーの努力は壮絶なものであったと同時に、やはり時代のなかにあったということがいえる。

この時代背景の中で、第一次世界大戦敗戦の経験から、ウェーバーは科学と政策の峻別を求めた。〟社会の仕組みを解明する科学がきちんと成立しなければ、有効な社会政策を行うことはできない。その解明が社会科学者の仕事である〟。そしてその政策への適用は〝国民に責任を持てる立場の政治家の仕事だ〟ということである。

科学の名のもとに無責任な言説が横行する状況を批判し、学者は学者の仕事を、政治家は政治家の仕事を責任をもって行うべきだと述べたのが『職業としての学問』と『職業としての政治』だといえる。実際のところ私たちがその時代のすべてを知ることはできない。どんな状況であっても、どんなに社会科学が進歩しても、不十分な情報で全体を決定してしまうような、いわゆる過少決定の誤謬から逃れることはできない。

そのようななかで社会をどう運営していくのか。ウェーバー自身が明確に述べているわけではない。しかし彼の宗教社会学の研究を踏まえれば、依法的支配の原則に基づき、手続きによる正当性を踏まえた中で、政治家として選挙で選ばれた運のよい人（神の恩寵を得た人）が自らの責任で選択していくしか、方法がないということを考えていたのであろうと推察できる。そのような論理から考えれば、政治家でもない学者が、教師という立場を利用して、確証も持てない内容を、教会で布教する如く、大学の教室でシンパをつくり、若い学生たちの偽指導者となり、責任も取らない形で、その若い学生の人生を誤らせることに強い憤りを覚えることになる。

社会科学の研究者であるならば、いくら相対的な価値観を標榜していたとしても、自らの研究が何らかの形の真理を明らかにするものであるという、隠れた信念を持っていると考える。誠実な研究者であれば、わかっていないからこそ研究をしているので、その真理そのものがお手軽に言語的に表せるとは思っていないだろう。本書も〝原理〟と銘打っているが、そこに明確な反証が示されれば否定されるべきものである。その意味で科学とは常に暫定的なものなのである。

このような懐疑と対極にあり、〝信じる〟という行為と強く結びつく宗教の経典であっても、言語化した時点で真理から離れていくというのは、仏教では常識的な考え方である。キリスト教であっても、達人宗教意識の中には、〝被造物である人間が神の意図を理解できるのか〟という畏れが常に存在しているのではないだろうか。それでもほかに方法がないから言語を通じて学んでいくというのと、そこで書かれたものそのものが真実であり、それを信じることが救済であるということには大きな差がある。

このように考えていくと、予言に合わせて現実を解釈すること、これは科学ではないということがウェーバーの考え方の前提にあったといえる。事実として考えれば、ユダヤ教の場合であっても、多くの預言は事後的に記述されているものであることがわかっている。結果が出たものに対して予言すること、これは確実に行える。[16]

ウェーバーは科学と信仰の対比の中で、社会科学者の研究活動が事実に基づいた真実を希求するのではなく、〝誰かの解釈が真実と主張されるための道具となること〟の危うさに、警鐘を鳴らしたといえる。[17] ただし現在でもなお社会科学において、学問という理性的な追求の過程と運動の過程が、意図的にであるか、意図的ではないかについてはいろいろあるとしても、混同されている事例も数多く見られ、改善しているかどうかは疑問である。

ウェーバーの強い認識として、社会科学が科学として、科学という名にふさわしい中立的な法則性を明らかにできる発見を行う必要があるし、その発見をその後に政治における政策として、責任をとれる人が責任をとれる形で、きちっと利用することができなければ、社会を良くするための改善はできないと考えていたと考えられる。ある特定の価値観に基づいて被害が出たときに、それを扇動した研究者は、どのように責任をとることができるのだろうか。取りようがないのである。政治はまさしく選択と責任の機構であり、その中でなされるべきであるというウェーバーの信念は今も正しいと考える。

自然科学において、その発見をした人たちが無反省にその成果だけを追求した結果として大きな被害を生んできた事例はいくつもある。一例をあげると一八九八年にキューリー夫妻によってラジウムが発見されてから、その利用が広がった。一九〇〇年代の初期には、今では考えられないが医薬品や、チョコレート、パンなどありとあらゆるものに放射性物質のラジウムが利用された。夜光時計の文字盤を発光させるためにラジウムの入った塗料を塗布していた女性が、ラジウムを体内に取り込んでしまい、ラジウムガールズとして社会問題になった。実はこのような事例は決して少なくない。社会科学でも十分な科学的検証を伴わない運動には、反知性主義について述べたように必ずといっていいほど甚大な被害が生じる。

社会科学の研究者を名乗りながらも、そこまで思いが及ばず、運動と区別をつけず、かつ自分の意見を自分の意見として責任を取ることもしない。場合によっては事実はどうでもよく、自己の利益の正当化や自己の利益につながるようにそれを誘導する場合すらある。価値自由の問題は、このような倫理観の欠如した研究者に対する激しい憤りであったと考えることができる。

この価値自由の問題は、マンハイムが提出した存在被拘束性と共通する考え方を前提としている。ウェーバーの方法論を詳細に検討すればわかることだが、ウェーバー自身は社会学が相対化を進める結果として、不可知論に陥ることを充分承知したうえで、その問題そのものには関わっていない。また生物学などの人間の基盤が存在することは理解していても、それは生物学の問題もしくは医学の問題として扱うべきだということで峻別している。

ウェーバーは、認識論的に回答が出ない中でその問題をいくら論じても意味がないということを踏まえている。また生物学などの問題の重要性を理解したうえで、そこに還元することをせず、条件としておいている。このようなウェーバーの態度は極めて健全であったといえる。実際、生物学的に規定されている部分が大きいとしても、それだけでは人間社会がほかの動物と異なることを説明できない。

社会学の確立を考えるうえでは、やはり「層の理論」で位置づけられるような、社会学が主たる対象とする領域を確定していく必要があるといえる。そしてウェーバーが生きている間にゲーデルの発見はなされていなかった。その問題が〝解なし〟であることがわかれば、そこにこだわることは無意味である。しかしその問題が明確になっていない中で、解がないことを前提に議論することはできない。その意味で、本書はゲーデルの発見をもとに、ウェーバーの問題意識を掘り下げ、社会学の対象を明らかにする作業を行っている。言葉をかえれば本書はウェーバーの疑問に対して、もしくはウェーバーが留保した問題に対して回答を出す試みでもある。

（4）意味世界の主役　暗黙知の多層性

前述した通りこの問題は、実は社会学の対象そのものを解明する問題でもある。デュルケームのいう「社会的事実」やウェーバーが対象とした「理解可能なもの」、ジンメルの「形式」などを考えていくと、社会学がその研究対象と考えているものが明らかになってくる。社会学が科学であるならば、それは一般性を持ち、反復性を持つ必要がある。実際の研究を行う際には、同じことが繰り返される社会の現状がなければ研究のしようがない。

面白いことに、意識されていることであれば、新しい情報が入った場合にはその情報によって行為は修正される。いわゆる制御技術でいうフィードバックの状態が生じる。ただこれでも目的合理的な行為であれば、目的に向かって最適化する条件が変化した、という形で理解することができる。ギデンズの「構造化理論」は、このことを指しているると考えることができる。いずれにしても社会学の対象は表面に現れた現象としては安定したものではなく、変化することがわかる。

ただ私たちの行為のほとんどが、いわゆる意識された情報で意味を形成しているのではなく、内在化され、非言語化された情報によって構成されていることを前提とすれば、同じ行動を繰り返すことが説明可能となる。簡単にいえば、問われれば修正が入るが、問われなければ同じことを繰り返すということである。そのような行為が、社会的な行為のおそらくほとんどを占めているのである。

本書では、社会学が人間の認識から生じる循環論に陥る本質を持っているために、社会学理論を構築するためには、もしくは社会学が社会学としての学的一貫性を保てるような基盤となるフレームワークを構築するためには、通常の「理論」とみなされるような法則性を見出すことを試みることは適切ではないということを主張している。それを提供しようとするならば、いわゆる人間の行為の認識構造が生み出す不可知性とそれを避けるための相互作用であるメタ構造を明らかにするしかない。つまり社会学の研究対象、もしくは社会学を学問として統一的にみるために不可欠な、人間の認識の安定化構造は、まさしくこのメタ構造であるということになる。

そして暗黙化された知識は、メタ構造から導き出される必要性によって生み出される相互承認の網の目の中で、その網の目を埋めるように知識の時代による共有がなされ、意識されない形で人の行為を規定することになる。たとえば新しく集団に入った人たちが、その集団の中で共有された価値や知識を内在していく過程は「同化」として知られる。そしてそのような集団の中で言語化されなくても、かくあるべきだと考えられている共有情報が「規範」と名付けられている。これは一般的には非言語的に共有されているので、外部から入ってきた人たちが、それに疑問を呈すると、それを言語化し解答することは容易ではないため、「排除」の原理が働きやすくなる。

多くの社会学者にとってその研究の主な部分は、この非言語的に共有されている規範を、言語化する作業であるといえる。エスノメソドロジーなどの方法は、中に入り込んでその価値観を共有しながらも、言語化を図る作業であるといえるし、機能分析であればその組織の求める目標に向かってその成員が行う行為を機能という切り口で分析する。方法論の違いによって、対象との距離の取り方や共感の有無などの違いはあるが、基本的にその成員によって共有され懐かれている意味世界を言語的に説明することと、その因果律の解明が目的となることは共通している。

これまで私たちによって懐かれている意味世界の中心をなす非言語的な知識は、おおざっぱに、暗黙知、内知ともいわれてきた。栗本慎一郎も、それらの知を暗黙知、内知と述べているだけで、その性質にしたがって区別して使用していない。しかし既に一〇〇年前に、ウェーバーがその方法論の根拠としたヤスパースの『精神病理学原論』では区別されている。それは社会的に獲得されたが内在化されて非言語的な知識になったものと、もともと生物学的に規定された生物情報とでもいうものである。実際的には生物として持つ生物情報と結びつかなければ、後天的に取得し内在化した情報も有効に働かないであろうことは想像がつくが、現状ではその関係は明らかでなく、その関係については生物学的情報処理などの研究の進展を待つしかない。

ただ社会科学にも大きな影響を与えた理論があり、それとの関係は少し述べておく必要があるだろう。それはフロイトによる「無意識」の発見[18]である。ただこれはヤスパースによって一言のもとに退けられているほど乱暴な議論でもある。フロイトは人間には、自我を認識している「意識」と、普段はその存在を把握できない「無意識」が存在していることを唱えた。そして、無意識が意識に比べて記憶を豊富に蓄積していると考え、無意識の働きを重要視し、無意識下で抑圧された感情が原因となり精神疾患を引き起こすことを唱え、その理論を体系化した。この無意識概念は、心理学の分野のみならず、二〇世紀の人文学や思想へも多大な影響を及ぼした。

フロイトはその無意識を突き動かす欲動をリビドー（libido）と呼び、それが性的なものから来ているとした。リビドー論はある意味では性が持つエネルギーに人間の行為を還元したともいえる。フロイトの理論は、それまで正面から語ることがはばかられていた性的欲求を表に出したことで、社会的に大きな衝撃を与えた。しかしそれは、考えてみるとあまり説明にはなっていないことがわかる。性もしくは性的欲求が重要な要素であることは事実であっても、人間の場合にはそれが社会化された様式の中で発現されるのであって、そのまま解放されるわけではない。そしてすべての人にそれがある以上、性的な欲求は、生物としての人間に共通に存在するバイアスのようなもので、その存在は重要でも、そこに還元して様々な社会現象を説明する要因にはならない。フロイトの言説が力を持ちえたのは、ビクトリア期の倫理観の強制の中でその発現が抑制されており、そのような性に対して抑圧的な価値観やそれを前提とした社会関係の中で生じた現象であると考えた方が妥当であろう。社会学的視点からみれば、その研究にとって重要なのはその社会関係である。このように考えれば、社会学はフランクフルト学派などを中心に、当時の時代背景の中で、批判理論形成の一つの論拠としてフロイトの学説と理論を受容していったのだといえる。

（5）存在被拘束性と暗黙知

本書は人間にとっての非言語的な内在化された情報の在り方を重要視している。この分析視角に基づいても、フロイトの〝無意識〟に還元することはあまり重要な意味を持たない。重要なのは暗黙知・共有知・内知と呼ばれる形の非言語的な知識であり、再帰的認識能力の獲得によって論理的に生じてしまう不安を解消するために必要なメカニズムであるということになる。認識論的な不確定性から生じる不安定性は、何らかの形で安定化させる必要がある。構造的安定化に加え、日々の五感を通じた自己確認の中で、他者が同じ理解をしていると推定される状態は極めて重要な役割を果たすことになる。非言語的な形で情報が共有され、意識下の知識として内在化されることで、そのような非言語的な確認作業が可能になる。

人間が獲得した再帰的認識能力の結果として、不確定性が生じ、存在に対する不安を生み出すことになった。私たち人類は、端的にいえばその解のない問題を問わないようなメカニズムの構築に営々と努力してきたといえる。

社会学が見出した価値の相対化という分析方法による思考は、このパンドラの箱を改めて開けてしまった。現在の社会学はそのパンドラの箱のふたを開けただけで、閉じることのできない状況に陥っている状態といえる。そのふたを閉じるためには、本書が主張しているように再帰的認識能力から導かれる不可知性を〝原理〟としてとらえ、社会がその原理で構成されていることを言語化し、明かにするしかない。パンドラの箱を閉じたからといって、パンドラの箱がなくなるわけではない。

そこから生じる問題を解決するためには、パンドラの箱がどのようなものかを〝明確に把握するしかない〟ということになる。これは、〝人は自らの認識上の特性から生み出される不安を安定化させるために社会的な拘束をつくり出し、その社会的な拘束に縛られることで苦しんでいる〟〝そしてそれを避けることができない〟ということを明確に言語化するしかないということである。そしてそれを解明し、可能であれば社会政策としてその対処法を見出すことが社会学の役割であるということになる。

前述したように、マルクスが提示した〝科学的進歩史観〟は現代社会学による相対化の議論の中で、明確な疑問を提示され、その基本的な理念に対して否定が突きつけられることになった。マルクスの科学的進歩史観を相対化したマックス・ウェーバー自身も合理化に対するあこがれから逃れられなかった。そして、科学として普遍的な知の構築、特に客観的合理性にこだわったが、ゲーデルの不完全性定理の発見がなされていなかった当時においてそれを超克することは無理であったといえる。

暗黙知に話を戻すと、フロイトは〝無意識〟を発見し、人間の行為の理由を性的なエネルギーや欲求としてのリビドーに還元した。これは衝撃的な解釈であり、社会科学において大きな影響を与えた。しかし現時点で考えてみれば、それほど還元できるのか疑問が残る。性的な欲求は、人間が生物であるという視点に立てば、その遺伝子を残すためにすべてのエネルギーを費やしても妥当性があるといえる。〝かげろう〟のように子孫を増やすことだけに特化したと思える生物も存在している。『利己的な遺伝子』[19]が教えるように、生命にとって自分の遺伝子を残すことが基本的な使命であるとするならば、人間だけが例外であるという理由はない。しかし性的欲求が、遺伝子を残すという、すべての生命に組み込まれた行為の原動力であるとするならば、それは人を突き動かす動力源のようなものではあっても、それがどのように発現されるかは別の問題で、社会科学としては、その発現形式が研究の主たる対象となる。

確かに栗本に倣えば、人間はパンツをはいたり脱いだりする。栗本はこれが過剰と蕩尽の中で快感のメカニズムになっているとした。そして人間を突き動かしているのは内知であるとした。フロイトの無意識にせよ、栗本の内知であるにせよ、そのままではブラックボックスでそこで思考が止まってしまう。そして性の問題は、いうまでもなく人間の生物としての部分が直接かかわる。性交渉は、他の社会関係に比べてその密度の濃さとでもいうべき点で、異質性を持つ。そしてそれは、社会的な自己を超え生物としての自己をさらけ出す行為でもある。子孫の形成など社会の根源的な部分にかかわり、その結果として自らと違う新たな生命を生み出すという認識論的な課題とも関わる。したがって、再帰的認識による困難を避けるためにも、問わないことが求められる。その意味で、理性で対象化しにくい性質を持っており、意識的に理性的にコントロールしにくい性質を持っているといえる。

人間にとっての性交渉とは、子孫を残すというよりは、社会的な関係を維持する役割が大きいとしても、他の社会的関係に比べて密接なものとなると同時に、生物としての部分で、非常に根源的な形で自己確認につながることになるだろう。また性交渉が快感として生命の中に組み込まれていなければ、生命をつなぐことはできない。生命をつなぐことができなければ社会的存在としての人間を維持することもできない。性には、このような難しさと重要性があるのであり、そのような難しさと重要性があるとしても、社会の様々な現象を性の問題に還元してしまって、そこで議論を停止してしまうことは正しい態度ではない。その意味で性の問題は、まさしく社会を規定する条件ではあっても、そこに還元して説明が終わるものではなく、社会的にその発現が制御され、それにしたがって生活していることが重要になる。つまり条件としては重要であっても、それはすべてではないということになる。そしてフロイトの精神分析に依拠する一連の理論では、ここで社会学的な課題として扱う〝存在被拘束性〟の問題や立場性の問題を説明することができない。非言語的な知が存在することが事実であることを踏まえ、むしろ言語的な知はごく一部分であることを前提としたとき、これらの関係性を説明するために、どのような補助線を引くことができるだろうか。

（6）存在被拘束性と現代社会学　フーコーとブルデュー

この問題を社会学的に扱ったのがフーコーとブルデューである。フーコーと同じようにポスト構造主義に分類されるラカンらの分析がフロイトの精神分析学をその根拠に置いていたのに対し、フーコーの分析にはそのような還元があまり感じられない。精神分析学がフロイトにその根拠を求めるのに対して、フーコーが準拠したのは精神医学、精神病理学であり、医学の一部としての性格が強いのではないかという印象を持つ。用語として似ているがその出自がまったく違っているといると考えてもよさそうである。

このことに関していえば、ヤスパースの『精神病理学原論』でのフロイト理論の扱い方をみれば、その違いがはっきりする。『精神病理学原論』の記述は現代の脳科学との接続性があり、一貫した学問的な系統性を感じる。いずれにしても似ている用語ではあっても、違うものだと理解した方がよいと考える。

フーコーは自らの理論を他者から定義づけられることを忌避したといわれている。フーコーが『狂気の歴史』で指摘したのは、「正常」と「異常」の区別が歴史的・社会的な過程の中でつくられたものであること、狂気そのものは存在せず、社会を支配する権力と結びついた知識が正当とされ、そこから外れたものが狂気と認定されるに過ぎない、ということであったとされる。[20]つまりフーコーは「正常」と「異常」が社会的なラベリングとして分類されてきた事実を示した。したがってここでいう「正常・異常」とは精神医学や脳科学が扱う脳の機能障害の問題ではないことを確認しておく必要があるだろう。脳機能の障害という医学的に治療が必要となる事例を除いた中で、社会の権力関係のなかで「正常・異常」が切り分けられる様を記述した研究がその主たる業績である。そのなかで、その切り分け方そのものも時代によって社会関係によって変化することを発見した。つまりその切り分けも、切り分けという実際上の区分の上位の階層の構造、つまりメタ構造によってなされることを明らかにしたことになる。

それがフーコーの主要な発見であり、業績であったとすれば、通常行われる定義づけのように、自らの理論を現象的に表出した切り分けで定義されることは、本意ではないだろうということがわかる。そのため自らの理論を他者からラベリングされて、その定義の中に押し込められることを忌避したのではないだろうか。本書で「正常」と「異常」という用語を使用する場合にはフーコーの文脈で利用しているのであって、そこに特段の価値観を入れていない。

しかしいずれにしても、そのような切り分けを行うことで社会が〝まとまり〟を確保するという事実を示した業績は大きい。そしてそれが必要な理由は、本書に記しているとおりである。さらにそれが条件によって変化する理由も同様に説明できる。

ブルデューの研究の意義は、文化資本・社会資本という考え方を導入し、「文化」や「知識」によっても競争している人間社会の特性を調査を通して統計的に明確にし、それらが決して公平でも、客観的でも、透明でもないことを示した点にある。[21] ブルデューが文化資本を問題にしたのは、まさしくそれがブルデューに突きつけられた現実であったからだという。ブルデュー自身が地方出身者で制度的な選抜を勝ち抜き、その中で文化資本の問題に直面した。社会学の発見の多くは自明性を問うことである。この場合もまさに変化しようとした人がそこにいたから〝それが問われた〟ということになる。ブルデューはそこで感じた疑問を言語化した。そしてその研究の中で、それまでの社会学で上位の社会集団に帰属する際に要件と考えられてきたものをとらえなおし、それを生まれながらに習得している人たちが容易に社会的に地位の高い社会集団に受容されていく様を〝資本〟と捉えたところが新しい発見であったといえる。制度的な制約ではなく、まさしく生活の中でハビタスの中であまり意識されない形でおこなわれる社会選抜のメカニズムを明らかにしたのである。

人が行為するときにその所属したい集団の価値観を取り入れていくことは、よく知られた事実である。社会学的には文化的に上位の社会集団の価値規範を取り入れていくこともよく知られている。典型的な例が幕末の新選組である。

多摩の豪農の子弟を中心とした新選組は、伝統的な武士以上に武士の規範に準拠しようとした。その社会カーストに属さない農民出身の彼らにとって武士の規範はあるべき規範であり、それに過剰に同調した事例であるといえる。

このような例は世界的にも広くみられる。インドなどでは社会的に上位カーストと考えられている宗教カーストにブラーマンカーストがある。その価値規範として知られている菜食主義などの行為規範が下位のカーストに伝播していく過程は、サンスクリタリゼーションとして知られる。逆に工場労働を含む〝労働〟が下位のカーストの役割であると考えられてきた結果として、膨大な人口がいてもなかなか労働集約的な産業が成功しなかったことは、よく知られている。現代においてインドがIT分野で大きな影響力を果たしている理由も、ソフトウェア産業が伝統的な職業カーストであるジャティの区分になかったこと、知的労働としてブラーマンカースト的な職業と受け止められたこと、さらにITソフトウェア開発が知的労働集約型産業で、多くの労働力を必要とする産業であったことなどの要因が重なった結果であるとも理解されている。

このように社会階層の違いで価値規範が固定されるのは、知識社会学の前提である。社会学はその自明性を存在被拘束性として言語化した。通常は存在被拘束されることで、そのことについて疑問を持つこともないほど、〝当たり前〟と思われ、その結果として帰属している社会集団の価値規範は再生産され、維持される。ブルデューのような文化資本としての捉え方ではないが、ミュージカル映画『マイ・フェア・レディ（一九六四年）』のテーマも同様の現象を扱っている。英語の発音が社会階層の区別化を示していることを極端な形で示した。そして一つの要素を改善するだけで問題が解消されるわけではないことを示した。

しかし、文化的資本を継承すれば、社会階層が維持できるかといえばそうではない。現実的に考えれば、爵位制度のような伝統的な出自、学歴などの能力による選別、さまざまな要素が関わりあって、エリートは維持される。[22]そこで伝統的な支配階層もいかに自分たちの体制を崩さない形で能力のある若者を取り込んでいくかが、その支配を維持するためにも重要になってくる。そして人類の歴史が人口圧力との戦いであったことを考えれば、社会階層の再生産の努力とともに、同じ同族集団であってもそれを排除させる、没落させるメカニズムも組み込んでいたと考える方が妥当であることになる。

（7）社会集団における「役割」

この存在被拘束的な意識されない非言語的な知識は、私たちの行為のほとんどを規定している。ブルデューたちの文化資本の考え方を古典的な社会学に翻案すれば、それは役割の内在化や所属する小集団の価値観の内在化の問題と深くかかわることがわかる。ここで社会集団における役割期待と役割演技、そして機能の問題を考えてみよう。

どのような組織であっても、その組織運営には様々な役割が必要で、その役割を果たすことが必要である。特定の目的に一定の役割を果たすことを機能、と呼んでいる。その意味では顕在的情報で組織を分析する際には機能分析が有効となり、マートンがいうように目的達成に効果的な役割を正機能、逆に阻害的になる結果を逆機能、それが顕示的に意識されている機能を顕在的機能、それが表に現れていなくても役割を果たしている機能を潜在的機能と分類する。

つまり社会集団を維持するための機能を果たすためには、〝役割〟が必要になるといえる。役割は社会学的には役割期待に基づいて役割演技をすることで形成される。この役割期待に対して社会的な役割が果たせるようにする過程が、第二次社会化であると考えることができる。この役割期待の中で人は自分の在り方を規定し、自分がその役割を演じることができるようになっていく。つまり人の社会的な姿、つまり社会的自己は、個人の意思もあるのかもしれないが、この役割期待と役割演技を通じて築かれる。

この社会的役割には、当然のことながら社会を維持するために望ましい役割から、その他のそれほど好まれない役割までも生じてくる。その好まれない役割をどうやって他者に押しつけるのかも重要な意味を持つ。この役割演技に関していえば、この過程はおそらく第二次社会化の中で、いわゆるしつけを通して行われる。大工の子は大工、なんとかの子はなんとか、という形で伝統的に私たちはその役割を規定してきた。つまり社会的に必要な機能を果たすために、個人の意思よりもその役割や機能を果たすことが優先され、そのことに疑問を持たないことを含む、その機能を果たすための訓練が求められたということがいえる。

私たちが「電車の中での化粧」に違和感を覚えるのも役割演技の問題である。このことを少し考察しよう。女性からは余計なお世話だと批判が出そうだが、少し分析してみる。

以前、大学に向かうときに東京の私鉄の各駅停車に乗っていた。朝のラッシュを終え比較的すいていた。すると見るともなく見ていた向かいの女性が化粧を始めた。ルージュを直すぐらいであれば驚かないが、コンシーリングから始まってきっちりと時間をかけて化粧を行った。そのとき、なぜ驚いたのか自問してみた。社会学的にいえば役割演技はまさしく化粧の終わった段階で、仮面をつけ終わってから行われる。それは種明かしをすると仮面劇が面白くなくなるので、いわゆる男性からは見えない場所で念入りに行われる。

逆に恋愛から普通の夫婦生活に移行するときに女性が直面する心理的困難もここにある。つまり仮面をつけたままでは生活できないので、仮面を外した自分と伴侶の関係にうまく移行する必要があるのである。いずれにしても、私の目の前で熱心に本格的な化粧している女性にとって、目の前に存在する私は、その劇を見せる対象ではない、ということを示している。つまり関心の範囲を狭めてしまえば、関心がなくなれば、そこは問題にならない。〝誰が見ているかわからない〟ということを、かつては規範という形で教えられてきたものが、そうではなくなっている現状を示している。他者への関心がなくなれば役割演技もほころびをみせることになるのである。

社会的役割に話を戻すと、当然のことながら、社会的に好まれない役割の正当化も行われることになる。例えば伝統的な社会では、その役割がカーストや出自によって決まってくる。社会的な汚れ仕事はアウトカーストを含む、低いカーストに押しつけられることになる。伝統的社会やその価値観では、ほとんどの場合、その地位は出自によって規定され、本人の努力では社会的地位を上げることができない。

しかし、近代社会においては、その伝統的な価値観が否定され、世襲やもともと偉かったから、高貴な生まれだからということではなくて、機能的な役割を追求せざるを得なくなる。社会の近代化の中で、社会が競争的になってくれば、やはりその個人の能力が問われていく。そしてどういう社会集団であってもその社会集団の役割を共同で果たすためには機能というものが必要になってくる。そして、社会を維持するためにも、前述したように一定の機能が必要で、それはどのような組織でも変わらない。その共通する機能を見出し、逆に現実の現象をそこに当てはめ、システム論という視点から記述したのが、パーソンズのAGIL図式であるというふうに考えることができる。

このような観点からみていけば社会学がその分析の対象としてきた構造と機能も説明ができる。社会関係の中で人間関係が成り立たなければならない以上、それは複数によって共有される必要があることを意味する。そして共有されるということは、顕在的な言語的な情報と同じように、その構造はどうしても演繹的な構造をとる。

（8）生得的地位と獲得的地位　伝統的社会から近代社会へ

私たちを存在被拘束的に規定する、ブルデューのいう社会資本や文化資本はそのまま維持されるわけではない。有利な社会階層を維持するためには、成果主義的に有能な人材を取りこむ必要が出てくる。日本において明治期にまさしくその対応が迫られた。日本の場合、身分制度はそれほど厳密ではなかったらしく、江戸時代であっても優秀な農民の子どもを武家が養子にとってその家を存続させたり、渋沢栄一のように農民出身であっても旗本に取り立てられるなどの例もあり、社会的に身分を超えて能力のある人材を登用していたことも事実である。また困窮した、もしくは後継者のいない武士がその株を売買した事実も知られている[23]。

日本の身分制は韓国などのそれと違い、女性の地位で決定的な影響が生じるわけではなかったところに特色があったのかもしれない。徳川将軍家の場合、社会的な影響力が生じることを恐れて、高い身分の正妻には後継者としての子どもを産むことは期待されていない。有名な例では将軍綱吉の母である桂昌院が京都の八百屋の娘であったことなどが知られている。[24] 日本の場合には、韓国やユダヤのように社会的身分が母系によって規定され、母の身分から抜け出せないということはなかったようだ。[25]

そのような背景はあるものの、比較的安定し、世襲を前提としていた江戸時代が終わり、明治になって開国し、明治維新の結果として西欧列強に伍していく必要が出てきた際には、やはり優秀な人材を制度的に日本のエリート層に取り込んでいく必要性が出てきた。そこで大きな役割を果たしたのが近代軍隊とその養成制度であり、さらに文官の養成制度としての帝国大学であった。この制度の中で能力のあるものは出自にかかわらず高い地位に就くことが可能になった。明治期以降現在まで、世襲的なエリートは婚姻関係を通じて、一代で高い地位に就いた人材を取り込んでいくシステムがある。

これは日本の社会学者である高根正昭がその博士論文を一般向けに出版した『日本の政治エリート：近代化の数量分析』[26]でも明らかにされていて、同書の中では皇族や公家などの特権的な社会階層のなかに官僚制度を突破してきた優秀な人材を取り込んでいく姿が示されている。まさしく文化的資本、社会資本、象徴資本と生得的地位、獲得的地位の関係性を明らかにしている。

4　意味世界における目線の変化と世界観

存在被拘束的に行為を規定するこの意味世界は、その言葉から恣意的存在のように誤解されるが、認識構造の網の目からも、共有されている知識からも、制度化されている言語的顕在的情報からも固定されていて、そう簡単に変わるものではないことを論じてきた。しかしながらこの意味世界も変貌する。本節ではその変化がどのようにして生じるかについて少し考えてみる。

（1）意味世界と意味世界の変化について

ここまで行為の意味のほとんどをなす内在化され意識下にある意味世界は、それが問われないこともあって変化しにくいことから行為の反復性が生まれ、科学としての社会学が成立可能になることを述べた。もう一つは言語に代表されるように共有されることを前提とした体系も相互作用の中で安定化し、論理化し、演繹的な体系を持つことで重要な社会科学の研究対象となる。

しかし、この比較的安定化していると考えられる行為に意味を与える規範などの内在化された知識も、時代によって変化することは紛れもない事実である。したがって意味世界の在り方を現状から分析するだけでは、意味を把握することはできないということになる。この意識下の知識は、内在化され意識されないことで行為を可能にする。同時に、この内在化された知識もまた変化する。この極端な例としては知的創発などが挙げられる。これまでなかった新しい発想や発見が〝なぜ生じるか〟といえば、外部から取り入れ研究者の内部に内在化された知識だけで、それが生じることはない。[27] そこに非言語的かつ後天的ではない生命としての知がかかわると考えざるを得ないだろう。[28] 社会学研究においてはこれらの知のあり方を踏まえたうえで、反復性を持つ内在化された知識がどのような条件で生じるかを考えていく必要が出てくる。

次項では、これから発見を生み出す目線の変化について考察した後、意味世界を形成する様々な要素を検討する。さらにそのように内在化された意味世界が変化していく事例を挙げていきたい。

（2）知的創発と無意識・意識下の知識・身体知

意味世界の変化の典型的な事例は、科学革命をもたらすような発見であろう。そしてその科学革命をもたらすような発明や発見は、研究者が経験を積んで見出されるものであるというよりは、若い時期に見出されるものである。私たちの知的活動が生命の現象であることは事実で、目線が変わるような発明、発見、創発というものは、やはり成長期にしか起こらないのではないかと考えられる。マイケル・ポラニーが示したように、アインシュタインが相対性理論の発想を得たのは一六歳のときだといわれる。身体的にも成長期にある若者が既存の知識の延長ではなく、新しい視点を見出したのである。理系の分野では時どき天才が出る。本書が論理展開の基礎としておいているクルト・ゲーデルの理論もそうである。

人類史上最高の論理学者といわれたゲーデルが完全性定理を証明したのが二二歳[29]、不完全性定理を証明したのが二四歳であり、やはりその主要な業績は若いころに達成されている。実際に暗黙知を定義することは、脳科学などの分野になると考えられるが、ここでは生命が持つ内知は知りようがないので、扱わないことにする。

社会学の対象として、ここで問題になるのは、そのような脳の認識機能と結びつく形で、非言語的に内在化された知識である。これは非言語的なので意識されず、同じことを繰り返す知であるといってもよい。そしてそれはまさしく〝見えている世界〟を構成する。

現象学の定義にはいくつもあると思うが、難しい議論は横に置いて、〝見えている世界を記述する〟というヴァン・デン・ベルクの視点は極めてわかりやすい。見えているという表現は重要である。

一般的に私たちは〝思っていること〟を主観的な経験としてとらえるが、現象学ではそれをいったんエポケーし、判断を保留することで、それ自体としてとらえ事実認識をしようとする。しかし一般の現象学でいう〝思っていること〃とヴァン・デン・ベルクがいう〃見えていること〃とは若干異なっている。まさしく見えている世界はそうとしか見えていないのである。

　そして、そこで私たちがある程度以上コミュニケーションができ、理解を共有できるということは、不断の自己確認を通じて、その情報を相互に確認しあっていることを意味する。それが非言語的に行われている以上、そのことは問われることがなく、同じことを繰り返し、それに違和感を抱いた人がいた場合には、社会的に抑圧しようとする。基本的に問われなければ〃問題にならない〃のである。

　その意味で現象学的社会学者のシュッツがシステム論者のパーソンズに手紙を書いた理由がわかる。シュッツはこの非言語的に共有された知識こそが、安定したものであることに気がついた。したがってこれらの非言語的に共有された知識こそが、社会システムの構成要素であり、その連関で社会システムが成立するのではないかと考えていたように思う。[30] しかし社会学のスコラ的展開に注力し、目的合理性と機能分析にその主な関心があったパーソンズには、そのような指摘は届かなかった。今から考えればパーソンズは社会現象の後付けの説明にとどまり、実際上のメカニズムの解明には至らなかったのではないかと考える。

　〃思っていること〃は、恣意的に変わる可能性があるが、〃見えている世界〃は、その人にとって変えようのない世界といえる。しかし相対性理論でもそうだが、大きく世界観が変わる発見というものは、まさしくこの見えている世界の変化に近いもので、クーンのいうパラダイムシフトなども同じ現象であるといえるだろう。

　こんな難しいことを考えなくても、本当に失恋してしまったら、なんでその人にそんなに入れあげていたのか、自分でもまったくわからなくなるという経験をした人は少なくないだろう。この例と逆に「焼ぼっくいに火がついた」という現象も起こるが、それは、実は本当の意味で失恋していなくて、様々な事情で無理になったが、自分の世界観の変更までには至らなかった状態と考えることができる。目線が変わってしまった場合、なぜあれほど自分が熱狂したのか、説明できなくなることは経験する。これは流行でも同じで、一世代前に熱狂的に流行したファッションもその熱狂が覚めると、なぜそれが価値を持っていたのか、わからなくなる。世界観というのはおそらくそうしたもので、ハイデッガーがいうように、人はその中にいるので変わった後に、変わる前の自分が持っていた、理解していた価値を思い出すことはできなくなる。

研究を続けて、多くの知識を見つけて、新しい発見をする場合もまったく同じで、それまでの膨大な知識が極端に複雑性を縮減させたり、別の意味づけを見出すことになる。まさしく組み替えられるのであり、その意味で実はクーンの科学革命と同じことを私たちも日々の生活の中での気づきや発見として経験しているといえる。

（3）言語と暗黙知

このような、いわゆる後天的に取得した知識としての内知も、生命としての人間によって使われない限り意味をなさないので、生命としての知のシステムの中に組み込まれていることはいうまでもない。しかしそのメカニズムの解明は本書の課題ではないので脳科学の進展に期待するとする。

言語習得は、それを獲得できる形質を持っていることが前提となるが、あくまで後天的に行われる。赤ん坊や子どもが言語を習得する過程では、大変な脳の能力を使っていると考えられる。一説によると人間の脳の活動の九割は一歳までに行われているともいう。一歳までを英語で infant というが、その語源は〝しゃべれない〟、という意味である。一歳までに話さないのはその間に猛烈に外の知識を意識下の知識に組み込んでいるのだと考えられる。

だれも母語を話すときに、文法などを考えることはないと思う。逆に、考えると話せなくなる。その意味で言語構造や文法規則を含め、話せるようになるまでに、膨大な量の外部的な知識を内在化していると考えられるのである。

ウェーバーが理解社会学の基盤に据えたヤスパースの『精神病理学原論（Jaspers, 1913）』でもフロイト心理学的

な無意識と区別して使っている。ヤスパースはそれらを「意識外の機構」と呼び、

〝現象学と了解心理学によって、気づかれないものが知られたものとなるもの、本当の無意識のもの、原則上意識外のもの、決して気づかれないものと一緒にしてしまうことはまったく間違いである。気づかれないものとしての無意識なものは本当は経験されているのである。意識外のものとしての無意識は本当に体験されることはない〟31

として区分することを求めている。フロイトの方法を〝意識外の機構の詳しいでっちあげ〟として基本的に否定している。

ここで主に扱うのはヤスパースのいう「現象学と了解心理学によって、気づかれないものが知られたものとなるもの」であり、ウェーバーが理解社会学の対象としたものと同じである。ここでは意識されていないけれども社会化の過程で内在化された知識として「意識下の知識」と呼ぶ。

この意識下の知識の内在化の過程は、他の言語と接するときに理解することができる。例えば日本語には〝声〟がない。中国語は四声、ベトナム語には六声ある。カタカナで表記すると同じ音が中国語では四つの意味を持ち、ベトナム語では六つの意味を持つ。この声の区別が日本人が中国語やベトナム語を学ぶときに苦労する点である。社会学ではこのような言語や基本的な行為の習得は、第一次社会化でなされると考える。ベトナムに生まれればベトナム語を第一次社会化の中で習得し、アメリカに生まれれば多くの場合には英語を第一次社会化の中で習得する。フランスであればフランス語、ドイツであればドイツ語、アラビア語圏であればアラビア語になる。

第一次社会化の過程で、この音声のゲシュタルト認識が組み込まれていない日本人にとって、中国語やベトナム語は一所懸命に努力して発音しても、なかなか通じない。英語でもLとRの使いわけが難しいのはよく知られている。ベトナムで調査していたときの経験だが、ベトナム人同士であれば、風邪をひいてうまく発音できなくても、当然のようにそれほど難しくなくコミュニケーションができている。

これは何を意味するのだろうか。言語学的な研究は言語音声学の専門家に任せるとして、ここでは記号としての言語が機能するためには、音声やイメージを含めた情報が聞く側にも話す側にも必要だということだけ確認したい。ソシュールが示したように、言語は音声だけでは成立しない。音声は外に出ている信号に過ぎない。その意味で意味を持つと思われない雑音と言語の区別はそれほど容易ではない。言語が言語として通用するためには、言語として発話された音のパターンを受け取った側が膨大な情報を前提に、パターン処理して意味を再構成していると考える方が妥当であろう。

各言語圏に生まれた子どもたちがその言葉を話すことから考えても、これらはすべて後天的に学んだものであることは間違いない。ジェスチャーであっても同じである。赤ちゃんが喜ぶと思って赤ちゃんに〝いないいないばー〟をやっても〝何やっているんだ〟と怪訝な顔をされることがある。それが変化として受け取られ、そのギャップを楽しめるためには学習が必要だということがわかる。

つまり言語的コミュニケーションが意味を持つためには、発話者Aから発話されたシグナルが、何らかのイメージと結びついた形での記号として、聞く側Bに受容される必要があるのである。そしてそのシグナルがパターン化されるとともに、そのシグナルと結びつくイメージがAさんとBさんでほぼ共通していなければ、コミュニケーションは成り立たないのである。

逆にいえば普段、私たちが日常生活を行うためには、AさんとBさん、そしてその他の人たちと私たちの間に膨大な共有情報があり、それが意識される必要性もないほど共有されている状態でなければならないことになる。これは別に言語的コミュニケーションだけではない。しぐさや態度、表情など五感すべてのコミュニケーションに当てはまるだろう。

このボディランゲージなどは言語よりも意識されにくいために、なかなか調整が難しくなる。ヒンディ文化では、賛意を示すときにも首を横に振るしぐさをすることがある。日本人がヒンディの人たちと話していると、賛成しているのか反対しているのか、改めて確認しないとよくわからないというのはインドを訪問するとよく経験する。

このように言語やコミュニケーションの背景となっている情報の特色は、それが意識されていないということである。明らかに後天的に学んだことであっても、学んだことは意識の下に押し込まれ、意識されなくなることでそれを利用できるようになる。

(4) 自転車の運転と意識下の知識

意識されないことでその知識が利用できるようになることの事例として、よく使われるのが自転車の習得である。自転車を最初から乗れる人はいない。自転車の練習をしても、右足で漕いで、左足で漕いで、と考えている間はまともに自転車に乗ることはできない。いわゆる体で覚える、ということであるが、外在的であった知識が内在化され、身体知と結びつくことで、意識されなくなって初めてその操作が可能になることを経験する。筆者のように慣れない人は戸惑うスマートフォンの操作も、いわゆるデジタルネイティブ世代にとっては自然に操作し、その操作法を意識しているようにはみえない。外から与えられた情報の内在化の典型的な事例として、その過程をみることができる。

ロボットなどの研究などが進展してきて科学的な研究の俎上にのったが、行為を支えている知識は言語的に意識されていないからといって情報処理が行われていないのではなく、逆に膨大な情報処理が高速で行われていると考えた方が妥当性があることがわかってきた。

(5) ノイマン型コンピューターとの類似性

このように考えていくと、人間の情報処理は、操作しなければならない情報の頻度が高くなり、高速処理が求められるようになると、それを自動的に処理するために内在化し、身体知にしているのではないかと推測される。

実はコンピューターの世界でも新しい情報を個別的に処理する場合にはソフトウエアを使って処理するが、同じプロセスしか使わない場合にはエンベッディドプログラムとしてROMに焼き込んでしまって、修正ができないようにすることで高速化や安定性を確保する。さらにもっと基礎的なプログラムの場合には、ノイマンが明らかにしたようにプログラムは回路と置き換え可能なので、回路設計の中に組み込んでいく。

人間も同じで、コミュニケーションを行うための発話そのものは意識して行うが、そのコミュニケーションを可能にする、語彙の定義・文法構造・声を意識しながら話そうとすると大変な困難を強いられる。例えば私たちが日本語を話す際に日本語の文法を意識しながら話すのは、相当に特殊な状況である。外国語も同じで、外国語に熟達してくると、その文法を意識しながら話すことはまれになる。外国語で会話や交渉する際に仮に不十分な文法知識しか持っていなくても、文法を考えていては話せなくなってしまう。これが意味することは、発言として外部化している内容の背景に、使っている言語の意味群や文法という構成が内在化していて初めて会話ができるということを示している。

筆者自身振り返ってみると、国際会議で同時通訳のヘッドフォンをつけたまま、自分が英語で発言し、それが日本語で聞こえてくると、日本語の方の理解の方が容易なので、外部化された言語に引っ張られて発言が非常に困難になるという経験を何度もしている。

実際に行為に知識を反映させるためには、外部から取得した知識を内在化できるまで十分に取り込むことが必要になるのであろう。〝習うより慣れろ〟とか〝体で覚えるもんだ〟とかいう言説はこのあたりの外的な知識の取り込み方をいっているのであろう。スポーツ選手が行うイメージトレーニングも同じで、知識で学んだことをイメージとして画像のように理解し、それがその通りに体が動くようにすると聞いたことがある。筆者も初めてゴルフのコースに出たときにイメージどおり振ったクラブが偶然イメージ通りに動いて、あわやホールインワンになりかけた。しかし、それがうまくいったことに驚いてしまい、意識したことで体がそのように動けなくなった。それからあとは何が何だかわからなくなって、クラブを折るなどの惨状を呈した。これは偶然イメージと身体の動きが一致し、その結果が行為者の予想よりもうまく運んでしまったことが驚きを生み、その驚きによってイメージと身体の動きが分離し、体がイメージどおりに動かなくなったと説明することができる。

このように内在化され、意識下に入り身体知と融合した知は、コンピューターと一緒でどうも反応速度が速くなるようである。訓練を積んで、意識しなくても体が動くようになるまで染みつかせると、考えていると間に合わない状況下でもきちんと体が動き、対応ができるようになる。実は経営などのスキルも同様であるようだ。上手くいっているときは、どのように運営しているかあまり意識することはない。しかし上手くいかなくなって経営コンサルタントなどの説明を聞いて言語化した結果、上手くいく場合もあるが倒産する例も山ほどある。外的に習得した知識も取捨選択し内在化されてしまうと、習ったことすら忘れてしまう。そしてそれが機能していたものが上手くいかなくなった場合に改めて言語化しても上手く行為できるかどうかは別問題になることを意味している。

厄介なのが、膨大な訓練を積んで、いったん内在化された知識が時どきうまく機能しなくなることである。スポーツ選手のスランプの原因はこの辺にありそうである。繰り返すことで知識が内在化する場合と異化される場合があるようだ。また身体の調子などが変化しても内在化された知識と体の連携が失われ、上手く行為できなくなることがある。異化された場合には、行為を形成する意味を失い身体知から離れてしまうと考えられる。

このことはスポーツ選手でなくとも経験する。普段何気なく乗っている自転車の乗り方が気になった瞬間に乗れなくなるという経験をすることがある。これは気になるということで運転操作の知識が外部化され、身体知から離れた現象であると理解することができる。

（6）意味の構造と内知

私たちが意識する〝意味〟も同じ構造を持っているようである。一九八二年一〇月二一日にリリースされた上田正樹のシングル（作詞：康珍化、作曲：林哲司、編曲：星勝）「悲しい色やね—OSAKA BAY BLUES—」（かなしいいろやね—おおさかベイブルース—）の一節に

HOLD ME TIGHT 大阪ベイブルース
おれのこと　好きか　あんた聞くけど
HOLD ME TIGHT そんなことさえ
わからんようになったんか

というものがある。

現代人なら〝聞かなきゃわかんないでしょう〟と答えることも多いと思うが、聞くことで意味が変化することを表している。これは心理学の用語で〝言語化〟という言葉で表される。恋人からそれにふさわしい状況の中で〝好き〟といわれたらドキッとするが、好き、好き、好きとあまりいわれていると、〝す〟だか〝き〟だかわからなくなって、意味が崩壊し、別のものになってしまうのである。

漢字を書くときでも全体のイメージとしてそれを理解しているが、ばらばらに書かれると意味として把握できなくなる。これは心理学の用語で〝ゲシュタルト崩壊〟といわれる。ゲシュタルト崩壊が生じると意味とイメージが離れてしまう。知覚に関してはゲシュタルト崩壊として定義されているが、言語的コミュニケーションにおいても言語化することで意味が変化するという同じことが生じていることを示している。

（7）語りうること

このように言語を考えると、実は〝語りうること〟とはヴィトゲンシュタインが『論理哲学論考』で定義したような単純なものではないことがわかる。ヴィトゲンシュタイン自身がこのことに気づき、彼の哲学は前期と後期で大きく変化した。

〝語り得ること〟の背景に、それぞれがほぼ共通しているとしても異なったイメージを持つとすれば、理解できるときもあれば、理解できないときもあるという、我々が普段に経験する現実を説明することができるようになる。つまりヴィトゲンシュタインの断絶も、外部から取得した知識とその内在化と意味の関係、そして言語的コミュニケーションがこのような関係のうえに成り立っていると考えれば、矛盾なく説明することができるのである。つまり背景情報がほぼ一致していれば言語で表した内容がほぼ同一になるので同じイメージを再構成できるという意味で〝わかる〟といえるし、イメージが違えば〝わからない〟となる。

（8）言語の非言語的理解

このように考えると言語はまさしく記号であり、その背景情報としての五感と結びつかなければ〝機能しない〟もしくは〝意味がない〟ということになる。発話であれ、文字で書かれたものであれ、それだけでは意味がないのである。このことは考えてみれば当たり前だといえる。例えば発話について考えてみると、それはある特定の音程やパターンを持った音が、脳の中で特定されて、おそらくゲシュタルト認識と同じ形で類型化が行なわれ、その処理をしている人の脳で、その人が経験してきたイメージや知識、場合によっては付随する音、におい、触感などと結びつき、意味が再構成されていることを示している。文字も同様であろう。

これまでは音そのものに意味がある、という考え方や、記号である文字そのものに意味があると考えられてきた部分もあるが、真言密教などの教理を除けば、原則としてそうではないと考えた方がよい。〝原則として〟と書いたのは人間の聴覚や視覚として快い周波数や不快な周波数、心地よい色やそうでない色や音の組み合わせがあるのも事実だからである。ただそれはここで論じている主題とは異なって、おそらくは生物としての反応の問題であり、心理学を含めた専門の研究者の研究の進捗を待ちたい。

つまり言語は音声であり文字であり、それ自体は意味を持たないが、シンボルとして意識されるコミュニケーションの記号の部分とそれを発信する側、受け取る側が共有情報として持っている知識と五感の記憶が結びついて初めて成立すると考えることができる。その意味で最初の言語理解をつくる第一次社会化における言語習得は、言語に付随したこれらの情報の習得や関連づけであるはずで、言語の非言語的理解とでも言うべきものである。

近年のAIの進捗はこのことを傍証している。人間にとっての言語は言語だけで処理されているのではなくイメージと関連した形で理解されていることを踏まえたうえで、それをコンピューターで処理できるようになってきている。これまでのコンピュータは数学言語の操作としてのノイマン型コンピューターが中心であり、数学などと同じで言語ゲームの中での無矛盾性を前提として、その論理的整合性で処理していた。しかし現在のAIなどで使われているディープラーニングはまさしく人間の脳を模し、言語的指示と画像や音声を結びつけ、仮想世界を再構築するようになってきている。

その意味で通常型のコンピューターとAI専用のコンピューターでは、同じ数値演算とはいっても、それを処理する演算装置も異なってきている。通常型では数値演算に強いCPUであったものが、AIでは画像処理に特化したGPUに主役の座を変えてきていることがそれを示している。実は言語とはこのような非言語的理解の中で、その一部として言語の論理性に従う演繹体系が結びついた存在であると考えるほうが妥当であろう。

（9）言語的知識として知識が外部化した時の特性

伝統的な学問であるスコラ哲学は、この共有知の部分を徹底して固定することで、そのパーツとしての概念をアプリオリに〝正しい〟として問うことそのものをやめる。そしてその論理的な矛盾のない組み合わせや展開を学問だと考えた。現在の法学研究も同じで、司法試験合格までにリーガルマインドという形で法曹界に共有されている知識を徹底して共有し、その共有情報を基盤とした中で組織の成員のコミュニケーションの円滑化をはかっているともいえる。

数学であれば数の論理的な処理が研究対象となるが、数字そのものは極度に抽象化されているために、その数字の背景情報について思いが至ることはあまりない。しかしながら実際に存在する数は量的に変化するものである。1＋1＝2のように現在当然と考えられているような数値的操作をするためには数字として象徴的に抽象化される必要がある。[32]そのためには同じようなもの、つまり比較的個体差の少ないものを数える必要性がその成立の背景にあったのではないのだろうか。たとえばイワシとマグロが同じ一匹であっても1＋1＝2にはならない。これに対して羊は極めて個体差が少ないという特色を持っている。[33]1＋1＝2になるためには同じ抽象化された1とみなされる程度に個体差の少ないものを数える必要がその背景にあったと考えられる。

様々な資料からこの数字を数字として扱う象徴化、つまり数の発明は遊牧と農耕を始めたメソポタミア文明とその周辺地域でなされたと考えられている。そして時間を空間的に比喩的な形で認識するために暦法として天体の運行を切り分ける形で象徴化したのもメソポタミア文明である。そしていったん象徴的に成立すると数として論理的な体系にしたがって理解されるようになる。現在の数値的操作やそれを利用した記号論理学の淵源もそこに見出される。そのように考えるとそもそも象徴的な数値、つまり可算システムの構築は当初から人間の時間空間認識、つまり位置確認と深いかかわりがあったことになる。そしてそれがいったん象徴化されるとその背景は見失われ、数的な演繹体系に組み込まれることになる。

話を戻すと実生活においても実は、〝同じとみなす〟ということは決して容易なことではない。人間社会が貨幣を使いだして常に問題だったのが、貨幣の価値をどのようにして確定するかということだった。流通する金銀貨などの品質が必ずしも同じではなく、同じ価値として扱うためにはその品位を確定することが必要であった。歴史的に両替商の最も重要な仕事はその品位の確定だったのである。この問題はこの問題で膨大な研究領域となり、本書の主題と離れるので、これ以上論じることはやめる。[34]

自然科学は、抽象化された数学で表現することで大きく発展した。デカルトによって発案されたデカルト座標の導入によって、代数学と空間幾何学を統一的に扱うことができるようになった。その結果として、空間にあるものを数字で表すことができるようになり、空間を数字で操作することができるようになった。そしてその方法が現在至るまで科学の基盤をなしていることは事実である。

〝宇宙は数学という言語で書かれている〟とガリレオ・ガリレイが述べた。自然科学、特に物理学の世界は数学で記述され、それが妥当性をもって自然現象を説明し、その結果は、工学という形で操作的に利用できるようになり、私たちの生活を支えている。この自然科学の成功を言語に当てはめた体系がヴィトゲンシュタインの『論理哲学論考』である。しかしながら彼は『論理哲学論考』を表したのちに、言語の背景に様々な情報があり、言語と事象が必ずしも一対一対応しないことに気がついてしまった。その結果として後期ヴィトゲンシュタイン哲学ではアフォリズムで断片的にしか記述できなくなってしまった。このように言語の性質を考えれば、ヴィトゲンシュタインの断絶ともいえる変化は、単なる断絶ではなく、一つの視点の変化が生んだ必然であると理解することができる。

同時に重要なことは、いったん言語化され演繹体系にのった知識は、論理的な展開を必要とするということである。ここから先はヴィトゲンシュタインの『論理哲学論考』の考察の対象範囲となる。

社会学でいう社会的事実とはこの非言語的に、非反省的に共有されている知識と法体系に代表される演繹構造を持つ言語的に表される社会制度、それと実体的な交換などが結びついたものであると考えることができる。そしてそれらは同じことを繰り返すという意味で反復性を持っており、科学の対象となりうるのである。

5　意味世界の構造における世界観と人間の理解

これまで述べてきたように、本書で提示する原理に基づいて考えると人間は世界観の中で生きているために、世界観が違えばまったくわからないことも生じ得ることがわかる。知的創発について述べた部分で、発見とは目線の変化で、世界観の変化を伴う。その場合には、これまでの知識をその世界観に合わせて組み直す必要が出てくると述べた。逆にいえばこのような仕組みを持つ中で理解しあえることのすごさを感じる。これが可能になるためには、基本的にヒトの脳の構造や理解のメカニズムが同じであることが前提となる。そして膨大な情報をそれほどの違いがない形で共有している必要があることになる。この膨大な情報の共有のうえでの〝ゆらぎ〟が差異をつくり出し、動きをつくり出す。知識という視点からみれば、まさしくこれが社会の正体といえるかもしれない。本節では、このような視点に立って、改めて意味世界のありかたと人間の知について考えてみる。

（1）人間における知の多層性

人間はいうまでもなく生物であり、その能力のうえに社会を成り立たせている。社会もまた生物としての様々な反応がその基盤にあることはいうまでもない。人間以外のすべての生物も環境に適合し、その生をつないでいる。その意味では知的活動であっても生物としての制約や能力の限界の中にあり、その範囲の中で成り立っていると考えることができる。生物学的条件は、人間の行為の制約条件としては機能しても、それだけで社会現象を説明できるわけではない。マックス・ウェーバーが示したように、生物学的な機能や脳の生理的な機能に関しては基本的に生物学的・医学的な領域であり、社会学の中心課題ではない。

つまり、ここで注意しなければならないことは、ベストセラーとなったデズモンド・モリスの『裸のサル』にみるような動物行動学の知見は分析の基盤となることはあっても、そこへの還元では社会現象の説明としては不十分であるということである。[35] それらの知見は社会的活動の基盤にあるとしてもそれですべてが説明できるわけではない。生命科学から社会学までの知はポラニーがいうように下位の層に還元できるものではなく、それぞれの層で理解されるべきものなのである。同時にそれらが多層性を持つことで成り立っていることを理解することが基本になる。

(2) 社会学における知の領域

ここで社会学の知の領域=意味をこれまでの分析をもとに考えてみよう。それは顕在的・言語的に理解されている知識と、第一次社会化、第二次社会化を通じて内在化され、非顕在的・非言語的な情報が主観化された状態ということができる。

前述した通り、非言語的な処理システムに言語的な仕組みがのることで、いわゆる言語的なコミュニケーションが成り立っていると考えると、そのほかの行為でもほぼ同じメカニズムであると推定できる。これは言語を習得する以前に備えられるものであり、そこで乳児期から幼児期に適切な親子関係などで、自己の存在肯定感を得た子どもと、望まない妊娠・出産でこの世に生を受けて、自己の存在肯定感を持てないなかで育った子どもの違いも生む。第一次社会化の過程で自己の存在肯定感を確実に得られなかった子どもは、人間の持っている根源的な不安感に強くさいなまれ、非常に目線の狭い自己の肯定を確認する作業に追われるであろうことが推測できる。援助交際など、明らかに長期的な目でみればマイナスになることがわかっていても、そこにしがみつくしかない、という現実も生まれてくる。

いじめなどの問題が地域や生活環境に影響されることは広く知られた事実である。存在の肯定という形で幼少期に存在の確信が持てなかった子どもたちが、再帰的認識能力に付随する演繹構造の拡大などの中で、思春期に入り自己を社会的な関係の中で把握する必要が出てきたときに、他者を否定する形で自己の確認を行う。具体的には犠牲者をつくり出すことで集団への帰属を構築し、自分の安全を確保していると考えることができる。

その意味で社会問題の多くが幼少期の環境に依存していることがわかる。その時期に適切な形での自己の存在に対する確信の形成ができなかった場合には、他者との比較の中で不安にさいなまれた形で自己の存在確認をしがちであると考えられる。傍証は数多く存在するが、この点に関しては社会問題の基盤であり、社会調査を通して検証することが必要であろう。そして望まない妊娠・出産で生まれてきた子どもたちは、人間の再帰的認識能力から、極端に不安定な状況に置かれることがわかる。自分の存在に確信が持てない場合に他者の存在はさらに意味がないものとなることは当然といえる。

話を集団における情報共有に戻すと、この非言語的な知識は社会集団に共有される。その意味ではその時代に属する人が同じ行為を行う、または同じように世界観を理解することが説明できる。まさしく現象学のいう〝見えている世界〟である。世界内存在としての私たちはそこから離れて生きることはできない。そしてそれらは非言語的なものを多分に含み、行為を行ううえで重要な役割を果たすイメージや見えている状態を含んでいるので、時代が変わってしまうとその時代の空気が理解できないということが起こる。

前述した通り、これは身近な例では恋愛と失恋の関係に劇的に表れる。〝誤解をしながら結婚し、理解をしながら離婚する〟、という言葉があるが、これは自分の思い込みを相手に投入し、美化し盛り上がっていたものが、一緒に生活することでその現実が明らかになり、自らの幻想が崩壊し、理解し、構造がわかってしまったら目線が変わってしまって、どうしてそんなに好きだったのかすら、わからなくなった状態である。

いずれにしても〝あばた〟も〝えくぼ〟ではないが、なぜ自分がそんな行動をとったのかわからなくなるというのは別に珍しい現象ではないだろう。日々の生活でもそのような目線の変化は生じるし、時代が変われば見えている世界観が変わってしまうことがある。これを〝時代精神〟や〝流行〟と呼ぶことができるだろう。そして科学の分野であればT・クーンが『科学革命の構造』で述べたパラダイムシフトのような変化をもたらす。

話を意味の構造に戻すが、この言語的知識と非言語的な知識の境界や関係性もまた一義的ではない。非言語的にエンベッディド（組み込み）されて身体知化した知識も、もともとは外部から入手した知識であり、その意味では社会的知識である。いったん内部化され主体化され非言語的な形で意味化された知識も反復が重なることによってゲシュタルト崩壊が生じ、意味と分離（disembedded：離床）し、異化し、行為と分離してしまうことがある。これが先に述べた一流スポーツ選手にみられるスランプの正体かもしれない。

経営のスキルも同様である。松下幸之助が〝経営学は教えることはできるけれども、経営を教えることはできない〟といったように、言語化された経営学が教科書を使ってでも伝えることができるのに対し、いわゆる経営判断を当意即妙に行う〝行為としての経営〟は経験を踏まえたうえでの個人の資質に依存する。勉強したからといって実践できるかどうかは別の話であるし、経営コンサルタントによって言語化されてもそれが活用できるかは別の問題であるということになる。

また、いわゆる〝名プレーヤー、必ずしも名監督ならず〟といわれることがある。名プレーヤーはその身体能力の高さと相まって〝行為できた人〟であるが、それを伝えられるとは限らないことを示している。監督はそれを言語化して選手に伝えることが求められる。したがって自分の経験を適切に言語化することが求められる。このように求められる役割が違うことを考えれば当然といえる。しかしながら名プレーヤーといわれる領域まで行かなければわからない経験もあり、それをどのように受け取ることができるかという、選手の能力や資質の問題もある。このように経験と知識の関係は単純ではない。

（3）言語と言語的コミュニケーション

前節で知識と理解のあり方について少し述べた。このあり方のなかで、社会学が対象とする知識は、個人の中に内在化された社会的知識と社会的関係性の中で不断に確認される知識であり、その相互作用の中で社会が構成されていると考えることができる。SNSなどでは身体言語の部分はそぎ落とされてしまうが、この社会的コミュニケーションのほとんどは身体言語を含めた形で言語的に行われる。この行為の主要部分を占める言語的コミュニケーションについてもう少し解説する。

言語も行為であり、情報と行為の関係としては、そのほかの行為と同じ構造を持っている。しかし言語は記号のやりとりを通じて行われるために、その論理性に関心が集まっていた。論理実証主義をはじめ、いわゆる数理社会学はゲーム理論などの展開の中で成立しており、ある意味ではヨーロッパの学的伝統であるスコラの現代版であるといえる。しかし冷静に考えれば、それだけで言語的コミュニケーションが成り立つわけはないし、行為が説明できるわけでもない。

すでに述べたが、発話行為であればコミュニケーションの媒介は声であり、発声の組み合わせとなる。その一定のパターンがただの音を記号化し、さらにその記号が文法などの構造の中に位置づけられることで、意味として理解される。音声を聞き分けることも文化的に規定されている。そして当然その文化圏で育てば脳内でその音を明確に区分するようなパターンがゲシュタルト化され第一次社会化で組み込まれることでそれは意識しなくても自然にできる行為となる。

社会学では言語の論理構造が持つ意味が、論理実証主義のように重視されてきた。数学やスコラと同じように演繹的な論理に厳密に縛られることから、『論理哲学論考』を著した時点のヴィトゲンシュタインのように、それですべてが解決されたと考えることが可能であったといえる。それはヨーロッパの学的伝統がスコラ論理学に基づいていることもあり、広く受け入れられた。

前述の通り言語哲学の前提である音声のパターンを記号として理解することもまた、社会的に共有された知識があるから可能になることである。まったく知らない言語に接した場合には、その言語の発音が単なる音や騒音と聞こえてしまい、言語と認識できないことすら生じる。つまり言語は発音だけで言語をなしているのではなく、その背景に、共有された顕在的な情報とともに意味の中に組み込まれているイメージがなければ、まさしく意味を持たないことがわかる。そしてそれは非言語的なものであるがゆえに、共有を前提としながら、何を共有しているかは必ずしも一義的ではない。

近代言語学の祖といわれるソシュール（ソシュール、フェルディナン・ド：Saussure, Ferdinand de, 一八五七年一一月二六日〜一九一三年二月二二日）は、いわゆる記号としての言語であるシーニュが、シニフィアン（signifiant）とシニフィエ（signifié）からなることを示した。シニフィアンは指し示すもの／意味するもの、シニフィエは指し示されるもの／意味されるものという意味で、「Tree」、「木」は異なるシニファンであるが、ほぼ同じシニフィエを意味する。そしてその間には必然的な結びつきはなく任意であり、これが言語記号の恣意性となる。

このように音声パターンはその背景に相互に共有された情報がなければ、意味を持たない。これがコンピューターなどの信号を直接処理するメカニズムと違うところで、どんなに厳密に第一次社会化を行い、意味を内在化させたとしてもズレが生じる余地があることになる。

後期ヴィトゲンシュタインがアフォリズム的な断片的な記載しかできなくなったことも、この言語の持つ不確定性との格闘の結果であったと考えることができるだろう。このメカニズムは社会化によって言語情報、非言語情報が共有されていても生じるが、安定的な社会ではあまり問題にならない。安定した社会ではその成員に同じ情報が広く共有され、その情報の妥当性があまり疑われないために、そのずれは小さく抑えられるからである。そして情報伝達の経済学とでもいうべき現象が生じる。長年生活を共にした夫婦間であれば、その夫婦間でしかわからないまでに情報コミュニケーションが短くなっているなどの事例に、それをみることができる。

　しかし、社会の変化が激しく情報の妥当性が世代や社会集団によって異なる場合には、話が通じないということが起こってくる。異質性を前提とした社会ではありとあらゆる条件などを書き出し文書として残す必要が出てくる。私たちが保険などの契約をするときに、とても読めないほどの情報が書き出してあることを経験する。しかし様々な事態に備えなければならない保険契約においては、その詳細な内容を規定することではじめて契約が成立する。これは言語化と非言語的な知識の問題を考えるうえで示唆的である。コミュニケーションにおいて必要性に応じ複雑な情報を言語化することと単純化することの間に情報の経済学とでもいうべきものが生じていると考えることができる。

　言語的情報伝達の在り方は、実は脳内シナプスの情報伝達も同じで、シナプスから情報伝達物質が放出されても、経験や必要性などから選択されて受容されるという。これを脳科学では液性情報システムと呼んでいる。つまりコンピューターの回路のように電子的に接続し、信号が移動するというメカニズムではない。[36]

　いずれにしても言語的コミュニケーションも、送り手は自らの意味をのせたシグナルであるシーニュを発信しているだけで、受け手の側の情報次第でそれがどのように受け取られるかは変わってくることになる。したがって、受け手の経験や学習などによって変化することになる。情報の質や量によって、発信されたシーニュが正しく伝わる場合もあれば、正しく伝わらない場合もあることを意味している。さらにいえば、話し手が思っていたよりも深く広い理解を形成する場合が生じるということもありうる。つまり言語的コミュニケーションとは大体伝わるが、確実に伝わるものではないのである。したがって、社会的なコミュニケーションが成り立つためには、基本的な情報が言語的にもその言語に意味をもたらすイメージを含む非言語的情報としても共有されていることが不可欠となる。

(4) 自己と他者、そして社会的事実

あらためていうまでもなく、言語を主な媒介としてなされるコミュニケーションの前提となる対象は他者である。究極的な意味において自己を離れえないとしても、現実的に考えれば意味世界において自己を自己として意識するためには他者が必要になる。これは根源的な重要性を持つ。つまり他者がなければ自己を適切に認識することができなくなることを意味する。自己の存在確認のためには他者が不可欠なのである。

自己の再帰的認識能力による不確定性は人間の認識機能として備わっているものであり、すべての人が持っている。ということは、すべての人は再帰的認識能力を通して自己の不確定性という不安を抱えているといえる。この不確定性を避けるために最も頻繁に使われる方法は〝問わないこと〟である。問えば論理的な展開として自己の不確定性を避けることはできない。そして言語コミュニケーションを可能にする膨大な情報の共有も、この〝問わないこと〟に貢献する。

この人間の再帰的認識能力は驚くべき論理的な結論をもたらす。近代人としての私たちは私たちの身体を私と認識しているが、実は自己をどのように自己として認識するかは固定的なものではないということになる。この考え方からいえば、個の確立としてアイデンティティの確立という表現が使われることがあるが、これは幻想であることになる。アイデンティティの確立が幻想であることは、人間にとって最も強い欲求として自己承認欲求があることを考えればわかる。アイデンティティの確立が社会的なものでないとすれば他者からの評価は関係がなくなる。しかし独立意識が強く、独自の研究に価値を置く研究者であっても、自らが帰属する準拠集団による仲間からの評価、つまりピ

アレヴューによって自分の学問の評価を理解し、自己の研究の価値を確認している。

これは研究という特殊な作業でなくとも、普段のコミュニケーションのほとんどが他者を通した自己確認に費やされていることの証明ではないだろうか。ミードが〝鏡に映った自己〟といったが、社会において鏡とは他者である。普段のしぐさ、例えば通常のコミュニケーションの場合であれば、非言語的な〝しぐさ〟や表情などからも他者の受け取り方を感じ取ろうとする。これは言語的な表現は意図的に変更可能であっても、身体的な反応、いわゆるボディランゲージは、恣意的な操作が難しいと考えられていることを示している。一流の詐欺師などはこのボディランゲージも操作し信じさせる努力をしているのであろう。

これをすべての人が行っているということは、自己の存在に関わる問いに関しては不安を避けるために〝考えたくない〟メカニズムが働いていて、これがすべての人に人間社会のＯＳ（基本ソフト）のように組み込まれているとすれば、その力は意識されない形ですべての人々の行為、つまり人間社会に対し、膨大な強制力を発揮しているのである。

この共有された情報の中で、言語情報は特別な性格を持つ。いったん言語的に発せられた知識が共有される場合、その時代の理解の制約はあるとしても、なぜか演繹的に論理的なものでなければ理解できないという人間の理解の制約から、その展開もまた強力に相互に確認され、論理的な方向性に向かう。

この理解が個人の思っていることと同じかといえば、おそらくそうではない。しかし言語的な知識になってしまえば否定できないという現象に出くわしてしまう。その例をワーグナーの楽劇『ラインの黄金』にみることができる。『ラインの黄金』は、古い共同体が近代化の中で導入される契約概念で縛られていくときの確執を描いたともいえる。伝統的な価値観の中では絶対的な権威を持っていたはずの王であるウォータンもまた契約に縛られていく。これに対して古い共同体の価値観に準拠する娘のブリュンヒルデが造反するという物語と捉えることも可能なのである。

いうまでもなくこれは基本的な価値観が共有され、規範などのように非言語的な形で価値観が共有されていた古い共同体的な社会が、契約をもとにした近代的な価値観に縛られていくことへの哀歌であると考えることができる。ワーグナーの楽劇は当時のドイツ人のメンタリティがこのような内容に共感できたからこそ成立したといえる。

このように社会制度や相互に確認する相互作用、さらにその基盤としての共有された社会的知識の集積は、自らがその一部であると同時に、自らが構成しているものであるが、決して思い通りにならないことがわかる。

（5）知識の社会的共有

ここで社会的事実を構成する社会的知識が、社会的に共有されることによって生じる結果について考えてみよう。これまで述べてきたように社会的知識は、顕在的知識と非顕在的な知識から構成されている。それぞれの知識の比率を定量化して調べることはできないが、これまで述べてきた分析から推定できることは、非言語的な知識の方が圧倒的に大きいであろうということである。

記号論理学や論理実証主義で扱われてきたのは、言語という形の顕在的情報であり、数理社会学などの主たる分析対象もまたこの顕在的情報である言語の論理性やその論理性によって人間主観とは別の形で拘束されていく姿であったといえる。ソクラテスから始まった〝論理のくびき〟は、人間の主観とは別の形で人間を拘束する点から、哲学や論理学の関心の主たる対象となってきた。

このような性質を持つ言語は、それだけで存在しているわけではない。それぞれの言語が意味を背景に持つことによって、言語として機能すると同時に、その背景となる意味はまさしく非言語的な個人と個人の相互作用の中で常に微妙に修正され揺らいでいる。

しかしながら言語の背景が揺らいでいても、言語で表されたことは、その論理性に基づいて相互に共有される。この言語的知識は、それに準拠して人が行為するということもあり、外部化された知識の特色である論理的な演繹性を持って展開し、それは個人の意思を離れて個人を拘束することは事実である。そして、それは言語だけでなく貨幣で表記される経済活動も同じである。ルールが共有されている以上、そのルールの変更は非常に困難になるし、そのルールで人は縛りつけられる。

そのような意味では言語化された知識によって、個人が非言語的なイメージを含め規定されていき、それが論理的な構造を有しながら人々の行動を規定していくと考えることができる。いわゆるポスト構造主義のいう構造はこのような事象を指すと考えることができるのではないだろうか。

（6）社会的事実

このような顕在的知識と非顕在的な知識の関係から考えれば、前述したとおり、デュルケームが提出し、社会学という学問の視点を提示した〝社会的事実〟とは何かが明らかになる。パーソンズが展開したシステム論の基本的な要件はシステムとして社会現象が固定できることであろう。その固定できる社会現象についての理解が現象学的社会学者であるシュッツとパーソンズの間で異なっていた。シュッツはパーソンズが前提としたシステムとして固定しうるものを現象学的に固定しようとした。これは確かに現象学の対象で、システム論が前提とする様々な概念が非言語的な性質を持っていると考えると、人が同じ行為をなぜ繰り返すのか、もしくは繰り返し続けることができるかを説明することができる。残念ながらパーソンズはシュッツの提示した問題を理解できなかったようだ。

システム論の前提となるシステム構成要素も、それを意識して問うてしまったら修正が入り、同じことを続けることは難しい。しかし、問われなければ同じことを繰り返し、システムの構成要素としての役割を果たすことができる。このような形で、問われない形で維持されている〝見えている世界〟、つまり非言語的に抱かれているその時代の世界観とでもいうべきものが、人々の行為を規定していると考えることは妥当であろう。これに加えて、いったん顕在化され共有された知識や観念は、共有されているがゆえに演繹的展開を持ち拘束することになる。

つまり社会学が対象としてきた社会的事実とは、まさしく社会唯名論と社会実在論の間にあって、人が自己確認の相互作用の中でつくり出した現象であると考えることができる。そしてそのことは普段は意識されない。意識されないからこそ、そのように行為することができる。それを比較の視点からみたときに社会学の研究成果として言語化できる可能性を持つのである。そして外部化され共有化された演繹的知識もそれが多数によって理解されていることから変化しにくいものとなり、人を拘束することになる。人間が生み出したにもかかわらず自由にならない、〝意識下に共有された知識〟と〝法律などに代表される外部化され、言語化され、共有された演繹的体系〟の複合が「社会的事実」の正体であると考える。それが人に与えた影響が統計として表れた場合に、社会的事実が実証されたと理解することができるのである。

【注】

1 セルフシンメトリーに関してはマンデルブロによる(マンデルブロ、一九八五年、『フラクタル幾何学』)。

2 前述したプリゴジンの「散逸構造論」でも「複雑系」の議論でも場合によってはペレルマンが証明した「ソウル予想」でも構造化の議論は説明できるが特に動態を扱っているわけではないし、数学的空間幾何学を扱っているわけでもないのでセルフシンメトリーという概念を使用する。

3 養老、一九九八年、『唯脳論』、二〇一―二二〇頁。

4 ポランニー、カール、二〇〇九年、『大転換』。

5 楠本、一九八七年、「経済的権力の背景」(研究ノート)、『経済社会学会年報Ⅸ』、一九三―二〇〇頁。

6 ポルポト支配による家族紐帯の破壊は、社会学的に考えればまさしくアノミー形成の条件となる。これは社会学的に考えれば極めて重要な事例であるが、筆者の知る限りその影響をいわゆる実証調査として行った研究はなかったので筆者が調査票調査を実施し検証をした。またカンボジアの制憲議会成立の根拠作成のために国連主導で行われた国勢調査結果ならびにカンボジア政府によって実施されてきた国勢調査をもとに人口推計を行った（楠本、二〇〇二年、「カンボジア労働者の規範構造―カンボジアにアノミーはあるか―」、『経済社会学会年報XXIV』）。

7 マルクス、一九六四年、『経済学・哲学草稿』、九三―九八頁。

8 社会学的にはよく知られている通り、マートンがその知識社会学の中で人の存在被拘束性が非常に多様であることを示し、マルクスがいうように一義的に分類できないことを示した。

9 スターリン粛清は九〇〇万人～一〇〇〇万人、文化大革命は餓死者を含めて二〇〇〇万人が犠牲になったといわれる。スターリン粛清に関しては様々な検討が行われているがその推計には大きな幅がある。

10 これに比肩しうるのはチンギスカンから始まったモンゴルによる侵略と殺戮で一億一五〇〇万人、ヨーロッパ人の侵入によるアメリカ大陸原住民殺戮が四〇〇〇万人に及ぶと考えられ、その双方で耕地の再森林化が進みCO$_2$が吸着された結果として地球規模の寒冷化が生じたという（**Pongratz, et.al.**, 2011, *Coupled climate-carbon simulations indicate minor global effects of wars and epidemics on atmospheric* CO_2 *between AD 800 and 1850*）。

11 マックフィーはロスアラモス研究所で原爆開発に携わった研究者に詳細なインタビューを行い、核技術が一般化していく様子やそのリスク理解などの当時の状況を記録している（マックフィー、一九七五年、『原爆は誰でも作れる』、八五―八七頁）。

12 ベストセラーになった『人新世の「資本論」』でマルクスのユートピアが再び語られている。草稿レベルの新しい史料を渉猟した労作であることは事実であるが、その主要内容は『経済学・哲学草稿』のなかにすでに記されている。そこで主張されている論理で八〇億を超えた地球人口を支えることができるのだろうか。『人新世の「資本論」』の著者にはぜひその論理で可能になる代案を期待したい。斎藤、二〇二〇年、『人新世の「資本論」』。

13 ウェーバー、一九六八年、『理解社会学のカテゴリー（**Weber, Max**, 1913）』、一一頁。

14 現在主流となっているノイマン型コンピューターではプログラムと回路構成が置き換え可能であることが知られている。プログラムを使用する場合にはそれを記録装置から読み出し情報を与えそれを回路で演算し解答を出す。このプロセスは汎用性が高いともいえるが読み出し書き込みに時間がかかるので、同じ作業しか行わないのであれば、回路に焼き付けた方が早く処理できる。AIで需要が高まっているGPUもそうであるが、現在様々な目的に応じて演算子を開発しているのもそのような理由である。このソフトウェアによる処理と電子回路による処理の中間的な対処法として一定の情報を間違いなく再現するROMを焼き付けて効率化を図る方法がある。ソフトウェアは汎用性が高いだけにプログラムのバグといわれる不完全な部分も生じやすいが、さまざまなニーズに対応することができる。焼き付けROMはソフトウェア処理に比べれば汎用性の程度は下がるが、新しい演算子を回路設計から考えてつくるのに比べたらその変更は容易である。家電製品のように基本的に同じ処理を安定的に行うことが求められる場合にはその専用の演算子とROMで対応することで費用対効果を高めている。人間の脳も同じような側面を持っているようである。言語化された情報で行為を行う場合には内在化された情報にしたがって行為を行うよりは処理速度が遅くなるし、言語が持つ演繹性と不完全情報しか一般には得られないということから誤った対処を行う場合も多くなる。その意味では人間の脳の中にエンベディッドされた知識の方が、安定性が高くあまり失敗しないということもいえる。このことに対する経験的理解が反知性主義に対する共感にもつながるのではないだろうか。

15 現実的にいって一般の聴衆に話す必要があるときにあまりにも厳密な条件設定を話していると、逆に理解を得られない場合も多い。その場合にはある程度の条件設定を話し、制限性を理解したうえで、自らの意見として述べるしかない。ここで述べていることはそのような留保条件をつけずにプロパガンダと変わらない言説を述べることに対する批判である。

16 予言者（prophet）と預言者（nevim）の違いについて。予言はこれから起こることをあらかじめ述べることをいい、預言は神が定めた歴史を預言者に託し、伝えることをいう。未来を予見することは通常の出来事ではなく、神からの恩寵を得たものしかできないと考えられたことから、予言もカリスマとつながる。その意味では区別なく利用している場合も多く区別は難しい。単純に未来をみるという意味では seer などの言葉が使われる。本書では神から言葉を預かったという意味で使う時に預言を使用し、単純に未来を語ることに関し予言を使用している。

17 これもヨーロッパの学的伝統の宿痾かもしれない。よく知られる「哲学は神学のはしため（婢）」という言葉はアクィナス（Aquinas, Thomas, 一二二五年頃〜一二七四年三月七日）の『神学大全』「第一問第五項」にある（アクィナス、一九八〇年、『世界の名著20 トマス・アクィナス』）。神学大全を読めばアクィナスが諸学に対する検討を踏まえたうえで、あくまで神学者の立場で、神からの啓示を絶対的に正しいとする視点からそれを記載していることがわかる。その意味ではまったく検討することもなくそれを主張しているわけではない。しかしながらそれを継承したキリスト教会の中ではそのような客観的な姿勢は見失われ、理性である学問＝哲学は神という、理性を超越した存在を表現するための手段であるという部分が強調されたのであろう。その観点に立てば、どのような論理も修辞もそのための手段でしかない。キリスト教の伝統では神が最初に来てしまうので、それを分離することは極めて難しいということがわかる。ニーチェの一連の著作はまさしくそのような理非を超えた信仰を強制し、それで思考を封殺するキリスト教会の思想体系に対する反乱であったと理解することができる。科学もまた西欧の学的伝統の中から生まれた。したがって社会科学であってもその分離は極めて困難である。現在でも「人権」概念が議論されることもなく無前提的に使われていることを考えればそのことがわかる。ウェーバーの壮烈な格闘もまた、この西欧の伝統との格闘であったと理解することができる。そしてキリスト教会がなぜそこまで信じることを強調したのか、さらにそれがなぜ受け入れられたのかを考えると、そのこと自体、本書で主張する人間の認識構造がもたらす不可知性を安定化させるためにどれほどの努力がはらわれたか、ということの証左でもある。

18　フロイト、一九六九年、『夢判断（Freud, 1900）』参照。

19　ドーキンス、一九九一年、『利己的な遺伝子：増補改題『生物＝生存機械論』』を参照。

20　フーコー、一九七五年、『狂気の歴史―古典主義時代における』を参照。

21　犬飼による指摘であり感謝する。筆者としては、存在被拘束性の考え方やそれから展開した知識社会学のなかでブルデューのいう文化資本などを帰属集団による拘束の問題の展開と理解していた。存在被拘束される場合には当然のことながら特定の何かにだけ被拘束されるわけではなく、嗜好などを含めた社会関係のすべてに拘束されるからである。

22　これが社会科学における〝要素〟の持つ特色であるといえるかもしれない。例えばかつて乳児死亡率と女性の識字率にはマイナス〇・九五ほどの非常に強い相関があった。この事実に注目した開発分野では女児の教育が重点領域となった。しかし政策介入が行われ女性の識字率が高まるにつれ、その相関は弱くなっていった。この事例のようにほぼ完全な相関と思われた関係が崩れたということは、因果律にもみえた関係が実は様々な要素で形成されていたことを示している。相関があるからといって因果律としてそれに簡単に還元できないことの典型的な事例となっている（楠本、二〇〇六年、『アジアにおける人口転換』）。

23 姜、二〇〇八年、「近世中後期における武士身分の売買について：『藤岡屋日記』を素材に」、『日本研究37』、一六三―二〇〇頁。

24 西陣織屋の娘、畳屋の娘など諸説がある。そもそもの出自がどのような身分であっても名義的に養子になることで条件を整えるということが一般的に行われている。ある意味で既存の秩序構造を利用して社会的地位の移動を容易にしている。農民出身の豊臣秀吉も元関白の近衛前久の養子となる形をとって関白の地位についている。

25 どちらも男性の血統を重んじる文化でありながら女性の出自でその子どもの身分が決まっていくのは、戦乱の中で男性の出自を確認することが難しかったからだという指摘がある。ユダヤ教の場合でもユダヤ戦争までは父親がユダヤ教徒であることがユダヤ教徒になる条件であったといわれる。

26 高根、一九七六年、『日本の政治エリート：近代化の数量分析』。

27 ＡＩなどが今後、さまざまな創造を行う可能性はある。これは社会学でいう交差想像力と同じものであろう。つまり私たちが言う想像のほとんども、既存の知識などを異分野にあてはめて生じていると考えられる。既存の知識の集積や応用だけでは生み出されない本当の創造がどの程度あるのか、などについてはＡＩが進展していくにつれて明らかになっていくものと考えられる。

28 ポランニー、一九八六年、『創造的想像力』。

29 ポランニー、一九八〇年、『暗黙知の次元―言語から非言語へ』。

30 シュッツとパーソンズの往復書簡の中にシュッツが〝私はただちにあなたの体系性の重要性と価値がわかりましたし、同様にまたちょうど私の書物が終わるところでそれが始まるという事実もわかりました。〟と述べパーソンズが〝私はあなたの議論の中に私の立場を揺るがすようなものを見出せません。〟と述べていることがそれを端的に示している

（スプロンデル、一九八〇年、『社会理論の構成―社会的行為の理論をめぐってA・シュッツ＝T・パーソンズ往復書簡』）。

31　ヤスパース、一九七一年、『精神病理学原論』、一八四―一八五頁。

32　現在知られている最古の資料は五三〇〇年ほど前の石膏板に記録されている（エヴァレット、二〇二一年、四八頁）。

33　家畜になる動物は限られているが、野生種が発見されていないことを含め最も古く家畜化されたのは羊ではないかと考えられている（梅棹、一九七六年、一一三頁）。そして農耕はメソポタミアで始まったことが定説になっているが、遊牧の起源もメソポタミアもしくはその周辺地域で発生した可能性が示されている（梅棹、一九七六年、九三頁）。

34　そして金銀であれば手間はかかるが品位の確定が可能なので、一定の価値を与えることができ、国際通貨としての役割を果たすことができた。貨幣が何をその裏づけとするのかは世界の経済システムの変革をもたらす。例えば第二次世界大戦前の英国のポンドが国際基軸通貨であった時代には、金の備蓄が通貨発行を裏づけていた。ニクソンショックは為替の自由化に注目が集まったが、その本質は国際通貨であるドルが金本位制を停止し、その発行の裏づけを基軸通貨として石油やウランなどのエネルギーの国際決済権そのものに移行したことであると考える。金の存在量は限られており、金備蓄の範囲内でしか通貨発行ができないとすれば、拡大する国際経済が求める媒介としての通貨発行ができなくなることが背景にあったのである。現在のビットコインなどが与える本質的な問題点もここにある。エネルギーという人間社会を維持するために不可欠な物資がその裏づけにあるのではなく、情報が裏づけになったということである。これはまさしく人間の知識、情報そのものに価値が移行していることを示している。しかしながらやはり実体経済の生産力を超えて社会が存在できるわけではないので、この点でも制限と制御の関係が課題になることになる。その意味では貨幣や通貨の問題の本質は、交換の媒介に対する与信の問題であり、それをどのように認識するかという問題であるということがわかる。

35　モリス、一九六九年、『裸のサル：動物学的人間像』

36　電子回路もトランスやコンデンサーなど非接触型の部分を有するが、ここでは触れない。

7 社会における交換・秩序構造・信念体系・思考の経済学

1 社会的認知における不可知性の解消としての交換と構造

ここで私たちが社会関係の中で行う交換とその継続的パターンとしての構造を本書の理論から考えてみよう。これまでも述べてきたように、意味世界の共有を大きな手段として、私たちは社会的認知における不可知性がもたらす不安をあらゆる方法で解消しようとしている。それは単なる自己確認ではなく、ほぼすべての人間の行為を覆いつくす営為であることがわかる。ここではその交換という方法を使って実現される不可知性の解消についてみてみよう。

空間認知について述べたように、実は私たちが客観的と考えている空間認知も、人間は自分がわかりやすいように、不安を感じなくて済むように理解している。

前述したように私たちの多くは地動説を受け入れ、地球が球であることを理解している。しかし普段の生活で地球から吊り下げられている、と思って生活している人がどれくらいいるだろうか。当然のことながら、ブラジルあたりからみれば日本人は地球にぶら下がって生きていることになる。前述したように、このことを意識しないのは、私たちが通常であれば、地球が球だという認識を持たずに、自分がいる地点を問うこともなく前提としているからに他ならない。逆に中世において地動説が出てきたときに、それまで天動説を信じていた人たちにとってはやはり、世界観を揺るがす不快感を与えたのだろうということがわかる。地球が球であることを意識しないことで、地上を平面と捉え、私たちは生活しているのである。仮に平面と置き、それを意識しないことで、認識的な不安定性を回避しているといえる。

（1）水平関係と秩序構造による位置の確定

ここから社会学が通常扱う人間関係などの水平関係によって私たちが拘束されている在り方と、社会的秩序構造について考えることにする。私たちは私たちを取り巻く関係性を社会空間として認識している。その社会空間におけるその位置確定は、空間における位置確定と同じ構造を持っていると考えられる。そして社会空間における位置関係の仕組みを使って自らを位置づけている。この社会空間を便宜的な区分でしかないかもしれないが縦（垂直）構造と横（水平）構造と分けて考えることで理解が容易になる。

信念体系や権威が社会の階層化という意味での縦関係を構築するものであり、さらに時間や暦法も別の形で一定方向の秩序づけと理解することができる。例えば文化人類学的に重要な課題である近親相姦の禁忌は、社会構造と秩序構造の双方に関わることがわかる。そしてその両方とも人間にとっての位置関係の確定と深い関係にあるのである。

構造主義的な人類学の立場に立てば、近親相姦が禁止されている理由は、女性を財としてみたときに交換ができなくなるからという解釈がなされている。同時に石田英一郎の『桃太郎の母』に記されているように人間の始原を記した創造神話では様々な形の近親相姦が記されている。[1]

これは創造神話である以上、増えるためにはそのような方法をもって行うしかないという論理的な要請であるといえる。同時に神とも人ともつかない最初の人にだけ許されて、その後は禁忌となる。起点としての非可算な始原を設定する際にだけ許されている。しかし、日々暮らしていくうえで重要なのは、人間関係を含めた自己の承認という水平的な位置の固定であろうと思う。

（2）水平関係による自己の位置決定

このような水平関係の位置確認は、共時的な意味での安定化の努力につながり、いわゆる「構造」と深くつながる。そしてそれは単なる確認という形だけではなく、人類学でいう財の交換となどの過程を経て行われる。レヴィ・ストロースが『親族の基本構造』で数学者のアンドレ・ベイユの協力を得て示した通り、安定した社会で社会が閉鎖されている中で、〝交差いとこ婚〟が行われることで、その構造を数学の行列式で表わすことができた。動物園でオランウータンなどの類人猿の家系図を見ると、ときどき斜めの線が入っている。これは近親相姦であり行列式にはのらない。安定した社会における婚姻が行列式のような数学的な構造をなすのは、再帰的な認識能力がもたらす要請を満たすために、近親相姦のタブーを侵さないと同時に互酬性を確立することができるように、無矛盾な論理的な演繹体系をなしている結果であることを示している。近親相姦は認識論上の不安定性をつくりだす。親子の役割や位置関係が両義的になることで論理的に生じる自己確認を行ううえでの混乱を引き起こす。

近親相姦を行えば、必ず関係性が両義的になってしまう。例えば母であり妻であるという状況が考えられる。これは自己の存在確認という不断の営為からいえば極めて〝気持ちが悪い〟状態を引き起こす。また人肉食の禁忌も同様であろう。[2] メソアメリカなどでは宗教儀礼の形をとって、人肉食が行われてきたことが知られている。それは、その地域の人口に主食のメイズ（トウモロコシ）では不足する必須アミノ酸を供給する役割と、おそらくその地域の生態系が扶養できる範囲にその地域の人口規模を抑制する役割を果たしていたと考えられる。これはパプアニューギニアやスマトラ、ナーガランドなど比較的近年まで首狩りが行われていた地域に共通している。つまり必要であれば食べているが、食料として食べているわけではなく、宗教祭儀を使ってその結果として食べると解釈することで、人間が人間を食べるという〝気持ち悪さ〟を回避させてきたのではないだろうか。

（3）私たちの普段の世界

現代の社会学が中心的に扱っているのは、日常のレベルの気持ち悪さを回避したり、自己の行為の正当性を確認したりする五感すべてを動員した共時的な確認作業であろうと考えられる。つまり私たちは日常の絶え間ない確認をひたすら行っているといえる。この確認はすでに述べたようなSNSでの承認という身近な自己承認欲求だけでなく、もっと制度的な、いわゆる出世や収入といったものにも深くかかわっている。少しその点を見ていこう。

（4）自己承認欲求・準拠集団

ここで重要になるのが社会学的な用語でいえば準拠集団であり、そこにおける他者からの承認である。私たちが生活する現代社会は、伝統社会に比べて社会の網の目による拘束が少ないといえる。しかし伝統的な地位や役割に縛られていないからといって、自己承認欲求から縛られていないかといえば決してそうではない。伝統的な位置づけほど安定していないからこそ、その欲求は苛烈に出てくる場合もある。実際私たちの普通の生活をみてみれば、そのような制度的安定が緩めば緩むほど、自己承認欲求が強く出てくることがわかる。まさしくそれは人間にとって身を焦がすほど強い欲求であるといえる。それは社会的に他者からの承認という形をとる。社会においてその人が集団から承認されるということは、その役割が期待される（役割期待が与えられる）ものであり、その役割に応える（役割演技を行うことができる）ことを意味し、そのコミュニケーションや交換の中で当然最も強力な自己の確認作業が行われる。そして社会的にみればそのプロセスの中で生活が成り立つと同時に集団の中での機能を果たすことで社会的な安定性を構築する。このように自らが価値を置き帰属する集団を準拠集団という。自らの価値観のほとんどは準拠集団の成員による相互承認で維持される。

現代社会ではこの価値基準が収入という形で金銭的な尺度に還元されることで、その多様性が失われているといえるかもしれない。しかし会社員などの形で機能的に特定の役割を果たしている人が、仕事とは別の準拠集団を持つことも多い。これは稼ぐという機能での競争ではなく、自らの趣味の世界などで評価を得たいということを示している。社会的に求められる機能も個人の役割も単一なものではないので、そのような現象が出てくることは自然であるし、その多様性を許容することで単一の価値観に従った場合に必然的に生じる多くの敗者を避けることができる。その意味では存在被拘束性も単純な構造ではなく多様な形で人を拘束しているということになる。[3]

（5）準拠集団、社会的自己、同化

経済的尺度が大きな役割を果たしているとはいえ、社会階層や職業カーストによってほぼ完全に役割が規定されていた前近代社会と違い、現代社会においてこの準拠集団は一つではなく多重に人を取り巻いている。現実には家族、親戚、友人、小集団、会社、会社のグループ、宗教、国家、地域…etc と様々な帰属集団を持っている。つまり、自己とは社会的自己であることになる。そしてその中でモデルとなるのが〝重要な他者〟である。現実の生活は、マンハイムが提示したような社会階層や階級による存在被拘束性という単純な構造ではなく、役割の多重性という形で様々なレベルで拘束されているのである。

これは、マートンが知識社会学的分析で示した。そこにそれぞれに共有され、相互に常に確認され、保持されている非顕在的な社会的知識があり、それがその集団の特性を決めている。その中のどのレベルの集団を比較するかで社会学の対象が変わるのである。そしてその全体が有する知識は、環境の変化などによってもたらされる言語的知識の変化によって変化する。最初は新しい情報として言語的に理解されていた知識も、長年使われ、頻繁に使われるようになると、意識的なものではなくなっていく。

このように言語的、非言語的な形で自分の所属する集団の価値観や情報、世界観を共有していく同化という過程は、第二次社会化の一つの在り方と考えることができる。そしてこのような他者との関係性の中で、その価値観や行動様式を受け入れていく過程、自分の価値観を調整していく作業を、その作業を行っている個人のレベルからみれば同調する、と呼んでいる。社会学の場合には、そのような過程を組織の健全な運営をもたらし社会維持の機能を果たすと考え肯定するので、同調の是非を問うことはあまりないが、その同調が集団の持っている目的の内的な暗黙の規範を過剰に強調し、積極的に行われる場合には、同調が持つ組織を運営する能力を阻害することにつながり、過同調として逆機能を果たすことになる。

(6) 交換と構造主義

ここで、この日々の確認と構造との関係に戻って考えてみよう。どのようなプロセスを通じて日々の自己確認が構造へと移行していくのだろうか。現実社会では、この確認には単なるしぐさや、言語的コミュニケーションではなく、それに付随して財や地位の交換も伴う。そうした財の交換に焦点を当てたのがM・モースの交換理論である。実際、財は単に経済的な財として理解されるわけではない。財の抽象的な存在としての貨幣と神社などに奉納される御幣が同じ性格を持つように、象徴的な意味ものせて交換が行われる。文化人類学的には最大の財の交換は婚姻を通じた女性の移動と考えられる。このような社会を構成する要素そのものの交換は、前述した理由で矛盾を避けるために安定的な社会では行列式のような構造を持つ。そこまで安定的でないとしても社会的地位や財の移動を伴い、その移動のパターンは構造と呼ぶことができるだろう。つまり構造とはこの不断の確認の一形態であり、コミュニケーションの実際的な共有されたパターンであると考えることができる。これは当然水平方向ばかりの確認だけでなく、地位の移動を伴うことから社会構造の地位関係も規定していく。

　このような論点から考えれば、認識上の必要性やそのほかの財、地位など具体的なものを付随して交換が行われていれば、それは人間を強力に拘束する。原始社会においてはある意味で自給自足であり、財の交流というものを必要としない。そこで生じるのは婚姻を通じた女性を媒介とした交流である。ほかの条件を捨象できるような環境下では結婚を通じた交換がその社会構造を決めていくことになる。そしてそのように考えれば構造とはパターン化された交換であり、まさしく『親族の基本構造』はそれを明らかにしたのである。

　このように文化人類学が対象とする比較的単純な社会では、婚姻を中心とした交換が強い存在感を示し、社会構造を規定するが、現代社会では様々な形をとる。例えばブラウが『交換と権力』で交換における不均衡が上下関係という意味での不均衡をつくり出すことを指摘している。[4] これはある程度制度として決まっている会社組織や官僚制の中で、組織に貢献している人は、組織の中で昇進したり、発言力が増すという現象を説明している。逆に権力の行使、つまり他者の意志を排除して自らの意志を貫徹する場合には、権力資源が減っていく。つまり権力は権力資源に基づいて存在する有限の存在であることを説明している。

　しかしこのメカニズムが有効なのはある制度的枠内であろう。例えば官僚制内部の、もしくは会社組織内部の昇進などを説明することはできても、権威と結びついたような国家権力を説明することは難しい。そこに関しては、人間の認識の特性から必要とされる信念体系と支配の類型を持ってくるしかない。しかし私たちの普段の生活における力関係もまた交換で説明でき、その分配システムとして制度を位置づけることができること、さらにその決まった構造を会社などの組織の構造と考えることができるというブラウの指摘は重要なものである。

　このような制度化された交換＝コミュニケーションにおける自己確認はまさしく制度的に私たちを強力に拘束している。そして実利的にも私たちの生活を強力に規定し、地位や役割、それに付随する収入という形での他者からの承認につながるのである。

（7）交換と資本主義と経済

これは一見実利的な動機だけが強調される営為である経済も同じである。経済が交換であることを否定する人はいないであろう。経済が数字で表され、数学で構築されていることから、前述した理由でそれは演繹的な体系をとり無矛盾な体系を追求することになる。しかし最もシンプルに考えれば経済はまさしく消費から生産までのエネルギーの流れであると考えることができ、貨幣はその流れをコーディングしている存在と考えることができる。

地球の生態系から考えれば、おそらく現在の経済規模は異常な大きさであり、それを貨幣や株式証券、さらには先物取引、果てはビットコインまでシステム化し、コンピューターを使って巨大な重畳するシステムをつくり出している。アジア通貨危機ではっきりしたが、そのような操作的な金融資本も同じお金なので、そこが問題を起こすと実体経済を担う生産者にも壊滅的な影響を与えてしまう。経済のシステムそのものは経済学の領域であるが、社会学的に考えれば、現在の社会において経済的な富が単純に財と交換できるという意味を超えて、社会的価値になっているということである[5]。

まさしく数値化しやすいお金が社会的価値基準となり、地位をも示すものとなる。その意味ではお金が媒介となった相互承認、相互確認の社会になっているといえるのだろう。それでも社会的地位とお金がイコールではないので、様々な形でお金の社会的地位への変換が試みられるのである。

この経済と地位の問題は栗本が指摘する過剰と蕩尽の問題にもリンクする。ウェーバーが指摘したように資本の集積を無限に追い求める形での資本主義は近代以降の現象であり、この異常な経済の拡大が生態系に大きな負荷をかけ、地球の持続可能性を脅かしている。いま私たちが直面している持続可能性の問題はまさしく資本主義が生み出した問題だといえるのである。しかしながらこの経済の拡大によって地球人口が拡大したことも事実であり、そのことを否定してしまっては現代社会が成り立たない。

伝統的な社会では、経済の拡大を一定規模に抑えるメカニズムが組み込まれていた。そこで扶養できる人口規模も決まってくるので、当然、人口規模を抑えるメカニズムも組み込まれていたと考えることができる。過剰・蕩尽・祝祭のメカニズムである。

例えば文化人類学の分野で知られているトロブリアンド諸島の「クラの交換」もそのメカニズムと考えることができるだろう。クラの交換は、赤い貝からつくるソウラヴァという首飾りと、白い貝からつくるムワリという腕輪を島々をめぐって交換する。当然外洋航海には多大なリスクを伴い、戻ってこなかった舟も多くあったという。近代の価値観からすればなぜ無意味に人命を賭して交換するのか説明がつかない。

交換される首飾りと腕輪は、いずれも大規模な儀式的舞踊や祝祭などの重要行事でだけ身につけられるもので、日常の装飾には使われない。つまり日常的な装飾品ではなく社会的地位を表す装飾品である。長年交換されてきたクラには呪術的な能力が付随すると考えられ、それを扱うには扱うだけの呪術的な能力を持った人物が必要とされ、社会的地位とも深くかかわる。

象徴的な財が社会的地位、価値と結びついている社会で、必要性とはまったく関係ない財物を保有することが他者に対する顕示につながり、他者からの承認につながる。この点からいえば財を保有しているだけでは単なる資産の保全と考えられ、合理的な意味を持つので驚きまでは得られない。その財を合理的な意味を持たない形で、使い尽くす、つまり蕩尽することで、畏怖の念を生み出し、俗と離れた聖化の機能を果たす。これは循環系としての永続性につながると同時に、消費の配分権を握ることで権力の具体的な源泉となる。

現代社会でも似たような現象は生じている。ヴェブレンが『有閑階級の理論（Veblen, 1899)』で指摘した「これ見よがしの消費（顕示的消費）」である。[6] たとえばブランド品のバッグにそれだけの機能があるかと考えれば、スーパーのエコバッグの方が機能的に優れている場合がある。つまり高価な支出をしてブランド品を購入する理由は、機能を求めているわけではないことがわかる。特にブランド品にみられるブランドロゴを非常に大きくしただけのデザインは、まさしくブランド品を持つこと、そしてそれを他者に提示することにそれだけの金額を支払う意味があることを示している。

しかしことはそれほど単純ではない。そのようなブランド品に高額の支払いをする人にとってのリスクも存在する。本人の意図としては他者からの承認や賞賛を求めてその顕示的消費をしたものであっても、その人の属している社会的地位に釣り合わなかった場合には、期待したような評価につながらない。それどころか、そのような状況であっても高額の支出ができることを評価するような社会階層からしか評価されず、場合によって評価を下げてしまう危険性をはらんでいるところであろう。しかし世の中に膨大な数のそのような商品があふれていることをみても、そのような需要があることは間違いない事実であろう。経済力というか、それを表現する貨幣という尺度は、わかりやすいので社会的価値観や帰属する階層との間に軋轢を生みながらも、大きな力を持つのである。

（8）象徴的相互作用主義

これまで実態的な物や地位を巻き込んだ相互承認としての交換からみることのできる社会現象を簡単に述べてきた。しかしながらいうまでもなく社会現象は必ずしもモノや地位を付随していなければならないというものではない。ジンメルのいう〝社交〟であり、ハーバーマスのいう「コミュニケーション的行為」、ブルーマーのいう「象徴的相互作用」、SNSでのコミュニケーションであり、実態的なモノや地位と直接は関係しない、相互承認は日々の生活のなかで恐ろしいほどの影響を与えている。

誰がみてもあきらかな犯罪であり、社会的に批判されることがわかっている動画を、なぜ自分の名前と顔がわかる形でSNS上に公開するのか。合理的に損得で考えれば理解できない。しかし制度的に賞賛が得られる環境にない人間が、瞬間でも誰かの注目を集めたいと思った場合にはどうだろう。社会的に考えれば、そのような行動に対して厳罰化することで抑止するという方向に進むが、例えば破産者に損害賠償を求めても、実際に保障される可能性はほとんどなく、その効果も限定的となることがわかる。まさしく社会的紐帯やその中での家族などをはじめとした存在承認が薄い環境にいたことが想定できるのである。

キリスト教で破門はExcommunicationつまりコミュニケーションの外に置かれることを意味する。[7] 日本でも村八分などの社会的制裁があったが、時には死にもつながるほどの厳罰であり、人々を縛ってきた。社会的な流動性の高い社会ではそれほどの実害はないかもしれないが、その土地を離れては生きていけなかった前近代においては生死を分かつほどの厳しい刑罰だったのである。現代ではそれがSNS上のつながりで行われ、見えない社会問題となっていることはよく知られている。

2　秩序構造

（1）秩序構造の自生　個人の認識構造と信念体系

ここで社会の秩序構造を再帰的認識能力から考えてみる。再帰的認識能力の中で自己を確定するためには社会空間における自己の確定で述べた仕組みが必要になる。この確定メカニズムを構成する水平構造と垂直構造というのは感覚的な表現だが、社会空間の確定の中で述べたように便宜的に地位や暦法などを垂直構造と考えることができるし、それはそのまま秩序構造となる。そしてそれは水平構造による普段の確認に比べれば固定的な性質を持っている。その理由は社会的位置関係の中で垂直構造は自分が関わることで変化するものであるというよりは〝前提〟として扱われ、水平関係の確認ほどに不断に維持する必要があるものと考えられていないことが理由であろう。

前章ではこの垂直構造以外の五感を通じた確認はすべて水平構造として扱ってきた。しかしその区分も厳密に明確なわけではない。例えば非可算体系としての権威の頂点には適用できないとしても可算構造の中での地位の上昇は、水平構造の中で昇進などの形で生じてくるからである。その意味では水平構造の中で地位の垂直構造の移動もつくられることになるし、ブルデューのいう文化資本も機能することになる。厳密な区分は無理であるとしても便宜的には分けて考える方がわかりやすい。ここで社会的な秩序構造としての縦構造を考えてみる。

社会学において秩序構造がどう形成されているのかは大きな課題となってきた。これはパーソンズによるホッブズの表面的理解をスコラ的に演繹した結果として社会学の課題となった。現代の代表的な社会学者であるルーマンやギデンズもこの問題と格闘しているが、十分な説明に成功したとはいえないと考える。ルーマンは〝オートポエイシス〟という概念を導入し、ギデンズは〝構造化〟という概念を導入したが、本質的に説明になっていない。

この問題は筆者が提出した本書に述べた理論に従うと、再帰的認識能力から導かれる不安定性を抑制する必要性から自生的に生まれてくることがわかる。秩序構造は、端的にいえばすべての人の必要性から生み出された構造であり、誰かが生み出したとかいう性質のものではないのである。その意味ではルーマンの〝オートポエイシス〟もギデンズの〝構造化〟も、今田の〝揺らぎ〟も特に説明原理としては必要ではない。

この点に関していえば、法秩序の究極の権原である国家の主権も個人の認識構造における親や神も同じ構造を持っている。どちらも自分の外に神や親などを設定しなければ、自己を社会に位置づける可算システムを構築することができなくなり、不安定化する。社会空間に関する論及で述べた通り、理外の理を設定し、その中で可算構造を設定することで、社会の価値観は成り立っているのである。そしてそれはセルフシンメトリー（自己相似性）のメカニズムを介して、個人のアイデンティティ形成も国家も同じ構造となる。

再帰的認識能力がもたらす循環構造は抽象的な操作的な思考とともに根源的な不確定性をつくり出す。この不確定性は人間にとって存在論的な不安をもたらし、通奏低音のように常に影響を与える。社会が機能するためには人間が獲得した再帰的認識能力による不安を解消する必要があり、そのメカニズムが個人のレベルから国家、国際社会までを取り巻き、ありとあらゆる局面で人を拘束している。

そしてそれは根源的に人を拘束しているために、その崩壊が起こると社会が崩壊するような深刻な問題をつくり出す。その現象をデ・グレージア（デ・グレージア、セバスチャン：de Grazia, Sebastian, 一九一七年八月一一日〜二〇〇〇年一二月三一日）が急性アノミー（Acute Anomie）と名付けた。そしてその信念体系の構造は、ユダヤ教における神と人の関係、つまり創造者と被造物としての関係であり、親子関係のアナロジーであることを示している。[8] この不安を覆い隠し、社会が社会として機能するためには、まさしく社会的にその集団の価値観を規定する信念体系が重要となる。人がそこに帰属することで国家なども成り立っているのである。[9]

このような性質を持つ信念体系、特に最も根源的な親子関係を破壊した例として、カンボジアにおけるポルポト支配がある。いわゆる実証調査に基づいた明確な資料は少なく、筆者による調査がほぼ唯一の研究となっている。この帰結がどのようになるかについての最終的な判断には、非常に長い期間の観察と検証が必要になるため確定的なことはいえないが、筆者による調査票調査の結果からわかることは、少なくとも一過的には環境の改善がアノミーの発現を抑止するようである。[10] ただ中南米でみられるように伝統的な価値観が破壊された地域では、経済状況の悪化がそのまま治安の悪化に結びつく現実が示されており、経済開発の障害となっている。これに対しアジアの多くの国では伝統的価値観が存在する。かつてはその価値観が発展の障害ともなったが、現在の発展の基盤となっていると考えられる。[11]

これらの信念体系には、それを問う合理的な議論を避けるためにも通常の合理性の範疇を超えた理外の理としての根拠が必要とされる。まさしく思考によってもたらされる不可知性を避けるために、思考放棄が必要とされ、問わないことが求められる。集団維持の便益のために問うことそのものが忌避される。この信念体系の多くは宗教的な背景を持っていることからもわかるように、いわゆる信仰と同様に、その根拠を問われないことを基本としている。しかし問われないことが前提である宗教であっても、この問題に対応するために用心深く準備をしていることが普通である。例えばほとんどの宗教では教理研究を行い、その正当性のなかでの論理的な精緻化をはかり、疑問に対する解答を用意している。それほど周到に準備しているのである。現代的な国際関係の構成要素としての国民国家も、原理的には究極の価値を異なった言語や宗教のもとでは共有できないという理解にもとづいて、それぞれに主権という形で至高の権力を相互承認するという妥協の結果として成立している。国際社会を構成する国民国家が成立した理由は、価値という主観の問題に解決はなく、力による解決があまりにも大きな被害をもたらすことを経験した結果として生み出された知恵といえる。

近代国家は解決しようのない価値観の闘争を避けるための制度として生み出された。しかしそもそも個人であれ、国家であれある意味での主観の中で生きており、相手がいなければ自分がわからなくなるにもかかわらず、自らの属する秩序構造のなかで自分の価値観を拡大しようとし、相手の存在を否定する闘争を行うのである。なぜそうなるかは人口の持つ性質を考えることで理解できるようになる。その前に社会的秩序構造としての暦法を考えてみよう。

(2) 暦法：時間における不可知性の解消

秩序構造という点からみれば一見客観的と考えられる〝時間〟も人間の認識構造が要求する切り分けから生まれたと考えることができる。論理的に考えれば時間は延々に続いている。しかしそれを人間が利用する際には、いわゆる時間を区切ることが必要になると同時に、暦法という形で社会的に時を区切ることになる。現在が二〇二四年だといっても特に論理的な根拠があるわけではない。これはほとんどの暦法においてカリスマの創造とある種の契約からそれが始まるという特色を持っており、実は人間の社会的な活動の結果として定義されているのである。

例えばこの二〇二四年というのは日本では西暦、西欧圏ではＡＤと表記される。細かい議論を捨象すれば、ＡＤは Anno Domini であり〝わが主来たりて後より〟という意味である。キリスト教文化圏において神との契約を改めたカリスマであるイエス・キリストの誕生から数えている。イスラム教の場合には別にイエス・キリストは神の子ではないので、そこから新たなカリスマが始まったとは考えない。したがってキリストの誕生ではなく、西暦六二二年のムハンマドのメッカからメディナ（ヤスリブ）へのヒジュラ（聖遷）の年を基点とする。現代日本の暦法はもっと明快で、基本的には天皇が代替わりして天皇の祖霊と寝食を共にし、神と人をつなぐ位置づけになる、つまり新たに神との契約を結ぶことで、暦が切り替わる。例えば令和六年とは今上天皇が即位されてから六年という意味であることは周知のことである。[12]

暦法はこの世の秩序構造によって始点を定められることからも、人間にとって社会的な秩序構造と時間的な秩序構造が同一視されていることを示している。[13] その暦法が実際上の天体の動きとどのようにかかわりあうかは、層の理論のとおりであり、いわゆる物理的な時間によって制限され、その制限の中で暦法は秩序づけられる。つまり自然科学的に存在する天体の運行などによって暦法は修正されるとしても、その始まりは社会的な秩序構造の区切りを使うことで可算できるようになっているのである。

（3）伝統的な社会における秩序構造の構築1　位階――その始まりと終わり　日本を事例に

このような理由から、人間は身近な力関係から国家の信念体系に至るまで上下関係は縦構造として社会階層、社会的地位から始まって身分や階級に至るまで権限と権威が重なった形で人間を序列化し、社会を構造化している。国家という主権を持つ最も強力な信念体系の価値観に関していえば、現時点で世界中の法体系を調べてみると国家の支配の正当性は憲法、特にその前文によって定義づけられていることがわかる。そして何らかの形で通常の序列化の上に理性的批判の対象から外れた存在を置いている。

法体系とは、各国憲法で定められたその支配の正当性のなかで各国の文化で受け入れられる価値観や手続き、規則を法論理の中に落とし込んだものともいえるが、その正当性の根源にその正当性を示す超越的な存在をほぼ例外なく設定しているということである。

近代法体系は合理性を有する必要があるので、人間でありながら人間以下に位置づけられる存在を否定しているが、伝統的な世界では人間とその他生物との間にアウトカーストを置き、通常の世界の序列化に対する疑問が浮かばないようにしてきたと考えられる。

日本の昔の言い方をすれば、人間よりも下の存在として畜生を置き、さらに畜生と一般に序列化され厳密に位置づけされた、いわゆる一般の人々である士農工商[14]などの階層との間に穢多・非人を置き、秩序構造を問わないようなメカニズムを構築している。[15]社会システムをさらに上位の社会システムで包むことで、その全体像を見せなくする構造を持っていたといえる。社会空間の考え方を持ち込めば、自らの位置関係を決める可算的な序列関係を安定化させるために、理性を超えた、可算的ではない存在を仮託する必要があり、神話ともつながる世界観の中に、サブシステムとしての日常の世界観をつくることで、問われることのない構造を構築してきたといえるのである。

このような例は世界的にもみられるが、大陸では征服・被征服で支配者が変わり、その構造があまり問われないともいえる。さらに言語や人種が違った場合にはその差別を正当化することが容易であり、アメリカのアフリカ奴隷のようにそのことに疑問を持たなかったシステムが近年まで続いた。[16]

その意味で安定した社会における秩序構造の在り方を端的に示しているのは、異民族との関わりがほとんどなかった日本の事例となる。日本には士農工商というわゆる秩序内階層があり、当然その中でも序列があった。江戸期には叙位の権限は、天皇が独占していたが、徳川将軍家の支配が実効力を持つ中では、天皇の役割や姿は、いわゆる一般民衆の関心に入っていなかったようだ。この権威と権力を分離する二重システムの中で、徳川将軍家を筆頭とする大名や武家は、天皇から叙位されることで権威づけを図り、支配の正当性を制度的に維持していた。

それが明治維新によって、それまで将軍家に権威を与えるだけの存在であった天皇が、いわゆる表の政治の舞台に出てきた。天皇はその即位に際し大嘗祭で祖先神と交流し、神と人とをつなぐ存在になるという。その意味で天皇は、まさしく序列化され可算化される存在の上に位置づけられ、通常の序列化の上に神と関わる形での理性的批判の対象から外れた存在である。

古来、日本の天皇に位階はなかったことがこれを示している。現在のように勲章を身に着けるようになったのは、明治に入って近代国家として各国と勲章のやり取りをするようになってからである。日英同盟に際し、英国からガーター勲章を授与されることを尾崎行雄外務大臣に伝えたイギリスの外相ランズダウン侯爵は、尾崎行雄外務大臣から「天皇は〝なぜ外国から叙勲されなければならないのか〟と不満を漏らしたという話を聞いた、と述べている」。しかしこの話は公的な記録にはなく、ランズダウン侯爵の自叙伝にしかないといわれる記述であり、根拠がないという説も多い。しかし、実は天皇の立場からすれば当然といえる発言であり、おそらくそう述べられたであろうと思う。

その理由は簡単で、天皇は祖霊神と国民をつなぐ存在であり、どのような位階や勲章であったとしても位置づけられる存在ではないからである。つまり社会的な位置関係を決める勲位や位階を授与する、つまり叙する側であって、叙される存在ではないので、明治天皇にとって他国から叙されることに違和感があったのは当然だと考えられる。

例えば現在でも北朝鮮（朝鮮民主主義人民共和国）はその姿を明確に示している。同国の支配の正当性は、同国憲法に規定されている通り、朝鮮労働党と金日成による革命の成功がカリスマとなり、その根拠とされている。個人のような生命としての寿命にしばられない労働党に対し、個人に依存するカリスマは、血のカリスマの形で世襲せざるを得ず、金正恩が三代目の血のカリスマとして統治者の位置にいる。そして血のカリスマという正当性によって絶対的な価値が金正恩に与えられている。ここで興味深いのは、金正恩の周りにいる高位高官が服を覆わんばかりの勲章で飾っているのに対し、金正恩はまったく勲章を着けていないことである。つまり北朝鮮において金正恩は叙する側ではあっても、叙される側ではないことを示しているのである。

このように神と人との間に位置づけられる宗教的な権威を持つ指導者がいわばゼロとして非可算的な存在として存在し、一位以下の叙階を決めていく。[18] 日本でも社会的な貢献が大きかった政治家は与野党を問わず多くの場合、叙勲され、宮中序列に組み入れられている。

このように具体的な存在ではない神と人間の間に、天皇や皇帝は位置づけられる。中国の歴史でも皇帝に即位する際には天と地をつなぐ役割である封禅の儀式を行っていた。日本や中国のような社会では、天皇や皇帝のような、天と地（普通の生活）をつなぐ存在を起点として可算システムが成立し、通常の士農工商というカーストを構成する。

起点として可算構造に入らない皇帝や天皇を設定するのと同じように、下位の秩序構成も構造的には同じである。一般の庶民の目からは武士より上の社会階層は見えないとしても、下の階層は身近であった。士農工商の下に穢多・非人が置かれ、それを身分的にはどんなに貧しい農民よりも下位の階層に置くことで、社会の安定を図っていたともいえる。この穢多・非人は、社会的には底辺に置かれ結婚なども同じ穢多・非人の中でしかできないなどの制約があったようだが、皮革処理、清掃や死体処理、犯罪人の逮捕、処刑など、社会の維持に絶対に必要でありながら、醜業とされた職業にある種の職業カーストとして従事することで社会の汚れ仕事を担い、その生計を成り立たせていた。これは矢崎武夫の『日本都市の発展過程』の中にも明確に述べられている。[19] 都市のアウトカーストが江戸時代に一般の社会の中で必要とされながらも忌避されてきた肉食や皮の生産などを独占し、利益を得ていたことが示されている。

このように一部のアウトカーストは、特権を有していたということもでき、アウトカーストにいることで利益を受けるような仕組みが設けられていたともいえる。社会構造の上から下まで全員が一種の利益共同体として社会構造を受け入れていたともいえるのである。

（4）伝統的な社会における秩序構造の構築2　――インドの事例

インドは、征服者がどのように社会構造を秩序化し、それをいかに問わないようにしたかということがよくわかる事例となっている。インドのカースト制度は、遊牧民で肌の色白いアーリア系の人種がガンジス河流域へ流入し、そこから南下し、インド亜大陸に先住民として存在していた肌の色の違う人々を征服する過程で肌の色で区別することから始まったと考えられている。

現在のカースト制度はもともとバルナ（色）と呼ばれていたことからも、このことはうかがい知ることができる。白さを清浄と考え、黒さを不浄と考えた。これを人種的な肌の色に当てはめ区別した。インド亜大陸に入ってきて征服していったアーリア系は肌の色が白く、支配されたもともとインド亜大陸に居住していた人たちは肌の色が黒かった。アーリア系がその支配の正当性を示すうえで、穢れたり、汚れたりすると色が黒くなるというアナロジーは理解しやすく、浄・不浄の概念は理性を超越した説得力を持っていたと考えられる。

神に近い、祭祀階級としてのブラーマン、軍人貴族のクシャトリア、農業、牧畜、商業に従事するバイシャ、シュードラの四カーストに分類された。シュードラは奴隷カーストとして、ブラーマン、クシャトリア、バイシャに仕えるとされる。もともと侵入してきたアーリア系に属すると考えられる、ブラーマン、クシャトリア、バイシャは再生族として、善行を積めば輪廻転生を繰り返し、上位カーストに生まれ変わり、最終的には神と合一する形で救済されるのに対し、シュードラとカーストにも入れてもらえない不可触賤民は非転生族として救済の道は閉ざされる。

この仕組みが外からの侵入征服による支配を正当化していることは一目瞭然であり、被征服されたシュードラ階層や不可触賤民階層には救済の道を残していない。当時のインドではなぜか転生が前提であったようだ。[20]釈尊の求道は輪廻転生を前提として、転生しても問題が解決しないというところに起点があるのは興味深い点である。転生やあの世、天国を持ち出せば、この世の非合理や、この世で正義が成り立たないことを論理的に解消できる。それでもシュードラや不可触賤民には救済の道がない。さらに浄・不浄という感情的な基準はそこで思考を停止させる巧妙なメカニズムであるということができ、それを問うこともなくなってしまう。

輪廻転生を持ち込めば、まさしく神議論から逃れることができ、支配の正当化が容易になる。自らの悪い状況は支配階層によるのではなく、自らが前世で起こした業によるとされると、恨む相手はいなくなり、社会の安定に貢献する。ユダヤ教も神の国を持ち出すまでは、現世救済的な側面が強く、預言などの解釈によってその神議論を説明する必要があった。しかし天国や来世を持ち出せば、それを信じている人には無矛盾な体系を提供することになり、不合理から逃れることができる。

さらにこのカーストは職業カーストとして数千にも分かれ、これは一般にジャティと呼ばれる。ジャティの本来の意味は〝生まれ〟を意味する。ジャティを辞書的に定義すると、「地域社会において実際のカースト制度の基礎となる共同体の単位であり、ヒンドゥの日常生活において現実的に独自の機能を果たす排他的な職業・地縁・血縁的社会集団、階層を意味する。インド社会において、ジャティは現在でも内婚集団として機能しており、その範囲内における浄性を共有し、水のやり取りや共食、婚姻を許容する集団であり、また、主として男系をたどる職業の継承体でもある」となる。

このように社会の宗教的秩序としての四姓の中に、サブシステムとして細かく分かれたジャティがあり、それが人々の生活のほとんどすべてを規定する。ジャティは伝統的なインドにおいて職業から結婚、社会的関係のすべてであり、まさしく準拠集団であり、そこに帰属するしかない社会関係であるといえる。人々にとって重要なのはその社会集団による評価であり、その評価によって出世やその範囲における豊かさが決まってくる。実際の生活がジャティに規定されているときに、ほかのカーストのことなど、まず意識に上らないだろう。システムが多重に複合することで自己の位置の安定化という意味では極めて堅固な仕組みとなっている。そこで生活する人々にとって、そこでの評価や人間関係がすべてであり、その是非も問われない形で社会的に極めて安定するのである。

この問題に対応することはヒンドゥの枠内ではできない。現在のインド憲法の起草者の一人であるアンベードカルはヒンドゥの枠内での不可触賤民の政治参加を図ったガンジーと鋭く対立した。ヒンドゥの枠内から逃れるために、アンベードカルに率いられた約五〇万人の不可触賤民カーストのダリットが、第二次世界大戦後、仏教に改宗している[21]。

（5）階級の再生産、文化的資本、社会資本、象徴資本

現代社会でインドのような宗教的背景を持った社会構造が構築されることはまずないだろう。そこで重要になるのが社会階層の移動がどのようなメカニズムを持っているのか、ということになる。社会学的にみると信念体系のサブシステムとしての社会的な構造の中で獲得された地位は血縁関係で移譲され、社会階層化を再生産する。財産などの移譲も基本的に親から子へという血縁で移譲されていく以上、人口の視点は再び重要になっていく。

ブルデューは、このような移譲が単なる金銭的な資本の移譲によってだけ行われるのではなく、地位や環境などを含めた様々な要素が資本と同じ役割を果たすことを膨大な史料から実証した。ブルデューはこれらを文化的資本、社会資本、象徴資本と呼んである意味での資本の継承が次の世代の階層を蓋然的に規定していくことを示した。

そしてそのような資本もいわゆる金融資本や土地などの実態的な裏づけがなければ機能しない場合も多いので、無

限に子孫に拡大できるものではない。そこでやはり選別が行われていく。彼の著作である『ディスタンクシオン』はその書名の通り様々な社会条件の中で、「区別」することで社会集団を維持するメカニズムを明らかにしたものであると解釈することができる。[22]

社会学の主流の研究分野であり、見えない社会的な階層の再生産メカニズムを明らかにした分析であるが、この理論も人口の拡大の中で、集団が自らのアイデンティティの構築とともに他者を排除するメカニズムのサブシステムであると考えることができる。

3　信念体系、その崩壊と自殺

社会的な価値観を世俗的な権威や宗教的な救済まで結びつけるメカニズムである信念体系は、人間すべてに備わっている能力に起因するので、個人においても国家においても同じ構造を持つことになる。本節ではこの信念体系とその崩壊が与える影響とともに社会学の重要な課題である自殺を本書の論理で分析してみる。

（1）信念体系と規範

社会学的には、日常の社会的価値観は「規範」という形で分析されてきた。日々の小さな信念体系であるともいえる。これまで述べてきたように、私たち自身の不安の回避や自己の身体性の拡大などの欲求をエネルギーとして、日常の生活では信念体系などと結びついた規範などの内在化された知識によって、その行為のほとんどを意識しないようにすることで、私たちの生活は支えられている。

社会学の研究の中心は、この規範がいかなるものか、その規範が社会の維持においてどのような機能を果たすのか、逆に時代の変化に対応できず、それまでは順機能を果たしてきた規範が逆機能を果たしだしたという指摘などに置かれてきたということもできるだろう。しかしそこで扱っている規範という言葉の意味を問うことはあまりなかったのではないだろうか。

いうまでもなく規範とは、社会を運営していくうえで必要となる、あるべき社会的価値観やルールが内在化されたものと考えることができる。その一方で現実の生活は規範通りに行為するわけではない。社会的な行為を形成する様々な知識の中で、規範はあるべき姿に注目した考え方であるということができる。そして社会的な価値構造の中で、近視眼的な利害関係の行為基準ではない規範が入ることで、社会が合成の誤謬に陥らないための役割を果たすのである。そのように考えると規範とは信念体系の中にある価値観と結びついた言語的・非言語的知識であるといえる。

伝統的な社会では過去のしきたりや、有職故実が重要な意味を持つ。そこでは技術変化などの条件の変化がないために、これまでうまくいったことに従った方が安全な社会であり、そこでは根拠を問わない形で、「こうだったからこうだ」、という規範の強制が行われる。近代的な視点からみれば〝愚かな〟という印象を持つかもしれないが、新しいことを思いつくことが、必ずしも良い結果をもたらすとは限らない。誰かにとって良い結果をもたらすとしても、そこで考慮に入れられなかった条件が弊害を生み出すことはままある。

（2）自　殺

社会学的には信念体系はこのような形で個人の中に内在化された規範などによって支えられていることになる。しかしながらそのような規範や社会的紐帯が機能しない場合が出てくる。社会学の主要なテーマの一つである自殺はまさしく社会的な信念体系や紐帯が機能しない結果として考えることができるのである。端的にいえば本書の理論でいう自己の位置確認の不全、もしくは社会的自己の否定が生命としての自己の否定につながるという形で説明できる。

この論点からいえば、それは社会関係の中での水平的な自己確認の中でも生じ得るし、垂直構造の崩壊によっても生じ得ることになる。自殺とは人間が社会的存在としての自己の前提となる自らの生命を否定する行為であり、社会的位置関係のすべてにかかわるのは当然かもしれない。

そもそも自殺が社会学的なテーマとなるのは、生命としての自己が存在しなければ社会も存在しえないはずなのに、なぜ人間は論理矛盾ともいえる自殺をするのかという〝問い〟がそこにあるからであろう。本書で提示する論理に従えば、前述したように再帰的認識能力の結果として、人は自己だけで自己を確定することができず、他者との関係で確定している。その確定も脳で判断している以上、想念の方が優先し得ることになる。生命を絶つ自殺という行為が論理的に矛盾しているとはいっても、その行為を行うことが可能なのである。この人間の持つ矛盾を象徴し、社会的な存在としての人間しか行わない行為としての自殺を統計的事実をもって説明した『自殺論』から近代社会学は始まった。つまり社会学はその当初から生物的存在としての人間と社会の関係を主題としてきたことになる。

この自殺もここまで述べてきた観点で社会的な条件との関係を説明することができる。デュルケームは自殺を四類型に分類している。「自己本位的自殺」、「集団本位的自殺」、「アノミー的自殺」、「宿命的自殺」である。

本書で述べた論理に従うならば、集団本位的自殺とは自殺とはいっても、自己の存在価値よりも大きな存在価値を自らが帰属する集団に与え、それを守るための行為が、結果として死につながった現象をさして自殺と呼んでいるといっていいだろう。自己を生物学的な自己と置くのではなく、自己の帰属する集団に置くことも納得できる。その場合これは自殺というよりも自己の帰属する集団を守るための行為であり、本人にとってそれが自らの生命より重い意味を持つことは不思議ではなくなる。また「宿命的自殺」も同じメカニズムと考えることができ、それを例えば宗教の教理で正当化する事例であると考えられる。自分というものの自発的な意志と社会的な事実上の強制の割合が違うだけで同じ類型といえるのではないだろうか。

いわゆる自殺というのは「自己本位的自殺」と「アノミー的自殺」となる。自己本位的自殺に関してデュルケームは景気が悪くなるときだけでなく、良くなるときも自殺が増えることに注目した。そして自殺の原因を社会的な要因に求め、ユダヤ教徒よりもカトリック教徒、カトリック教徒よりもプロテスタント教徒のほうが自殺率が高く、農村よりも都市、既婚者よりも未婚者の自殺率が高いこと示している。これはこれまでの社会学では社会的な紐帯の強弱という形で説明されてきたが、その説明ではアノミー的自殺を説明することができない。

これを日常の絶え間ない自己確認という点から分析すれば、ヨーロッパで差別されているがゆえに社会集団としては団結せざるを得なかったユダヤ教徒は、その凝集性の中で密接な相互の自己確認が行われており自殺率が低い。そもそも苦難のなかで選民思想を育んできたユダヤ人にとって、命の危険に迫られていることは日常であったはずで、そのような中で自殺という選択をする事例が極めて少ないのはある意味で当然といえる。カトリックも主に農村地帯で細かく所属する教会が決められ、その社会の共同体が教会のメンバーであるという環境の中で、その人の存在は常時ひんぱんに確認される。さらに告解という制度の中で自らの罪を司祭に告白することで、神の赦しを得るという仕組みがあり、緊張が高まらない仕組みを構築している。これに対しプロテスタントの場合、一人ひとりが神と向き合わざるを得ない。それでも数多くの分派に分かれることで小集団を形成し、その集団内部での相互承認の過程を通じて、自分の存在確認を行う仕組みは存在する。しかし比較の問題として知的専門職に就くことも多く、その結果、集団への帰属よりは自己との対話が多くなり、自殺を避けるための安定化メカニズムが弱いといえる。さらに家族などがあれば生活の中での自己確認ができることもある。幸福な家族であれば共感を形成する形で相互承認が普段の生活の中で行われるのに対し、単身者はそのような関係性に乏しいことは明らかであろう。

さらにデ・グレージアによって急性アノミーと呼ばれた現象に付随する「アノミー的自殺」は、まさしく戦争に負けるなどの社会の激変を通じて、自らの信念体系そのものが崩壊することによって生じる。まさしく自分の位置がわからなくなるのである。自己本位的自殺にせよアノミー的自殺にせよ、社会関係の中での自己の位置が変化することによって生じる現象であると考えることができる。人間の持つ再帰的認識能力の帰結として、人は自分がわからなくなると、かくも脆い存在であるということがわかる。

（3）急性アノミーと戦後日本

この急性アノミーは現在日本にも大きな影響を与えている。第二次世界大戦の敗戦によって最も大きな影響を受けたのがいわゆる昭和一桁世代である。このことは小室直樹が『危機の構造』の中で述べている。[23]日本の場合には欧米のような明確な形で急性アノミーが生じなかったという指摘もあるが、現在に至る大きな影響を与えていると考える。キリスト教を前提とする唯一神教の中ではその価値観が否定されることは、そのまま自己の否定につながり、それは極端な形で表出することになる。しかし日本の場合には明治以降の国家神道の中でキリスト教に範をとった近代国家としての信念体系構築に努力し、第二次世界大戦の敗戦によって天皇の人間宣言という劇的な形でそれが否定された。しかしながらもともと明治以前の神道にみるような自然崇拝的な信念体系が存在したこと、武士社会の特色としての先祖崇拝が広く仏教の形で存在したこと、何より文化的共有度の高い社会で、相互確認が容易であったことなどから極端な形では表出しなかったと考えられる。

しかしこの急性アノミーの概念を戦後日本の軌跡にあてはめてみると様々な事象を驚くほど説明できる。いわゆる昭和一桁は、敗戦にともなって幼児期に刷り込まれた国家神道による価値観が思春期という最も多感な時期に否定された。根源的な価値観の変更に直面し大人の無節操な変節を目の当たりにした昭和一桁世代が大きな懐疑を感じたであろうことは想像に難くない。そのなかで第二次世界大戦に負けたのは、物量の不足が原因であったという、敗戦を正当化する言説が広く受け入れられた。戦争の傷跡も生々しい一九五〇年には朝鮮戦争がはじまり、日本は敗戦国として抑圧されていた地位から一転して防共のフロントラインとして、兵站を担う重要な生産拠点となった。その後、朝鮮戦争が一九五三年にいったん停戦すると、第一次インドシナ戦争からくすぶっていたフランスとベトナム共産党の闘争が本格化し、一九五四年にフランスがディエンビエンフーの戦いで大敗し、反共を訴えるマッカーシズムのただなかにいたアメリカがベトナムとの戦いに関わることになった。それは一九七五年四月三〇日に北ベトナム軍が南ベトナムの首都サイゴン（現在のホーチミン市）を陥落させるまで継続した。[24]

　このようなアジア情勢の中で膨大な需要が生まれ、日本は生産拠点として発展していった。これが日本の高度成長の背景にあったことを否定する人はいないであろう。このような外的環境の中で働けば働くほど経済成長が可能になった。ここで日本人には国家神道に代わって経済的成長が信念体系に置き換わったといえる。そこでかつて想像もできなかったほど豊かになった日本人はどうしたか。オスカー・ワイルドのいう二つの悲劇のうちの一つである〝目的を充足してしまった〟という悲劇に直面することになったのである。

　社会学的な調査は寡聞にして知らないが、時代の感性をうまく把握するテレビドラマや小説に、それは如実に表れた。とりあえず共有された目的が達成されたときに人が追い求めるのは原初的快楽である性欲か食欲ということになる。一九八三年から一九八五年までＴＢＳ系列で放送された連続テレビドラマである『金曜日の妻たちへ』は、田園都市線沿線の〝たまプラーザ〟を舞台にした不倫のドラマである。一九七七年に渋谷駅から二子玉川駅までが地下化され、それ以降急速に高級住宅地としての開発が行われた。地方から出てきて東京で企業戦士として働いた人たちにとって、たまプラーザに家が持てるというのは、まさしく成功の象徴であり、自分たちの経済的利益の追求という夢を果たしたことを意味した。その後、その目的を果たしてしまった人たちによっていわゆるエビ・オペラ現象というグルメや芸術の消費が行われ、不倫が社会現象となったといえる。

　渡辺淳一の恋愛小説である『ひとひらの雪（一九八五年）』も同じテーマを扱っている。さらにその人たちが高齢になって、そのような快楽を追求できなくなったとき、快楽の中でその生を終えることを描いたのが『失楽園（一九九七年）』ということになる。このような分類に従えば『失楽園』における心中は、まさしくアノミー的自殺に分類されることになる。

簡単にいえば彼らは自らを見失ったのである[25]。因果律は明確でないものの、このアノミーを内在化した昭和一桁世代の子どもたちに、連続幼女殺人事件の宮崎勤、大阪教育大学附属池田小学校事件の宅間守がいる[26]。現在はさらにその世代の子どもたちが社会の中心となり、Z世代と呼ばれている。これは急性アノミーの慢性化や社会への常態化といえるかもしれない[27]。これは現代日本を考えるうえで重要な視点であると思うが、実証研究は乏しい[28]。今後の研究が待たれる。世代を超えて戦争の影響は一〇〇年以上に及ぶことになる。本書は、その世代の子どもの世代にあたる筆者が昭和一桁世代に贈る挽歌でもある。

4　知の制限性と思考の経済学

（1）近代における知性主義

ここまで人間の再帰的認識構造がもたらす不可知性とそこから引き起こされる存在に対する不安を安定化させるために、人間は社会的空間認知を構成するようありと、あらゆる努力をしてきたことを述べてきた。そこで確認しておかなければならないことがある。どのような時代であっても、私たちは私たちが対応を迫られる、さまざまな課題の本当の因果律を知っているわけでも、すべての情報を知りうるわけでもないということである。

その意味では必ず不十分な情報をもとに判断しなければならない。人間は不可知性を許容できないために〝知らないことが許せない〟。どのように理解できない状況に置かれても自分たちの知っている範囲で理解できるように物語をつくる。本書を含め現代に生きる私たちも同じである。そして常にその時代の中で自分たちは〝知っている〟と思いたいということになる。

そしてそのように思いながらもそこには〝本当にそうか〟という懐疑がある。私たちが社会を分析する場合であっても、知性をもって理解するしかないにもかかわらず、その社会は実は知性というものに全幅の信頼を置いているわけではない。この問題を社会学的に考えてみよう。社会学者を含む社会科学者は当然のことながら自分たちをインテリであると自任している。そこで陥りやすい陥穽がある。それは自分がわかっているように人もわかっているし、人間は合理的に自分の意志で選択して行為していると思い込んでいる、もしくは思いたいということである。このことは近代的意識をなす要素かもしれず、選択できることが自己のアイデンティティの実現と考えている節がある。

しかしE・フロムが『自由からの逃走』で明らかにしたように自由は負担であり、その重圧に耐えられない場合には全体主義的な規範を求めるようになる。[29] これは簡単にいえば、自分の責任で自分で考えて選択するよりは、誰かが〝正しい〟といってくれた価値観に従う方が〝楽である〟ことを示している。実は考えることは大変な負担であり、反知性主義の項でも述べたように、必ずしも新しいアイディアが妥当性を持っているとは限らず、思考の経済学からいえば非常に効率が悪くなる。多くの人たちはそのことを知っており、自分の実生活から考えた妥当性にしたがって生活している。しかし近代の啓蒙主義は知の優位性を声高に主張し、考えることの意味を強調してきた。

（2）知の制限性と理解—わからないことが許容できない・脳の解釈

近代啓蒙主義における知識人の価値観は別として、私たちは自らの獲得した知に全幅に信頼を置いているわけではない。それでも自分がわかるようにわかりたいのである。単純にいって私たち人間は神ならざる身、時代や自分の学んだ範囲でしか知らないし理解できないのは厳然たる事実である。しかし再帰的な認識能力から生み出される自己の不確定性は自己の存在に対する不安につながり、〝知らないことへの安住を許さない〟。つまりわからなければ不安なのである。前述したとおり、〝幽霊の正体見たり枯れ尾花〟という川柳にみるように、枯れたススキを見て幽霊だと思い、驚いて腰を抜かすことがありうる。このように事実ではなくとも自分の想像によって恐怖を感じることはいくらでもある。これもススキだと認知できる前に、自分の想像力で勝手にストーリーをつくり上げ、わからないもの＝ススキの影に対して、幽霊という物語をつくり納得したことを示している。

このように物語をつくっていく理由は何だろうか。人間の知が部分的であること、認識による不確定性があることから、人間はわからないことが本質的に不安で、〝わからないことが許容できない〟のではないか、と考える。そこでその説明が妥当であるかどうかを問わず、どのような場合でも必ず自分がわかる範囲に落とし込んで説明をつけている。本書も例外ではない。その制約の範囲で、可能な限り論理的な説明をせざるを得ないこともまた事実であり、私たちは、どうやっても解りたいようにわかってしまう。このことは脳科学の分野でも多くの実例が集められている。例えば、夢の中で追いかけられて崖から落ちた夢をみることがある。そして気がついたらベッドから落ちていた場合、崖から落ちる夢をみたからベッドから落ちたのだろうか。それともベッドから落ちたことが理解できないので、夢の中で説明をしたのだろうか。

現在の脳科学では、ベッドから落ちたという事実が先にあり、それを理解できない脳が理解できる説明をしたと考えるようになってきた。これは脳の性質であるという。そうなると環境条件の中で、そうとしか選択できないことを、自ら物語をつくり、自分の理解したいように、もしくは理解できるように理解して、それを自分の意志だと思っているということになる。言葉を換えると、自分の思った理解が必ずしもその現象の因果律ではない可能性がかなりあるということがわかる。このもたらす帰結は、現状の社会学的な主意主義的行為理論の基盤を否定してしまう。自分が自分の意志だと思っていることと因果律が異なっているとしたら、自分の自由意志はどこにあるのだろうか。

（3）考えることの負担

社会学者に限らず学者は考えることに価値を置いているので、考えることの負担を考えることは少ない。しかし脳は筋肉を動かしていないにもかかわらず非常にエネルギー消費の大きい器官であることが知られている。科学系の情報サイトである Live Science に掲載された "How Many Calories Can the Brain Burn by Thinking?"[30] によると、「成人の脳の重さは男性で一三五〇〜一五〇〇グラム、女性は一二〇〇〜一二五〇グラムほどで、平均的な体重の約二パーセント程度に過ぎない一方、脳はグルコースという形で一日当たり三五〇〜四五〇キロカロリーを消費し、これは人体の基礎的な消費カロリーの二〇〜二五パーセントを占めている。この割合は、体の発達が進んでいない子どもになるとさらに大きくなり、五〜六歳の子どもでは消費カロリーの実に六〇パーセントが脳によるものだとされている。またチェスプレーヤの場合に通常成人が一日に必要とするカロリーの三倍にあたる六〇〇〇キロカロリーを消費することもある」という。

人間が生物である以上、そのエネルギー消費を抑えたいという選択をするのは当然のこととして、人間に組み込まれているといえる。

（4）数学と思考の負担

脳の負担が大きい問題の典型例は数学の問題の難しさとして説明できる。数学的に簡単に解消できない問題はやはり脳の負担が大きくなる。ここでは「なだしお事件」と「アポロ11号の月着陸」について考えてみる。

いわゆる「なだしお事件」は、海上自衛隊の潜水艦『なだしお』と新島に向かう遊漁船『第一富士丸』が一九八八年七月二三日午後三時三八分に横須賀港東部海域で衝突し、遊漁船は沈没し、乗客三九人と乗員九人のうち三〇人が死亡し、一七人が重軽傷を負った事件である。社会的な大事件であり瓦力・防衛庁長官（当時）の辞任につながった。海難審判の結果は双方の注意義務違反が問われた。[31]この衝突の間にいた小型ヨット『イブI号』が事故の目撃証言を行っている。そしてこのヨットは直接的に関与していないとされた。

アポロ11号の月着陸は、人類が二人の人間を世界で最初に月に着陸させた宇宙飛行である。ニール・アームストロング船長とバズ・オルドリン月着陸船操縦士の二名のアメリカ人が、一九六九年七月二〇日二〇時一七分（UTC＝協定世界時）にアポロ月着陸船「イーグル」号を月に着陸させた。この際、当時のコンピューターの能力の不足から計算が破綻し、最終的にはアームストロング船長の手動での着陸となった。

なだしお事故とアポロ11号の手動での着陸に共通するのは、いわゆる古典力学でいう三体問題もしくは三体問題に類似した問題になっていることである。三体問題とは、互いに重力相互作用する三質点系の運動がどのようなものかを問う問題である。数学的には二つの物体が移動している際の交差を求める二体問題には必ず解があることがわかっている。しかしそこにもう一つの物体の移動が入る三体問題になると、解が存在する方が例外的になる。

なだしお事件の場合には厳密には三体問題といえないかもしれないが、もう一つの要素が入ることで、対応が急に難しくなった可能性がある。釣り船となだしおの間に入ってきた小型ヨットが三体目になったことで、三体問題と類似した問題になり、回避行動の解がなくなってしまった可能性があるのである。

アポロ11号の場合も、地球から月までの軌道計算は当然のことながらコンピューターで行っている。地球と月と宇宙船の三体問題を、問題を単純化しながら近似値を求め着陸までほぼ自動的に持って行ったが、三体問題からの近似値を求める問題の複雑さがアポロ11号のコンピューターの能力を超え、動作できなくなったことが手動への切り替えの理由であったといわれている。現在ではそれぞれの状態で、二体問題に還元して扱うことでこの問題を避けている。

たった一つ要素が増えるだけで数学的に解がなくなったのである。

　実はこのような現象は、私たちも日常的に経験している。自転車で走っていて、普通だったら何ということもなく通行できる路地に、猫が飛び込んできただけで操作ができなくなったり、事故を起こしたりする。回避行動としては自分が止まることで、二体問題にして解消するしかない。この問題は数学的に難しい問題は、実生活でも対応が難しい問題となってしまうことを示している。そして猫を意識することで行為を形成しているイメージの外部化が行われ、行為しにくくなるというメカニズムもそこに存在しているといえる。

　人間の認識構造における再帰的認識能力の問題も循環という数学的な無限の問題であり、数学的にはアレフ（ℵ）数で表される。ゲーデルについて論じたときに述べたとおり、それ自体では証明することができない。かつて筆者が高校生の時代に微分を習ったときに実数が消えてしまう、つまり微分する前にあった実数がなくなってしまう現象がどうしても理解できずに考え込んでしまった。その後アイザック・アジモフの科学エッセイでこの問題が〝無限〟の問題であり、カントールによって無限の性質が示されるまでは適切な説明ができてなかったことを知り安心した。[32] そしてゲーデルの不完全性定理も無限を集合として扱うことから生み出された。つまりレベルは違うがゲーデルも筆者も同じことを悩み続けていたことになる。実はこの問題はまだ解決されているわけではなく〝ヤン‐ミルズ方程式の存在と質量ギャップ問題〟として知られる数学と量子論の難問として知られているというが、筆者に論評する能力はない。つまりここでいいたいことはゲーデルが不完全性定理を証明するまで、証明できる問題かどうかもわからなかった問題に人間は直面し、それを何とかして解決しなければならなかったということである。それは負担だけを生み出し、何らの解も得られない。実利的には取り組むだけエネルギーを消費し、何も生まない問題を抱えたのである。

　論理的に解決できないのであれば、現実的な解決方法として、何とか物語をつくって理解できる範囲に落とし込むか、そもそも疑問を封じるしかなくなる。社会的にはそもそも疑問を提出させないという方法はごく日常的に使われる。〝それは常識だろう〟、とか、〝何を非常識なことをいっているんだ〟、〝法は法だ〟〝偉い人がいっているから〟、〝伝統だ〟、〝男の子らしくしなさい〟、〝女の子らしくしなさい〟など、実は問うことなく社会のルールを定めた。このようなある意味で本書が提示している疑問を覆い隠す、つまりその疑問に触れないようするメカニズムを、規範や習俗などと定義し社会学は研究してきた。つまり社会学が対象とし、その相対化を果たしてきた分野は知識によって人間が持ってしまう〝問い〟を抑圧する、疑似的に回答を与える分野を言語化する作業であったといえるだろう。したがって社会学分析のほとんどは〝なぜそうなるか〟に対する解答として〝機能〟や〝役割〟などの説明をしてきたのである。それが有効性を持っていたのはまさしく中範囲の理論の適用範囲であったといえる。しかし社会学の始祖たちが問題提起をした、全体のフレームをどのように考えるのかについては、パーソンズたちがシステム論としてその解消を試みたが十分にできなかったといえるだろう。

人類が解けない問題に直面したときに〝問いを出させない〟という解決方法をしばしばとる。この例として有名なのが紀元前五〇〇年頃の古代ギリシャの数学者であるメタポンティオンのヒッパソスの事例である。ヒッパソスが無理数を発見したことが、調和を重んじ、調和を信仰していた新ピタゴラス学派の教理に反したとして、船で沖につれていかれて溺死させられたといわれている。[33]当然当時の数学では説明ができなかったのである。ガリレオの例をみるまでもなく西欧の科学の歴史はキリスト教会との緊張状態の歴史であったし、命まで奪う形での封殺が数多く行われたことが知られている。ニーチェの『アンチクリスト』の論点の多くも、教会による思考の封殺に対する怒りがあるといえる。[34]現実の社会における組織内でも異論を出した人間を排除するということはごく普通にみられる現象である。

（5）祟りと環境アセスメント

わからないことに対処するもう一つの対処法は、その時代の知識で理解できるように物語をつくるということである。そしてそのような形で当時の人たちに理解できるようにつくられた物語が、結果として社会的な機能を果たしていた例もある。

近代は啓蒙の名のもとにそのような物語を迷信として片づけてきた。人口と生態系のところで述べるインドにおける牛肉食の禁忌も同様であるが、人々がわかる物語をつくることで、社会を維持する機能を果たしてきた。

例えば日本でも〝この神社の森を切ると祟りがある〟と言い伝えられることがあった。一般に神社の森の木は神域として保存されてきているので大木が多く、それを売却することができれば大きな資金につながる。しかし理屈を超えた〝神様の祟り〟があると信じられていれば、それを忌避するために伐採を防ぐことができる。現代から考えればその森は土壌崩落を防ぐ機能があり、森を切ると斜面崩落し、村が土砂に飲み込まれる可能性があったといえる。これを環境科学的に計量化できるようになったのは現代のことで、江戸時代にそのような知識はない。そこで仮に経済合理性の話をしだすと、一本切っても大丈夫だろう、一本が大丈夫なら二本はなぜだめなのか、三本はなぜだめなのかとなり、抑制が効かなくなる。その結果、大雨でも降れば土砂崩れが起こり、村が土砂に飲み込まれてしまう。このようなことがまさしく〝神様の祟り〟として受け取られても不思議ではない。このような言い伝えはおそらく過去にそのような事故があり、その事故と神域の森の保護と結びつけた〝物語〟であったといえる。しかもそれは十分な環境生態学的な知識がない中で人々の行動を制約する機能を果たしたのである。

先に述べた、〝幽霊の正体見たり枯れ尾花〟は、過少情報の中で想像力を働かした結果としての誤謬であったが、神社の森の場合には経験知を人々の行動抑制につながるように物語化したと考えることができる。しかしここで注意しなければならないのは、その村の人たちがまさしく神様の祟りを恐れなければ、機能しないということである。私たちが十分な知識を持たない中で、欲求のシステムを抑制する機能を発揮できるような物語を形成できたからこそ、その村が存続できたと考えることもできる。そして社会学的に考えれば、このように因果律として理解できないが社会を規定する条件を物語として理解できる形に組み込むことを〝適応〟と呼んでいるといえる。
近代はそれを迷信と片づけることで、多くの被害を生み出しながら、科学技術の進化で何とか対処してきたともいえるのである。

(6) 神議論と唯一神教の成立

再帰的認識能力が引き起こす〝知らないことが許容できない〟ということは、なぜ唯一神教が砂漠で生まれたかをも説明することにもなる。砂漠は水が決定的に不足しており、淡水の賦存量がその地域で生存できる人口の限界を決定する。

モーゼはユダヤ人を率いて出エジプトし、砂漠を長年にわたってさまよった後にネボ山でカナンの地を望んで死ぬが、その後を継いだヨシュアは猛烈な殲滅戦争を行っている。つまり神が約束した地で生活するためには、そこにいた人々を殺戮し、殲滅しなければ、自分たちが生存することができなかった。人間の認識が他者を通じてしか自己の確定ができないとすれば、他者の否定は自己の否定につながる。その中で自己の存在を否定しないで、どうやって他者の存在を否定できるであろうか。これは重要な課題となる。

唯一神教の信者で、自分が悪魔の側にいると思う人はいないだろう。神と会ったことがなくとも、なぜか自分は神の意志を理解でき、その信仰に殉じないものは神に刃向かったものとする。神が正義であり善であるとするならば、それを信じないものは悪であるとなる。どんなひどい理解であっても自分が正しいと思うとき、他者を否定することは容易なこととなり、その存在を否定することも容易に正当化される。このような環境下で論理的に説明することが極めて難しく、釈尊や龍樹があっさりと否定した唯一神教が水資源のゼロサムゲームを戦わなければならない砂漠地帯で受け入れられたのは、正義という名で他者の殺戮を正当化する論理を提供したからではないだろうか。

冷静に考えたとき、神と対峙した経験を持つ唯一神教の信者は、ほとんどいないだろう。もし仮に神と直接対峙する経験をしたとしても、それが単なる妄想なのか本当に対峙しているのかを区別することは極めて難しい。仮に本当に対峙できたとしても自分よりも圧倒的に巨大で上位の存在の考え方をすべて理解できると考えることは論理的に間違えているといえる。

多くの場合、神を自らの範囲に引き込んで、被造物である自らの限られた知で理解できる範囲で、絶対に正しいとして、他者を否定するのである。残念ながら現在ガザで行われている戦闘はこの仮説を証明しているように思える。

行為理論を考える場合には、人間にとっての意味がこのような複雑な構造を持っており、社会的知識と不可分な構造を持っていることを踏まえなければならないのである。しかもその構造は人間すべてが有する再帰的認識能力による不可知性の構造の中で、自己の存在に対する不安という最も根源的な不安からの逃走で常に自らを縛っている。人間にとって規範や常識という知識による拘束を求め、それに対する逸脱が生じた場合には感情的な反発を生むことは容易に理解できる。そして事実を把握するのではなく、わかりたいようにわかっているのである。つまり再帰的認識能力がもたらす想像力が大きな不幸を生み出していることになる。

【注】

1　石田、一九八四年、『桃太郎の母：ある文化史的研究』。

2　生物の世界でも共食が抑制されているという考え方があるが、これはそれが一般化した種は絶滅したため、残っている種にはその抑制メカニズムが組み込まれているともいわれている。ただ動物の場合には飢餓に直面した際には共食は広くみられる現象であるし、それを論理的に悩んでいるとは考えにくい。

3　Merton, 1972, *"Insiders and Outsiders : A Chapter in the Sociology of Knowledge"*.

4　ブラウ、一九九六年、『交換と権力』。
5　この問題に関しては楠本、「経済的権力の背景」（研究ノート）、『経済社会学会年報』IX（情報と社会システム）、一九三—二〇〇頁を参照。
6　ヴェブレン、ソースティン、（Veblen, Thorstein Bunde，一八五七年七月三〇日〜一九二九年八月三日）。ヴェブレン、二〇一五年、『有閑階級の理論』。
7　『フランク史』を読めば、教会がその権力の源泉として破門を乱用していた様がわかる。グレゴリウス、二〇〇七年、『フランク史一〇巻の歴史』。
8　De Grazia, 1948, *The Political Community.*
9　楠本、一九八八年、「権力における信念体系の役割」、『社会学論叢102号』、二一—三三頁。
10　楠本、二〇〇二年、「カンボジア労働者の規範構造—カンボジアにアノミーはあるか—」、『経済社会学会年報XXIV』、一五三—一六一頁。またメコン委員会の社会学者である Dr. Chou Meng Tarr に対する筆者の聞き取りでは、〝カンボジアには一二世紀以降確固たる王権や信念体系がなかったので、崩壊するものがなかった〟という。
11　楠本、一九九二年、「フィリピンの社会構造における植民地支配の影響」、『社会学論叢115号』、七七—九二頁では伝統的信念体系が存在しなかった国における国家統合の難しさを扱い、楠本、一九九三年、「スリランカとマレーシアにおける民族問題の比較研究」、『年報社会学論集6号』二〇三—二一四頁では信念体系の開発における役割を民族問題をテーマに国家統合という観点から論じた。
12　日本の場合、国家的な吉凶が生じた場合に元号を頻繁に変えてきた。基本的には天皇の代替わりとリンクしていた暦法が、天変地異が生じた際などに運をよくするために改元してきたのである。これも天命の更新を意図したものであった。それがあまりにも頻繁であったために明治になって古式に戻って天皇の代替わりに暦法が変わるという一世一元の制が定められた。
13　時間に関する社会学的な著作としてはルーマンの『社会システムと時間論：社会学的啓蒙』があり、社会システムの中での時間の扱い方について言及しているが、時間を区切る必要性については言及していない。ルーマン、一九八六年、

『社会システムと時間論：社会学的啓蒙』。

14　現代における研究の進展によって厳密な意味での士農工商がなかったということがわかっている。江戸時代の制度では武士（士分）を上位にし、「百姓」と「町人」を並べ、両者の間に上下関係はなかったと理解されている。しかし士分と「百姓」・「町人」の身分移動は自由ではなかった。

15　この問題も複雑である。だれも蔑まれたくはないわけで、自分たちは貴種を祖先に持っているという物語（貴種流離譚）を持つことで、アウトカーストに置かれた自分たちの方がいわゆるカースト内の人々よりも本来の地位は高かったと信じている場合もあるようである。また例えばインドではゾロアスター教徒はヒンドゥ教徒ではなく、アウトカーストになる。しかしアウトカーストであるということはその行為がカーストやジャティに縛られないということを意味する。インド最大の財閥であるタータ財閥がゾロアスター教徒であることはよく知られている。カーストに入らない、入れないことがカースト内にとどまる商人に比べより広い範囲を対象とできた理由ともいわれている。差別が肯定されるわけではないが、それぞれの解釈の中で正当化が図られるというのも広くみられる現象である。

16　南アフリカのオランダ改革派教会は、黒人を区別することを正当化した。南北戦争当時のアメリカ合衆国南部においても同じ論理で聖書によって奴隷制の正当化が行われた（森孝一、二〇〇一年、「アパルトヘイトと南アフリカの「見えざる国教」」、『基督教研究第63巻第2号』、七八―九九頁）。

17　第五代ランズダウン侯爵ヘンリー・チャールズ・キース・ペティ＝フィッツモーリス（Henry Charles Keith Petty-FitzMaurice, 5th Marquess of Lansdowne, KG, GCSI, GCMG, GCIE, PC, 一八四五年一月一四日～一九二七年六月三日）外務大臣として日英同盟を締結した。

18　よく知られているようにゼロは自然数ではない。

19　矢崎、一九六二年、『日本都市の発展過程』。

20　①「かくて数多き生存の輪廻をばわれは経きたれり　この生もかの生もひとしく苦しみなりき」、②「不死を願ういかなる苦行も　すべてかいなきことなりとわれは知りぬ。」友松圓諦、一九八一年、『仏教聖典』、「第二章　樹下成道　第六節　屋舎の作者」①三一頁および②三三頁。

21 キール、二〇〇五年、『アンベードカルの生涯』。

22 ブルデュー、一九九〇年、『ディスタンクシオン〈1〉社会的判断力批判』。

23 小室、一九七六年、『危機の構造—日本社会崩壊のモデル』。

24 筆者は人口問題を通じてベトナム戦争の当事者達とかかわりを持つことができた。ベトナム戦争を事実上の終結に導いた一九七三年一月二七日のパリ和平協定は、アメリカ側代表のヘンリー・キッシンジャー氏とベトナム側代表のグエン・ティ・ビン女史の交渉の中で締結された。一九九五年六月「リプロダクティブ・ヘルスと女性の地位に関するインドシナ女性国会議員会議」にグエン・ティ・ビン副大統領が参加され、筆者はベトナム戦争終結の地である南ベトナム大統領官邸での夕食会に招待された。またベトナム戦争当時アメリカの国防長官を務めたロバート・マクナマラ氏は世界銀行総裁として人口問題に深くかかわり、一九九四年の国際人口開発会議に先駆けて同年三月東京で開催された「人口と開発に関する賢人会議」に参加していた。筆者も同会議に参加しており、まさしくこの時代を共有したのである。

25 小室、一九八四年、『偏差値が日本を滅ぼす：親と教師は何をすればいいか』。

26 宮崎勤：一九六二年八月二一日生まれ、宅間守：一九六三年一一月二三日生まれ。

27 問題にならなければ調査もなされないので、長期的な資料は取れていない。しかし一九九〇年頃からいじめ問題に対する研究報告の推移については、（亀田et.al.「わが国のいじめの長期的影響に関する研究動向と展望—1980年から2016年までの学術論文・大学紀要論文における研究の動向と課題—」、『教育学部紀要　第51集』、文教大学教育学部、二〇一七年、三三三—三三六頁）を参照。

28 令和四年一一月二四日文部科学省初等中等教育局から出された「いじめの状況及び文部科学省の取組について」(https：//www.cas.go.jp/jp/seisaku/kodomo_ijime_boushi_kaigi/dai1/siryou2-1.pdf) で平成二五年に報告されたいじめの件数が一八万五八〇三件であったものが、令和三年には六一万五三五一件へと三倍に増加していることが示されている。低学年が中心であり、最も多いのが小学二年生となっている。小学生の数が減少する中での三倍増は社会的な要素を考えなければ理解できない。急性アノミーが社会に定着し、慢性化した結果生じるのが、自己の存在に対する漠然とした不安である。親自身が確信を持てない中で、それを社会的に確定するメカニズムが失われた結果として生じるものであることは容易に推測できる。そして子どもたちが他者をいじめることで自己確認を行っている可能性がある。）

29　フロム、一九六六年、『自由からの逃走』。

30　Bryce, https：//www.livescience.com/burn-calories-brain.html（2024-3-23）

31　国土交通省海難審判所、潜水艦なだしお遊漁船第一富士丸衝突事件、https：//www.mlit.go.jp/jmat/monoshiri/judai/60s/60s_nadasio_1fuji.htm（2024-7-23）

32　実数とは無限小数のことであるという。その意味では、微分することで、存在しなくなるのではなく、存在しないとみなせる状態に収束するということらしい。その意味でカントールは数論を集合論としたことで、無限の問題を扱い、微分における実数の消滅を説明したようだ。いわゆる数論の問題だったのである（足立、六八頁）。

33　https：//ja.m.wikipedia.org/wiki/%E3%83%92%E3%83%83%E3%83%91%E3%82%BD%E3%82%B9（https：//ja.m.wikipedia.org/wiki/ヒッパソス）（2024-3-23）

34　ニーチェの論点は、キリスト教会における言説の強制が徹底した思考放棄を強制するとともにそれが教会の利益のためになされていることへの糾弾と、ルサンチマンが被害者意識に基づいて人々の心の奥底まで支配することへの怒りによって構成されていると考えることができる。そして事実はどうであれ真実と思われることの重要性を指摘している。しかしなぜそのような強制が受け入れられているか、またキリスト教会はなぜそこまで絶対性と不謬性を強調するのかについての分析はない（ニーチェ、一九九四年）。

8　人口圧力・生態系による制限と意味の変化

1　意味世界の変化における規範と外的条件の関係

これまで述べてきたように意味世界は他者と明示的にそして非明示的に共有している知識として、まさしく存在被拘束的に私たちを拘束する。その意味では私たちの世界を構成する情報であるといえる。この情報は前述したように言語的に共有されているか非言語的に問われない形で共有されることにより変化しにくい性質を持っており、社会的事実として社会学の主たる研究対象となっている。しかし変化しにくいことで意味を持つ、存在被拘束性を規定する知識もまた変化する。変化するからこそ、時代が変わると失われる意味もあり、それが変化したあとで思い出すことは非常に難しい。つまり自分の世界観も変化し、主意主義的な行為の基になる主意そのものも意識しない間に変化してしまうのである。

冷静に考えれば、社会環境などの変化に応じて行為の基盤となる意味世界が変化できなければ人間社会は崩壊することがわかる。つまり、社会がここまで維持されてきたということは、何らかの形で外的環境の変化を受け入れて、それに適応する形で変化してきたからであるということになる。この変化がどのような条件で生じるのかを考えることは、機能的に意味世界の在り方を理解するうえで重要な要件となる。ここで現状わかっている範囲で条件の変化による意味世界の変化を検討する。いずれの事例でも共通しているのが意味世界と外的条件の関係も「層の理論」に従い、相互作用の中で存在しているということである。

具体的にどのように変化していくのか、いくつか事例をみていこう。意識下に内在化され、私たちの行為を形づくる規範は外的な条件が変化すれば変化する。これには身近に好例がある。介護保険制度が導入されるまでは、高齢の両親の介護は、その子どもや配偶者が行うことが一般的であった。わずか五〇年ぐらい前までは親を老人ホームに入れることは社会的に批判的な目でみられていた。ところが介護保険が導入されて十年で、施設介護が一般的になり、自宅で子どもが親の介護をするということが義務的なものとして受け止められなくなったことが小川直宏らの調査でわかっている[1]。制度的条件が変化することで、規範が変化し、行為が変化した好例であろう。このように規範は社会条件の変化やその社会が属している自然条件に適合した形で形成される。逆にいえば、その適合性がなければ社会が維持できないとすれば、規範が変化に対応できなければ規範は維持できないことになる。これを私たちは「適応」と呼んできたことがわかる。ここで規範が変化する条件をいくつ考えてみよう。そのほとんどが外的条件の変化に対応した適応事例である。

（1）規範とその変化（受容のための条件の適合）1 ——ヨーロッパの事例（キリスト教の受容）

この事例としてまず、ヨーロッパ地域におけるキリスト教の受容を考えてみよう。大航海時代までのヨーロッパは、食べるものも限られた基本的に貧しい地域であったといえる。ヨーロッパは高緯度に位置し、メキシコ湾流から変化した北大西洋海流のおかげで気温は緯度に比べて高く保たれているが、日照角度は低く、日光が不足する。その大地は森におおわれていた。その森林はヨーロッパナラやフユナラなどナラ科の広葉樹によって構成されていた。

ノートルダムのせむし男で知られるように、日光の不足によって生じるビタミンDの不足がもたらす〝くる病〟なども広くみられた。オランダですら二〇世紀後半に北海油田が見つかるまでは、生野菜を冬に食べることはできなかったといわれる。したがって中世のヨーロッパにおいて冬の終わりは死の季節であった。冬の終わりにビタミン不足で壊血病が蔓延し、多くの人が亡くなったという。

ヨーロッパにおける主たる動物性タンパク質の供給源の一つである豚は、人間とその食性が共通するために食糧が不足する冬季に維持することができない。そこで秋に大量に発生するナラ科のドングリを豚に食べさせて太らせたところで冬に入る前に屠り、それをその地域で入手できる岩塩で塩蔵してハムやベーコンにしていた。食料が乏しくなる冬も食べることのできる豚肉の塩蔵、つまりハム、ソーセージの類はその生命を維持する決定的な重要性を持っていた。

もちろん草地であれば、牛や羊などの畜産によって人間の食べられない草をタンパク質に変えて、畜肉やチーズなどの形で摂取できる。しかし、中世ヨーロッパでは広葉樹の森の割合が支配的であったという。いまでもシュバルツバルト（黒い森）が残っているヨーロッパの中原に位置するドイツなどでは、その国土は生態学的には草地というよりは森林である。近世に至るまで、グリム童話の「赤ずきんちゃん」にあるように、森林とそこにいる狼の世界に、ブルグといわれる塀で覆われた都市の中で人間が暮らしていた。まるで森の海の中に都市という島があったように理解した方がよいようである。そしてその貧しさの中で「赤ずきんちゃん」にみるような、〝姥捨てと子捨て〟があったと考えられる。グリム兄弟が採録した各地の伝承の原文をみれば、まさしくそのままの形で、「ヘンゼルとグレーテル」のように人食いまでを含めた話が集められている。

このような自然環境で、人間があまり食べないドングリを食べて太ってくれる豚の類は、絶対に不可欠な動物性のタンパク質であったといえる。そのすべてを使いつくす料理は、今でもドイツ料理の基本となっている。ピーテル・ブリューゲル「子どもの遊戯（一五六〇年）」の絵には、豚の骨や豚の膀胱で遊ぶ子どもたちがいる農村の生活が描かれている。どちらも基本的に食料にならない部分である。[2]

キリスト教はユダヤ教起源であり、ユダヤ教はイスラム教徒と同じく豚肉食を禁忌する。しかしキリスト教はアム・ハアレツ（地の塩）といわれるユダヤの賤民カーストの間に最初に広がった。[3] 日本でもそうだが、アウトカースト（賤民）の食物タブーは通常のカーストの食物タブーと異なっていることがあり、おそらく豚肉食が許容されていた。[4] これを傍証するのがイスラムにおける豚肉食の禁忌規定である。イスラムもユダヤ教徒と同じく豚肉を禁忌とするが緊急事態のときに食べることは否定されない。

豚肉食の禁忌をそのまま持ち込んでいたら、ヨーロッパにキリスト教が受容されることはなかったと考えられる。逆にヨーロッパでは、ユダヤ教徒が豚肉を食べられないことでの差別や、ユダヤ人のあぶり出しも行われている。[5] 環境条件がそれを許さない場合には、解釈を変え、正当化することが必要になる好例であろうと思う。そして解釈変更を行ったことがヨーロッパにおけるキリスト教受容の基礎条件となったのである。

（2）規範とその変化（外的条件への適合）1 ――アミノ酸スコア

同じように生態学的な条件が宗教規範をつくり出した事例も知られている。ヒンドゥ教における牛肉食の禁忌、メソアメリカに広くみられた食人習慣はどちらも生態系とタンパク質の供給という点から説明ができることを『ヒトはなぜヒトを食べたか』という本の中で文化人類学者のマーヴィン・ハリスが明らかにしている。[6] 人間には自分で他の食糧から合成できない必須アミノ酸（トリプトファン、ロイシン、リジン、バリン、トレオニン（スレオニン）、フェニルアラニン、メチオニン、イソロイシン）があり、それは何らかのタンパク源から摂るしかない。

このアミノ酸は基本的に代替できず、特定のアミノ酸がたくさん含まれていても、バランスよく入っていなければ身体を維持することができない。このアミノ酸の食品におけるバランスはアミノ酸スコアという考え方で表される。コメに

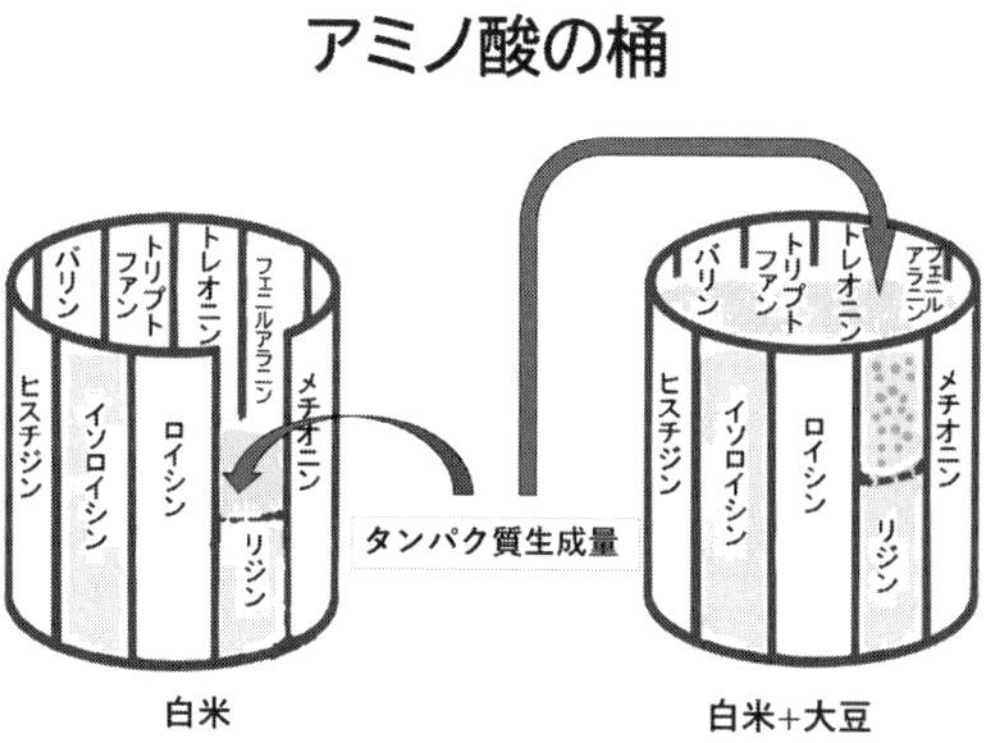

出所：著者作成

はリジンが不足ではあるものの、基本的にすべてが入っている。穀物を過剰に摂取しても、一つでも不足しているとそれ以上は吸収できないという性質を持っているという。これをアミノ酸の桶（アミノ酸バスケット）という（図）。[7]

このコメに不足するリジンを含んでいる大豆からつくられる製品、豆腐やみそを合わせて摂取することで、ほぼ完ぺきにこのアミノ酸バランスを満たすことができる。昔の日本人がコメを大量に摂取し、みそ、豆腐を食べていたのは、コメでは満たすことのできない必須アミノ酸を補給するためであったと考えられる。

これに対しタンパク質の含有量としてはコメよりも小麦が高いが、小麦の場合にはリジンだけでなく、メチオニン、トレオニンが欠乏するので、どうしても動物性タンパク質によってそれを補給する必要が出てくる。メイズ（トウモロコシ）に至っては、必須アミノ酸のロイシンに偏っており、人間が食べられない量を摂取しないと、その身体を維持するための必要な必須アミノ酸をメイズから補給することはできない。

そのため小麦食文化のインド北部では動物性タンパク質を摂取することが不可欠であり、それを乳製品で摂取する文化が形成された。それが牛肉食の禁忌につながったとマーヴィン・ハリスは指摘している。サンスクリタリゼーションの中で現在では上位カーストほどベジタリアンが多く、肉食を忌避する傾向が強い。この理由は、ミルクであれば永続的に摂取できるが、牛肉食をして牛を食べてしまった場合には永続的に摂取することができないからであると想定される。ハリスの指摘によれば、かつてはブラーマンカーストほど牛肉食をしていた痕跡があるという。[8]生物として人間が生をつなぐためには、そのような文化的装置をつくり、それを宗教の中に位置づけることが必要であった。その結果として牛はシバ神の乗り物で神聖であるから食べてはいけないことになっている。肉牛の場合によく知られているが、食べておいしいのはメス牛といわれる。その中でオスだけは食べていいとか、議論の余地を残すと、メス牛を食べてはいけない理由を説明することが難しくなる。宗教的な理由を持ち出すことで信仰になってしまえば議論を封じることができる。

この人間が食べることのできない草を食べてタンパク質に変えてくれる、家畜に適した動物は極めて限られている。現実的に考えれば、牛、馬、ヤギ、ヒツジ、ラクダぐらいに限られ、半野生としてトナカイを挙げることができるが、これらは基本的にユーラシア大陸とアフリカ大陸に生息しており、南北アメリカ大陸には存在していない。バッファローは牛に類似しているが、馴化が難しいといわれるし、ラクダの一種であるリャマやアルパカもその生息域が極めて限られており、ユーラシア大陸における家畜の役割を果たすことはできなかったという。

そのようななかでメイズを主食とするメソアメリカでは、どうしても動物性タンパク質が不足する。そこでは人間の心臓を太陽神に捧げないと太陽神が復活しないという神話をつくった。そして継続的に戦争を起こし、人肉を分配することが王の重要な役割であったといわれる。そのためメソアメリカのピラミッドは頂点の部分が平らになっており、そこで殺した人肉を四方の階段から投げ下ろし、それを分かち合ったといわれている。[9]

二〇世紀まで首狩りの習慣が残ったパプアニューギニアなども同様である。パプアニューギニアの密林は生物多様性には富んでいても、生態的に草を食べてタンパク質に変えてくれる家畜があまりいないため、動物性タンパク質の供給[10]が不足する。パプアニューギニアの宗教祭儀は不明だが、パプアニューギニアなどの場合には部族の交流ほとんどなく、語族の単位で異なる場合もあり、一つの島でありながらおよそ一〇〇〇の言語に分かれるほど、相互に交流がなかったことがわかっている。[11] つまり言語が通じないことで、他の部族を狩りの対象としてみなすことができたのではないか。これほど相互交流のないなかで首狩り習慣は共通していた。部族の中であっても死者の弔いとして脳を食べる習慣があったため、その地域では脳がスポンジ状態になる奇病が報告されていた。現在ではクールー病として知られている。[12]

メソアメリカの例が最も典型的だが、このように生態学的な制約を神話の中に取りこんで、主観的な価値としては生態学的な制約を意識しないような仕組みをつくっていったことは、主観的な理解＝意味、と条件の変化を考える好例ではないだろうか。インドでも紀元前四世紀ぐらいまではそれほどの人口圧力がなく、牛を食べても集団の生存を維持できたのではないかと想定される。続いてチベット仏教について考察してみよう。

（3）規範とその変化（外的条件への適合）2　――チベットの事例　宗教と人口

ここには別の解決方法もある。チベット仏教の果たした機能について考えてみよう。チベット地域はチベット仏教の地として知られている。チベットは高地に位置し、その生態的な扶養力は極めて限定されている。その意味では極めて貧しい地域に絢爛豪華な仏像や仏画（タンカ）を祭る寺院が存在する。そこでは金銀が大量に使用され、宝石も潤沢に仏像を飾っている。チベットは乾燥・寒冷の地であり、生態系の扶養力が乏しい中で感染症は比較的少ない。人類の歴史のほとんどにおいて高い出生率は感染症で相殺されていたと考えられ、感染症があまりない地域は潜在的に常に人口圧力の影響を受ける。

チベット仏教寺院の極彩色の世界は、色彩の乏しいその生態系と対照的である。近代経済学的に考えれば、チベットなどでそれほど大きなお金を宗教にかけることは、経済的に非合理であるということになる。例えばそれだけのお金があるならば、それで食料を買い、それで人々が豊かに暮らせばいいのではないかと考える。しかしながら、どんなにその豊かさがあったとしても、それをお金に変えて食品を買っても、それほど長いことそれを維持することはできない。

しかしチベット仏教では出家が推奨され、出家すれば一生涯にわたって仏道修行に明け暮れ、妻帯しない。男性が出家の中心ではあるが、出生を規定する女性も尼寺に封じられ、出生の母体となる人口を文化的に抑制したと考えることができる。つまり、ある一定の人口扶養力の中で人口を抑制する制度としてそれが使われたと考えれば極めて合理的な仕組みであったといえる。その地域の生態系が極めて限られている中で、一定規模に人口を抑制しない限り安定的な社会の構築はできないのである。

近代的な家族計画が導入される以前に、人間にとって最も強い欲求の一つである性を抑制することは極めて困難であった。ドーキンスの『利己的遺伝子』にみるまでもなく、生命にとってその遺伝子の継承は、その本質ともいえるものである。ウイルスであっても自己の遺伝子の継承だけをその使命としている。現在の少子化は人間社会の問題として別に議論する必要がある。大きな目でみれば生物の環境への適応なのかもしれないが、社会的要因としてなぜそれが生じるのかについては、前著で分析した。家族計画が導入される以前に、人口増加を抑制するためには、それだけの文化的な装置と膨大な社会的なメカニズムが必要であったといえる。これがチベットにおいて生態系の維持という点から考えたときの仏教の果たした機能であったと考えることができる。

2　人口圧のもたらす闇　集団の生存―集団形成と支配のメカニズム

（1）人口圧力と生態系

人類史をみたときに全体の規範の変化をもたらす最も大きな条件は人口であるといえる。とくに人類が常に晒されてきた人口圧力は私たちの社会を根源的に規定してきた。人間は一夫多妻でなくとも、若い時期に結婚し両性とも栄養状態や健康状態が良く一切避妊しなかったら、一〇名以上の子どもが生まれる。これをハテライト指数という。これは生物学的なヒトの生殖能力であり、それだけの高い出生力がなければ、非常に高かった乳幼児死亡率を超えて人口を維持することはできなかった。

非常に高かった乳児死亡率の最も大きな原因は、おそらく感染症である。大きく考えて、二〇世紀における世界人口の急増は、欧米で発達した医療・公衆衛生が導入された結果として、死亡率が急減したにもかかわらず、行為を形成する社会的価値観の対応が遅れ、その結果として出生の低下が遅れたことによると考えることができる。13

近代的な医学や公衆衛生が導入されるまでは、マラリアなどの感染症に対抗するためには高い出生率を維持するしかなかった。それでも日本やヨーロッパのようにマラリアなどがそれほど影響を与えなかった地域では、潜在的な人口圧力に常にさらされてきた。そのような環境の中で、厳しい自然環境とはいえモンゴルやチベットは感染症による死亡が少なかったことから、常に高い人口増加圧力にさらされてきた。

日本の場合には、米作が基本であり、米作は労働投入による弾力性が極めて高いという特性を持っている。例えば一ヘクタール当たりの収量で考えてみれば、粗放状態で単に播種しただけであれば六〇〇キログラム程度の収量にとどまるものが、水田をつくり、圃場をつくり、田植えを行い、水管理をし、雑草を抜き、適切に肥料を施せば六トンもの収量を得ることができる。日本では、地域の人口を扶養するために棚田をつくり、集団で水管理をし、労働投入を行うことで、人口の扶養力を維持する努力を営々と続けてきた。

しかし、遊牧などの場合、努力すればするほど収量が上がるということではなく、ヒツジやヤギにストレスのない環境をつくることが、最適な選択となる。チベットもほぼ同じで、大麦や燕麦の栽培は行われていても基本的に乾燥していて、それほどの収量は期待できない。これと同じことは実はモンゴルにもいえる。モンゴルも草地であり、そこで暮らす人の数というものは羊の扶養力によって決定される。そしてその羊の扶養力というのは草地によって限定される。その意味では、人口扶養力と草地の生産性はほぼ厳密に対応してしまう。そしてその地域で扶養できる人間の人口規模は非常に限られており、あれほど広大なモンゴルでおそらく一五〇万人程度にしかならない。遊牧において、その草地の扶養力を最大限に活用するために、人間がやることは、羊を狼から守り、適切に雪の害を避け、水場に誘導し、羊にストレスのない状態をつくっていくことしかない。

チベット、モンゴルなど、あれほど乾燥した寒冷な地域に人間がなぜいるのか。実はこれには感染症が少なかったという大きな理由がある。感染症は歴史的に見て人口規模抑制の最も大きな要因であったと考えられる。例えばインドとネパールの中間にタライ平原がある。この地域は豊かなジャングルが広がっているが、歴史的にその人口密度は極めて低かった。その理由はマラリアの猖獗である。感染症がそこに蔓延していたから、出生した子どもの多くが死んでしまい、人が住める状態ではなかったのだ。

これがどれほどの影響を与えたかについては鎌形赤血球症の分布地域がそれを示している。遺伝病（βグロビン遺伝子異常によって引き起こされる）であり、貧血を生み出す鎌形赤血球症は主にアフリカ、地中海沿岸、中近東、インド北部でみられる。貧血という生存にとっての不利益をもたらす鎌形赤血球症遺伝子がその地域で残存した理由は、まさしくマラリアであると考えられていて、鎌形赤血球にはマラリア原虫が寄生しにくいからであるといわれている。

話をチベットに戻すと、このような環境では日本のように労働集約と社会制度により、生産量を上げる努力もできなかったし、近くに都市もなかったために、出稼ぎなどの制度を使った出生抑制もできなかった。それでも共同体の外部から収入を得る努力は行われており、世界的にも珍しい一妻多夫制も、出生がほとんど女性によって規定されることを考えると妥当な方式で、兄弟で一人の女性を娶り、交代に出稼ぎに行って生計を維持する仕組みであったといわれる。

同様に婚姻制度が条件に規定されている例として、イスラムによって認められている一夫多妻制がある。イスラム教における一夫多妻制はジハードなどの戦闘によって戦士が死亡した場合に、その残された寡婦を救済する社会的メカニズムであったといわれる。これも宗教教義に基づいた行為が、社会的保障を形成するメカニズムであったと考えることができる。

いずれにしても、チベットにおいては、妻帯を禁止する仏教が、与えられた生態系の中で人口規模を一定にする機能を果たした。外在的な条件の因果律から考えれば、まさしく外的条件に適合するための文化装置を受容した結果、社会の安定化をつくり出したといえるが、それが行為する人の意識の中に理解されていなかった点に注意する必要がある。この点は強調しても強調しすぎることはないほど重要な点であろう。つまり主観的な理解とそれを規定する因果律とは関係ない場合があるということである。

(2) 人口圧力と集団の形成

そのほかにも人口を抑制する方法がある。それは人類の歴史の中で残忍な制度的な殺人としての戦争として知られているものである。この戦争に代表される争いは、人口圧力と集団の形成として一般化できる。生物学的な知見によれば、一般に生物は生存競争にさらされても無理な争いを避けるという。しかし人間における戦争は時として合理的な理解の範疇を超えた殲滅戦になることがある。生物学的な生存競争に還元できない、人間の現象としての戦争の特色がここにある。

そもそもは戦争などを代表とする戦いは、自らの集団の生存が厳しくなってきたときに、他者を犠牲にしても自己の利益をはかる選択として行われてきたと考えられる。それがなぜ過剰な殲滅戦を引き起こすのであろうか。その問題を解決できるのがいわゆる〝正義〟である。

再帰的認識能力のプロセスから考えれば、仮想であれ実際であれ、敵という名の他者がいることで自分の存在が特定できる。人口学的に生存が厳しい状況に追い込まれたときにそれを打破しようとして、自らの理解する正義を振りかざし、自分の理解できる正当性を構築して、大義の名のもとに行われているのである。そしてその結果として正当化は価値観に転化してしまう。または既存の価値観の解釈替えが行われ、正当化されることにより、経済的にみたら非合理な戦争行為も生じてしまう。さらにそれは不安という強い力に押されて、再帰的認識能力がもたらす想像力や予期的能力を総動員してエスカレートすることになる。そして壊滅的な被害をもたらす。

このような再帰的認識能力からくる不確定性と自己の存在に対する不安を持つ中での人口圧力に対応する正当化の過程は、どのような社会においても存在している。そして正義を掲げ、そのことを悩まないようにすることは社会が適切に機能するために不可欠の条件となる。その意味で社会が適切に機能するためには、どのような社会であっても信念体系が必要になる。その信念体系の構築がうまくいかなかった場合には、その国家建設は極端な難しさに直面する。多民族国家、多宗教国家が直面する難しさの本質がそこにある。[14] そしてその信念体系は多くの場合、通常の論理的なものを超えた存在を仮託する必要がある。

これがごくわずかの例外を除き、宗教を持たない社会は存在しないことの根本的な理由であると、考えることができる。社会を維持するためには論理的な範囲を超えて、つまり議論をしないで済む「信じるもの」「信じる存在」が不可欠なのである。特に近代国家が西欧の宗教戦争の結果として生み出されたこともあり、多くの近代国家ではキリスト教的な絶対神を仮託していると想定される。

日本でも、それまでの自然崇拝的な神道と靖国神社に代表される国家神道が大きく違っていることは、識者の指摘するところである。明治という時代において、西欧諸国と伍して国家建設を行わなければならなかった明治政府が、キリスト教的な体制を持つ国家神道をつくり出したことは、合理的であったといえるし、ほかのアジア諸国と違い日本が独立を維持するうえで重要な役割を果たしたと考えることができる。靖国神社に行くと中心にある銅像は大村益次郎像である。大村益次郎は適塾で学んだ蘭方医であり、日本陸軍の創始者ともいわれる。西欧に伍していくために西欧の論理に負けない宗教体系をつくる必要があると考えたのは、その時代を考えれば天才的な慧眼であったといえる。

国家神道の導入は、日本が欧米に伍していくために不可欠な機能を果たしたと考えるが、その後、軍部の暴走が止められなくなる一因ともなった。その結果、官民の精鋭を集めて政府が〝総力戦研究所〟をつくり行った冷静な戦力分析では負けるとわかっていながら第二次世界大戦に入っていき、その予想の通り敗れた。このことは、信念と事実の関係を考えるうえで、感慨深い事例であろう。[15]（猪瀬直樹、『日本の近代　猪瀬直樹著作集8　日本人はなぜ戦争をしたか』）

このように信念体系が通常の論理を超える必要がある理由は明快である。通常の論理で設定されたものであれば、通常の論理で異論が生じ得ることになり、その秩序構造が人間の行為の基盤となる絶対性や確信を与える機能を担えないからである。

これは別に明治期にみられた話というだけでなく、これも多重に普遍的に人間社会に存在している現象である。そして、そのような価値の網の目の中に組み込まれていく。その網の目の中でうまく立ち回った人は成功を重ね、成功が社会的地位を上げていく。なぜ社会的地位が上がるかといえば、その成功が集団の生存を有利にすると考えられ、集団内での評価が高くなるからだろう。

ただ企業でもありがちなのが、上司に評価されることと、その組織の目的に寄与することが異なった基準に基づいて行われることで、本来はその地位に就くべきでない人を昇進させてしまったりする。これは組織の中で小集団の論理の方が全体の集団の論理より優先した事例と考えられるし、まさしくマネジメントの最大の課題であるだろう。

（3）人口圧と集団の生存と正義の名による殺戮

①再帰的認識能力と人口圧

再帰的認識能力を獲得し、被捕食者の立場から逃れた人間社会に常に付きまとってきたのが人口圧の問題であった。

社会科学でも人口は十分に意識されないように、私たちにとって出生や死亡は当たり前のことで、意識にあまり上らない。特に近代において家族計画が導入されるまでは、それをコントロールすることは至難の業であった。生まれてくる赤ん坊で、なぜ自分がこの世に生まれてきたのかを悩んでいる赤ん坊はない（はずである）。何もしなければ失われてしまうはかない命が、精一杯生きることに努力している。そしてその親もそれを当然と考えているし、そのことについて疑問を持たない。そこで増えた人口はその集団の生存に大きな圧力をかけるが、その原因が意識されることはない。

既に述べたように栄養が十分で健康な男女が避妊をしなければヒトは一〇人以上の子どもをつくる能力を持っている。このような人口圧力の中では地域の生態的な扶養能力はあっという間に飽和してしまう。とくに再帰的認識能力を獲得し再帰的言語能力を持ち演繹的思考が可能になった人類は、他の動物に比べて圧倒的な力を持つようになり、『イブの七人の娘たち』[16]に記されたような被捕食者の立場から離れたのだと考えられる。そうなると人口増加を抑制できるのは感染症などの病気による乳幼児死亡率の高さか、社会制度でその抑制メカニズムを組み込むか、他者という形で区別して、戦争などの形で人口を減らす、という選択しかない。

孤立した文明の場合には、祭儀を通して供犠という形で人の犠牲が正当化されている。この問題は生態系の人口扶養力が基本的に一定である中での人間が持っている人口の再生産力の高さと不可分の関係にある。これはバタイユ（バタイユ、ジョルジュ・アルベール・モリス・ヴィクトール：Bataille, Georges Albert Maurice Victor, 一八九七年九月一〇日〜一九六二年七月八日）が『呪われた部分』[17]で述べたことでもあり、前述したとおり、栗本慎一郎が『パンツをはいたサル』で暗喩した部分でもある。技術的な変化がない限り、ある生態系における人口扶養力は決まっている。経済人類学的に考えれば地球の生態系は基本的に太陽からの入射エネルギーと夜間に赤外線の形で放出される輻射の差分がエネルギーとなり維持される。その意味で構造的に地球の熱収支はプラスになり、地球の生態系のエネルギーは過剰となる。しかしこの地球の生態系が過剰であるといっても、その過剰さは無限の豊かさの拡大を許すものではない。生態系全体として安定するためには、いわゆる化石燃料などの形で退蔵されていくことで安定する。その退蔵されたエネルギーを放出している結果が現代の地球温暖化問題の基本構造である。

このような構造を持つ地球のエネルギーの流れであるが、人間社会に限定し、簡単に抽象化して述べれば、ある一定の生態系では、ある一定の人口規模しか維持できないということである。バタイユたちの議論は、この過剰の部分を消費することで安定させるメカニズムとして祝祭や戦争という形で蕩尽が行われ、安定させるということを主張している。しかしその中でも環境の持つ人口扶養力は、一定である。家族計画などのなかった時代には、何らかの方法で人口増加を抑制することが必要になる。基本的に社会が安定化している中では、何らかの方法で人口増加を抑制する社会的なメカニズムを組み込むことになるし、そうでない場合には他の集団との戦争などを通じた人口抑制を行うしかないことになる。

②感染症による抑制

まず感染症の与えた影響について考えてみよう。地域による感染症は、その地域にとっては与件みたいなもので、大きな人口圧力の相殺要因になっていた。そのため湿潤で温暖な東南アジアなどではマラリアを中心とする感染症が蔓延していた。したがって熱帯、亜熱帯の歴史人口は極めて小さい。歴史人口を比べてみると一七九二年の日本人口が二四八九万人であったのに対し[18]、日本の国土の八割程度の広さを持つフィリピンでは一七九九年で一五〇万人程度[19]、日本の国土面積の九割を持つマレーシアは一八九一年に至っても七五万人に満たなかったと考えられている[20]。マレーシアには数州を除き各州に九名のスルタンがいる[21]。このことは、ジャングルの人口密度は極めて低く、ほとんどの人口が港を中心とした地域に住んでいたことを示し、そこでアラビアとの交易の中でイスラムを受容していった結果であることがわかる。いずれにしても内陸部では、感染症やそもそも動物性タンパク質が限られていることなどから人口が非常に抑制されていて、その地域の人口規模は今からは想像もつかないほど近年に至るまで歴史的に極めて少なかったのである。

③侵略による解決

これに対し比較の問題ではあるが、温帯地域の感染症による死亡は、人口増加を相殺できるほどのものではなかった。さらに前述の通りモンゴルなどの寒冷地では感染症があまり存在せず、歴史的には常に人口圧力にさらされている。

このような場合には別の選択肢を持ってくるしかない。自らの集団の生存が脅かされたとき、人間がとる行動は多くの場合、自分たちの生存圏の外から生活資材を持ってこようとすることであろう。これは出アフリカからわずか五〜七万年で人類が世界中のすべての地域に拡大したことが証明している。その意味で人間のいないフロンティアが存在する間であれば、どんなに困難であってもそのフロンティアを開拓し、多くの生物の絶滅を招きながら拡大していった。いつもできるとは限らない技術的要因による生産性の拡大を除けば、一定の技術与件の下で生態系が扶養できる人口は限られており、あっという間に飽和する。飽和したときにどうするか、そこで外部から生活資源を持ってこようとすれば、そこにすでに存在している人々との争いになる。自分たちの生存をかけて殺されるか殺すかの関係が生じてしまう。

モンゴルなどのようにその扶養力が、草地に規定され、それで扶養できる羊などの家畜によって規定される場合には、その地域の人口扶養力を拡大する余地はほとんどない。そしてその地域で扶養できなければ、他の地域に出て行って収奪するか、内部抗争を行い部族間で戦って人口を減らすしかなくなる。それがいったんまとまって外に出ていくときの征服は過酷なもので、モンゴル帝国の拡大によって直接モンゴルと接したヨーロッパを恐怖に突き落とした。有名なプラノ・カルピニとルブルックの紀行記にはモンゴルの軍隊が一切の兵站を持たずに進軍し、進軍した先で殺戮し収奪し、収奪するものがない場合には、自分たちの軍隊の中で七飛びなどナンバリングによって共食いをしながら進軍したさまが描かれている。[22、23]

日本の四倍ほどの国土を持つモンゴルでも、その草地で安定的に扶養できる人口はわずかに一五〇万人程度である。[24] したがって歴史的にモンゴルは統一政権ができれば、チンギスカンなどに典型的に知られるように、その人口圧力のはけ口は外部への侵攻という形で行われていた。それは想像を絶する激しさで周辺を侵攻するのである。その抑制のために清朝期には徹底したチベット仏教の導入が行われ、男子を仏教寺院に閉じ込めることで人口を六五万人程度に抑えてきたと考えられている。[25]

人間の再帰的認識能力から引き出される不可知性は、他者を通じた不断の承認過程で承認されることを求める。認識論的に考えれば自己の存在を肯定するためにも、他者を否定することはできない。簡単にいえば理由なく人を殺戮することは気持ちが悪いのである。同時に増え続ける人口の中で自分が生きていきたいとすれば、どうすればいいのだろう。何らかの形で区別して、自分とは違う、という形で他者の抹殺を正当化するしかなくなるのではないだろうか。この場合に神に祈ることは〝闘いの勝利〟であり、負けたものは殺戮される。

④違いによる正当化

現在のように人間という意識が普及している社会ではだんだん理解しがたくなってきているが、この区別を正当化するということを人間は歴史上営々として行ってきた。前述したヒンドゥ文化では、白人の侵入とその支配を正当化するために、肌の色でカーストを分け、浄→不浄の中で社会階層化し、差別を正当化した。進入してきたアーリア系の言語はインド―ヨーロッパ語族に属していたが、それ以前にインドに存在していたドラビダ系の人々とは語族単位で異なる言語で[26]、まったく意思疎通はできなかったと考えられる。

言語が通じなければ、相手を同じ人間だと認識しないのは比較的容易に理解できる。意思疎通ができないので、普段から行っている自己確認の相手になり得ないのである。またアメリカで一九世紀半ばまで存在した黒人奴隷などは、これは言語と同時に肌の色で区別することで、人が人を所有し、売買するという論理的な難点を棚上げしていた例であろう。したがって異民族による侵略などが繰り返される大陸では、常に新しく言葉の交流のできない、肌の色が違うなどの形で区別できる異民族がおり、奴隷制度が長く続いた。論理的に考えれば、同じ人間である以上、ある人間が他の人間の尊厳を否定できるわけもないのだが、それを〝同じ〟と考えなければ、どこまでも否定できる。

日本も古代において国家の形をつくるために中国の律令を導入し、大宝律令（七〇一年）で奴婢という形で奴隷が制度化されている。しかし日本の場合には寛仁三年（一〇一九年）、刀伊の入寇（といのにゅうこう）、日本の鎌倉時代中期の文永一一年（一二七四年）、弘安四年（一二八一年）の二度の元寇を除けば、大規模な異民族による侵入はなく、そのどちらも撃退したことから、異民族の支配を受けなかった。そのため方言はあるとしても奴婢から公家まで言葉は通じるし、人種的にも区別はつかないという状態の中で、奴婢の制度は延喜格（九〇七年）で廃されている。森鷗外の『山椒大夫（一九一五年）』をみるまでもなく、私的権力が武力や債務で人を縛って売買する私奴婢は存在していたが、その禁止令も出ている。しかし一九五八年に公娼制度が廃止されるまでは娼婦などとして娘を売ることは社会的に存在していた。童謡の〝はないちもんめ〟などがその姿を描いていることは知られている[27]。ただこれは制度的にはあくまで債務による拘束であり、年季という形で有期のものであった点で奴隷制度と異なっている。

奴隷解放宣言（一八六三年）までアメリカの黒人奴隷はH・B・ストウの『アンクルトムの小屋（一八五二年）』にはっきり描かれているように、奴隷の子どもも奴隷として主人の財産とみなされ売買された。牛や馬と同じように、本人だけでなくその子どもも誰かの所有物として売買されていたのである。実態に対する批判はあるとしても、制度的な意味であるが、公的に禁止した国として日本が世界最古の部類であることは間違いない。事実、豊臣秀吉による「キリシタン伴天連追放令（一五八七年）」の理由として日本人を奴隷として海外に売却していることが日本国法に反していることを挙げている。そして、その買戻しや自由民として解放することを求めている。

日本が世界で最も早い時期に奴隷制を廃止した理由は、まさしく自分と同じ人間を物として区別することが、人間が獲得した再帰的認識能力から〝気持ちが悪かった〟のではないかと推察される。律令で真似してみたものの異民族がいないので、区別しようがなかったということだったのではないだろうか。

⑤社会制度による安定化

このような背景もあって、日本は歴史の中で人口の抑制を社会制度として組み込んでいった。江戸時代の日本のように極めて安定した社会における人口抑制のメカニズムに関しては速水融や鬼頭宏などが歴史人口学の研究を通して明らかにしている[28]。東日本では長子のみが結婚を許され、次男以降はその家に従属する労働力として組み込まれ次世代を残すことが許されないメカニズムが中心であった。西日本では農家の子どもたちは都市に奉公に行くことで、人口稠密な都市で感染症で死亡したり、年季まで奉公することでいわゆる再生産年齢を超えてしまい、地方に戻って結婚してもほとんど人口再生産ができないような仕組みになっていたと考えられる。また出産は家と家との関係としての婚姻と強く結びついており、今なお日本の婚外子比率は極めて低い。

さらに日本の場合には、主食であるコメという作物が、労働力投入を行えば生産量が大きく拡大するという特性を持っていた。このために日本人は、営々として水田を増やす努力を行い、棚田を極限まで拡大することで人口扶養力を拡大する努力を行ってきた。

もう一つの事例は、チベットにおける仏教の導入である。前述したようにチベット仏教は、あの生態系の乏しい地域で膨大な資金を費やし、金銀宝石に彩られた華麗な仏像をつくり、出家を支える環境をつくることで、人口圧力を抑制する機能を果たしたといえるのである。前述したようにチベット仏教では、出家すれば一生涯にわたって仏道修行に明け暮れ、妻帯しない。男性が出家の中心ではあるが出生を規定する女性も尼寺に封じられ、出生の母体となる人口を文化的に抑制したと考えることができる。

生物としての人間にとっての巨大なエネルギーであり、衝動である性を抑制することは非常に困難なことである。その抑制を仏教というメカニズムを通じて抑制するために、絢爛豪華な装置をつくらなければならなかったと考えることができるのである。

⑥宗教による殺戮の正当化

日本とまったく逆の事例がユダヤの事例であろう。生態系の条件が厳しく、努力することでその扶養能力を拡大することができない砂漠地帯ではそれが最も過酷な形で表れてくる。前述したようにモーゼに率いられてネボ山まで着いたヘブライの民は、モーゼの後継者となったヨシュアの下で、ヨルダン川という砂漠における巨大な水源とその沃野をめぐって血みどろの戦いを繰り返し、征服した。その制圧にはかなりの時間がかかったことが旧約聖書のヨシュア記に記されている。ヨシュアは、本来であれば勝てないはずの強大な力を持ったカナンの部族を滅ぼし、ヘブライ人のカナンへの定着を導いたことで、神の恩寵（Heil）を獲得したとしてカリスマが成立した。

マックス・ウェーバーは宗教社会学の研究全般を通じて、〝カリスマとは何か〟から始まって、支配の正当性について考察している。それを端的に要約すれば、人知を超えた〝運〟でも〝預言〟でもよいが、によってその社会集団の生存を成し遂げたものに、神の恩寵（Heil）があったと考え、その後の集団の生存も託したと考えている。これは結果論かもしれないが、世界的にみても普遍的な解釈であるようだ。しかし神の恩寵を示すものはその置かれた環境で変化する。例えば、歴史的にみて世界で最も豊かな生産力と軍事力を持っていた中国の中原では農業生産の極端な低下がその社会集団の存亡を決めることになる。したがって、中国の場合には、その農業生産ができなくなったら神（天）からの恩寵がなくなったとして、支配権を失う。歴史的に中国の革命は易姓革命といわれる。それは天が引き起こす自然現象である洪水、干ばつ、飛蝗などが生じたということは、この世の支配者に権力を与えている天が支配者の一族〔姓〕に支配するだけの徳がないということを示し、姓をかえる（易）ことが必要になったと考えたことによるからである。つまり天という超越的な力によって与えられていたカリスマがはく奪された結果として権威がなくなる。支配体制の絶対的な正当性を信じていた人々に、その変更の妥当性を納得させるためにも、そのような説明が必要だったと考えることができる。

砂漠地帯では、どんなに努力しても生態系の扶養力を拡大することができない。人口圧力が存在しその地域の生態系の扶養力が限られている以上、そこでの戦いはゼロサムゲームとなる。勝つことが至上の命題であり、そこにすべてが注がれる。現在でもそうだが軍事技術は、その戦いにおける生死を直接決定する。鉄器の導入や火器の導入などの技術革新があれば、小さな集団でも大きな集団を占拠し、収奪することができる。

いったん社会秩序が成立した後には、社会秩序の維持、規範の維持の観点からも収奪や殺戮は制約される。しかし他の集団を殲滅しなければ自らの集団が生き残れない中では殺戮と収奪を正当化することが必要になる。ヨシュア記であればカナンの民の不品行がその理由とされ、神の罰を受けたという説明がなされている。現在でも神の名の下で戦争を行うのは唯一神教を報じる国が多いというのは、否定できない事実であろう。その意味で唯一神教の問題を考えていく。

唯一神教は世界的にみてもエジプト文明とメソポタミア文明を隔てる乾燥した地域だけで生み出された特殊な宗教

であることは学問的な事実である。この世界中の唯一神教の源泉となったユダヤ教においても、その当初は部族神として理解されていたというのは、ウェーバーが指摘するところである。多くの宗教においてもそうであったと考えられ、神は自らの部族を守る存在として考えられてきた。

宗教とは何か、という問いを立てた場合に一般に与えられる答えは、救済を与えるもの、であるということになるだろう。現在でも新興宗教の在り方をみれば明確だが、その救済はまさしく現世救済であり、その信者が生きていけるということが基本になる。古代において戦いを前提とする場合、多くの場合には戦いに勝つことがその集団維持のための最も大きな条件であり、負けてしまえば簡単にいえばその神を祀る存在もいなくなるので、必然的に勝った、つまり生き残った社会集団によって信奉された神しか残らない。

自らの価値観と信念体系は相似するようになるが、そこで求められるのは、再帰的認識能力から生み出される「問い」ではなく、価値に転化した「正しさ」であり、信じるという形で問わないことの制度化である。人間の認識や知識が共有された場合に演繹的な論理性を持たざるを得ないときに、正しくないと受け止められる価値観を維持することは難しい。行為を形成する意味が言語的に考えなければならない顕在的知識の場合と非言語的に抱かれエンベッディッドされた知識を比べると、言語的知識は処理に時間がかかり、さらに参照構造を持つことで「異化」が生じやすくなり、同じことを繰り返すことが難しくなる。このような知識の性質から私たちの行為を構成する意味は主に非言語的なものとなることで、行為ができるという性質を持っているのである。言葉をかえれば、そもそも〝意味を問うている状態〟では行為しにくい。したがってその行為の正しさを問わないためにも信じることが必要になる、ということになる。

再帰的認識能力から他者を理由なく殺戮することが気持ち悪いと同時に、他者をいったん敵と決めつけてしまえば、自己の不確定性を確定し、自己の存在論的な不安を回避するための手段ともなり、その否定が正当化される。そしてこのような理由で闘争や排除メカニズムが組み込まれることが論理的に説明できることになる。ここから戦争というものの特質が明らかになる。生活圏をめぐるゼロサムゲームである以上、負けた集団はその命を含め収奪される。そしてそれは常に正義の名のもとに行われるということである。人口と生態系という視点から考えれば、もともと同じ社会集団であった集団も分離していかなければならない。そして自分たちが生き残っていくためには、社会集団を何らかの理由で分離し、それを敵として排斥する必要性が出てくるのである。

このことは、どの範囲で集団を考えるかは別にしても、すべての社会集団で生じるであろう現象であることを留意する必要がある。その萌芽的な現象は、まさしく異質性の排除として行われる〝いじめ〟も同じ原理であると考えることができる。その意味では人間に組み込まれた業や宿命のようなものともいえるだろう。しかし、本書の論理に基づけばこれまで業や宿命と捉えられ、それ以上の解明が阻まれてきた戦争などの社会的闘争の問題は、その性質を解明することができることになる。端的に言えば人類が永続的にさらされてきた人口圧の問題を社会における再帰的認識能力の獲得、そこから導き出される自己の不確定性の問題と自己の存在論的な不安の問題を解消する手段として〝正義〟という形をとってそれを正当化し、解消するメカニズムが組み込まれ、行われてきたと理解することができる。そしてその正義は、それが集団内で共有されるために人々のわかる形で説明され、価値観として共有されてきたと考えることができるのである。

（4）逸脱・過剰と蕩尽・リセット

戦いが生物学的な生存競争を超えて、壊滅的な様相を呈することがあることは別の視点からも考えることができる。この壊滅的な戦争や内紛は、人間社会が再帰的認識の中で処理ができなくなってきた社会をリセットするために行ってきたと考えることも可能なのである。この壊滅的な破壊の問題を考えるうえで「状況」の問題は重要な視点を提供する。この「状況」の概念は、マートンが「予言の自己成就」のなかで紹介したW・I・トマスの定理として知られる「もし人が状況を真実（リアル）であると決めれば（定義すれば）、その状況は結果において真実（リアル）である」というテーゼのなかで示されている。具体的にはミリングビルの銀行が倒産するといううわさが流れた結果、取り付け騒ぎが起り、健全経営であった銀行が倒産した事例が挙げられている。銀行というものの性質上、預金者全員が預金を引き揚げれば経営は成り立たない。

　これはジンメルのいう社会学的悲劇とも似ていて、群衆が同じ行動をとることで、熱狂が生じ非理性的な反応が起こり、予期せざる結果を導き出してしまったという現象である。このような現象は、主に不幸な予言に関して起こりやすい。「それは不安感を増幅されたとき人がとる行動が同じなる」という性質を持っているからだと考えられる[29]。一人ひとりの損害回避行動が集積すると、全体が機能不全に陥ってしまう。デュルケームはそのような非理性的な集団行動の肯定的な面をとらえ、祝祭は社会的共感と連帯を高め、個人を社会に結びつける役割を果たすと考えた。

　なぜこのような悲劇を生み出す非合理な行動をとるのであろうか。じつはこの問題はまさしく過剰と蕩尽のメカニズムで考えることができ、いったん破壊的に既存のものを壊すことでカタルシスを感じ、新たな秩序をつくり出すということを人類は延々と行ってきたようだ。現在でも選挙のたびに野党は民衆の不満を強調し〝既得権益をぶっ壊す〟ということをテーマに掲げ、反知性主義の項で述べたように大衆の支持を得ようとする。

　この「いったん理性を廃棄して新たな創造を行う」、という表現は聞こえはいいが、必ず膨大な犠牲を伴う。近代において国際紛争の最終解決手段として戦争が位置づけられているのも総力戦を行い、社会が疲弊しつくすことで、妥協の余地を見出し、再生を図る仕組みであると考えることができる。逆にＡＢＣ兵器（核・生物・化学：Atomic, Biological and Chemical weapons）の禁止が議論されるのも同じ論理で理解できる。ＡＢＣ兵器は再生の基盤を破壊してしまうので、人類が戦争に求めてきた機能の基盤を否定することになる。人類は有史以来、いまだに同じ悲劇を繰り返しているのである。[30]
灰燼の中から不死鳥が飛び出すといえば美しくも感じるが、その灰燼の中には多くの人の犠牲があることを考えれば、いわゆるスッキリするために戦争を起こしたり、社会を崩壊させることは、とるべき手段ではない。

（5）集団のダイナミズムと支配者

このようななかで集団の神があり、その神の下でその集団が大きくなっていけば、その集団を率いるものの力も大きくなる。P・M・ブラウの互酬性の理論[31]ではないが、その集団に属することで生活が営め、職にありつけていくと、その支配が正当化され、そのリーダーの支配権が強化されていく。このよう中でも多くの敵を排除して新しく国をつくったり、通常の論理的な予測の範囲を超えて大成功を収めた場合には、その指導者は神に嘉されたものとして、特別な能力を持つと考えられる。それはまさしく通常の論理の枠内を超えた力とみなされカリスマと呼ばれるのである。

ヒットラーが政権をとった後、自分の支配の正当性を示し、ドイツ国民を従わせるためにこのメカニズムを使ったことはよく知られている。意図してメディア戦略なども活用してカリスマのイメージをつくり上げていったことは非常に興味深いし、敗戦しなければ彼が夢見た第三帝国が成立していたかもしれない。この場合、指導者の成功が集団の成功につながっていく。そして区別の中で自分たちの生存のためなら他の集団の生存が否定されても仕方がない、自分たちの成功のためなら他の集団が被害を受けても仕方がない、非常に軽いものから他者の存在の否定までが、その状況に応じて生じ、その行為を正当化することが求められ、そのために神が絶対化していく。

そこまで極端でなくとも、企業においても同じような状況は垣間みられる。組織内部の論理が優先され、その利益追求が優先され、場合によって企業全体の利益より自分の部局の利益追求が至上の命題となってしまう。集団に帰属する内部の人と外部の人を分け、その差別を行うことで生き残りを図ってきたことを考えれば、これが小集団から現代の大企業まで当てはまる原理となる。

ここにおいて人間がすべて理解していない中で、その「正しさ」とはは本来限定的でカッコ付きの正しさとなるが、意味がきちんと機能するためにはカッコ付きではない、つまり無条件に正しいということを強力に主張する必要がある。そしてその価値に殉ずることが救済をもたらすということを信じさせることができれば、組織は他に対して非常に強力な力を持つことになる。

小室直樹も信念体系論の中で述べているが宗教的な象徴は、特にこの正しさに結びつくので、その非を認めることができない。カトリックの教皇の属性として *infallibilis*（不可謬性）があり、教皇として行った信仰と道徳への判断は間違う性質を持たないとされている。

【注】

1　Ogawa, et.al, 1997, *Shifting Costs of Caring for the Elderly Back to Families in Japan : Will It Work?*

2　中世の遊び（asahi-net.or.jp）：https：//www.asahi-net.or.jp/~yq5y-ysd/asobi.html

3　〝地の塩〟に関しては、キリスト教において様々に肯定的な評価や定義が行われ解釈替えが行われ、当時の語感がどのようなものであったかわからなくなっている。しかし砂漠地帯で地から塩が吹き出すということは農耕ができなくなることに直結する。福音書を読む限り、イエスが、当時のユダヤの恵まれた階層や主流派をその主たる救済の対象としていないことは明らかである。その対象は〝地の塩〟として忌み嫌われた人たちに注がれたものであり、その人たちとは、虐げられたもの、社会的に差別されていた人、正統ユダヤ人とみなされなかった人たちであると理解するべきであると考える。そうでなければ福音書に書かれていることの内容は理解できない。この視点は前島誠・玉川大学教授による（前島誠、一九八七年、『自分をひろげる生き方：ユダヤ流振り子発想のすすめ』）。

4　これに関しても資料はないが傍証はある。豚肉食の禁忌が解かれたのが、紀元四九年頃にエルサレムで開催された初代教会におけるエルサレム会議（Council of Jerusalem）においてであることは明らかになっている（使徒行伝一五章）。イエスの処刑と復活がAD三三年頃であることを考えると、それからわずか一六年ほどしか経っておらず、イエスの直接の関係者の多くが存命している中でこの決定がなされたことになる。イエスは「山上の垂訓」の中で律法の厳守を求めており、その意味で基本的にユダヤの伝統を肯定している。豚肉食の禁忌は旧約聖書のなかでも根本とされるモーセ五書の一部であるレビ記で規定されており、その容認は律法に反することになる。それを可能にする解釈替えがエルサレムでなされているということは、初期キリスト教会を構成する信者たちにとって、解釈変更をしてでも、豚肉食を正当化する必要性がそこに存在していたし、それをイエスも許容していたと考えざるを得ないことになる。

5　この結果、ヨーロッパにおけるユダヤ人問題は複雑な様相を示す。国家を持たない民としてのユダヤ人はヨーロッパのキリスト教徒からはアウトカーストに位置づけられている一方、ユダヤ人はユダヤ人で選民思想もあり、キリスト教徒を蔑んでいたとも考えられる。お互いに見下すことで自らの位置を決めている。イベリア半島ではかなり過酷なユダヤ人抑圧が行われ改宗ユダヤ人をマラーノ（marrano）と呼んだ。マラーノはスペイン語で「豚」を意味する。ユダヤ人が最も忌避する豚の名前をつけたことからも、嫌がらせの過酷さがわかる。

6　ハリス、一九九七年、『ヒトはなぜヒトを食べたか：生態人類学から見た文化の起源』

7　**https：//kome-academy.com/kome_library/health/core.html**（Plenus米食文化研究所）を参考に筆者作成。

8　「リグ・ベーダ」の時代（紀元前一五〇〇～紀元前一二〇〇年頃）から紀元前四世紀ぐらいまでは牛肉食をしていた。紀元前九〇〇年から紀元前五〇〇年の間に成立したとされる祭儀書の「ブラーフマナ」や、宗教上のルールなどを記載した書物では、「客人が訪れた際には食肉用に牛を殺してもてなすべき」ことが記されているという。その後、紀元前四世紀から紀元後四世紀にかけて編集されたサンクリット叙事詩「マハーバーラタ」では大飢饉が生じた際に、乳製品の摂取に移行したことが示されているという。

9　ハリス、前掲書。

10　フォン・ヒッペルは感染症の関係で部族間交流が忌避されたのではないかと述べている（フォン・ヒッペル、二〇一九年、二六四―二六七頁）。

11 平均的なニューギニアの言語は半径一六キロメートル以内に居住する二〇〇〇〜三〇〇〇人が話す言葉であるという（ダイアモンド、一九九三年、『人間はどこまでチンパンジーか？―人類進化の栄光と翳り』、三三九頁）参照。

12 獲得性プリオン病の一種。獲得性プリオン病には医原性プリオン病や変異型クロイツフェルト・ヤコブ病（vCJD）、クールー病などが含まれる。

13 楠本、二〇〇六年、『アジアにおける人口転換―出生力転換を中心とした東南アジア、南アジア、西アジア、中央アジアの比較―』、博士（国際学）学位論文、明治学院大学乙第2号、明治学院大学大学院国際学研究科。

14 植民地支配によって国レベルの信念体系を構築することが難しかったフィリピンの事例を分析している（楠本、一九九二年、「フィリピンの社会構造における植民地支配の影響」、七七―九二頁）。さらに異なる民族、宗教の国家において、伝統的な信念体系を英国に破壊されたスリランカの事例と、守ることに成功したマレーシアの事例を比較して研究している（楠本、一九九三年、「スリランカとマレーシアにおける民族問題の比較研究」、二〇三―二一四頁）を参照。

15 猪瀬直樹、二〇〇二年、『日本の近代　猪瀬直樹著作集8　日本人はなぜ戦争をしたか』

16 サイクス、二〇二〇年、『イヴの七人の娘たち　遺伝子が語る人類の絆』。

17 バタイユ、一九七三年、『呪われた部分』。

18 歴史人口は強力な統治機構が税収を確定するために行った調査がなければ歴史人口を推計することは難しい。歴史人口学者が教会や寺院の信徒データなどを使って再現している。またそれ以前の人口は部分的に存在した小規模データからの推計か、それもなければ生態学などからの推計になる。

19 幕府による調査「寛政四子年　諸国人数帳」では二四八九万一四四一人（速水融、二〇一二年、『歴史人口学の世界』）による。

20 一七九九年の人口は一五〇万二五七四人。カトリック登録人口。Philippines, National Statistics Office (NSO), 2003 Philippine Yearbook, National Statistics Office による。

21 七四万六二九七人。*Statistics Handbook* 1997, Department of Statistics, Malaysia による。

22 カルピニ／ルブルク、二〇一六年、『中央アジア・蒙古旅行記』。

23　モンゴルは末子相続といわれるが、単純に上の子から必要な羊をもって分離していく。したがって残った子どもが親の面倒をみる結果、移動で保持できる範囲の資産を受け継ぐという意味での末子相続でしかない。移動式住居であるゲルの構造的な制約から核家族が中心とならざるを得ず、そこに付随する羊、ヤギ、馬、ラクダ、ヤクなどの五畜が基本的な生活を支える。その意味では移動しているときに、すべての財産や家族も含めて移動しているので、土地に縛られた農耕民のような土地に対する感覚はないと考えられる。草原が続く限り移動することもできるし、移動した先が居住に適していれば居住する。現在でも遊牧を通じて一年で二〇〇〇キロメートル程も移動することがある。モンゴルからヨーロッパまでは六〇〇〇キロメートル程しか離れていないので、特に移動したつもりがなくても三年ほどで到着してしまうこともあるということである。

24　筆者計算。「モンゴル国の人口」、『アジア諸国発展段階別農村・農業開発基礎調査報告書―モンゴル国―』、二〇〇〇年、二四―四〇頁を参照。

25　清朝崩壊直後の一九一九年の調査によると六四万七五〇四人であったとされる（ナムジム、一九九八年、『モンゴルの過去と現在　上巻』、三二頁）による。

26　インドの言語―Wikipedia：https：//ja.wikipedia.org/wiki/%E6%AD%B4%E5%8F%B2%E4%B8%8A%E3%81%AE%E6%8E%A8%E5%AE%9A%E5%9C%B0%E5%9F%9F%E4%BA%BA%E5%8F%A3

27　実態はかなり悲惨でアメリカの大恐慌から引き起こされた昭和恐慌、昭和九年の東北地方の大凶作の影響を受けて相当な数の少女が身売りされた。昭和八年二月二二日山形新聞に少女が売られてしまう結果として「少女がいない東小國」という座談会が掲載されている。新庄デジタルアーカイブ（https：//www.shinjo-archive.jp/20165000043-2/）（2024-8-31）参照。

28　速水、二〇〇二年、『歴史人口学で見た日本〈増補版〉』および鬼頭、二〇〇〇年、『人口から読む日本の歴史』を参照。

29　楠本、一九九二年、「予言の自己成就の分析―状況の概念を中心に」、『経済社会学会年報XIV』、二三六―二四九頁。

30　楠本、一九九三年、「社会変動における状況の役割と機能」、『経済社会学会年報XV』、二〇七―二二〇頁。

31　ブラウ、一九七四年、『交換と権力』。

9 秩序構造・支配・闘争と戦争

1 社会制度による強制力―権力・権力欲・権威

(1) 社会集団・企業などの組織と指導者

競争と区別という現象は、私たちが生活する現代社会においても広くみられる現象となっている。戦争のような生死をかけた激烈なものではなくとも、企業間における競争は日常の行為であり、私たちの主たる関心領域であるといってもいいだろう。集団が抗争するためには、その集団が同じ程度の規模を持っていることが必要になる。その意味で最初は部族の神であったものが国家や文明の神となる。

国家という形で安定している場合であっても、その社会の中で同じメカニズムが働く。それは社会秩序を守り、信用創造や、効用の創造を行う企業から、反社会的な暴力団まで同じであるといえる。このようなメカニズムの中で、組織の存在そのものの存立は、その成員の生命よりも重要になる場合が起こりうる。その集団の生存がなければ自らを取り巻く生活の存続が望めない場合には、それを守るために自らの生命も顧みないということが生じるのである。

新渡戸稲造の『武士道』の中に衝撃的な事例が出てくる。[1] お家のために自分の息子の命を差し出すことが美徳とされている。武士はその身分で、お家、つまり藩から俸禄をいただき生活している。藩主に不祥事があればその藩はお取りつぶしとなり、そこに所属していた武士はすべて失業する。そこで起こる被害を避けるためには自分の子どもの命すら差し出すことが美徳とされる価値観が存在していたのである。

自分をどの範囲で認識するのか。社会学用語を使えば自らの帰属集団や準拠集団をどこに置くかで、時には自らの命を失う行動をとってしまう。企業や官公庁で問題となる過労死も共通したメカニズムを持っている。自分の家族や国家などを守るために限界を超えて労働に従事した結果、過労死してしまう。自らの命を自らが守るべきもののために差し出してしまうのである。武士道の例と違うのは過労死の場合には体の限界を自分で理解できず、死んでしまうことであり、結果としてそうなったという点が異なっているだろう。

このようなメカニズムを想定すれば、通常の企業における組織管理の問題点も明らかになる。それは自分が準拠集団としているグループの利益の極大化が自分にとっての最大の関心事となるということである。自らの所属するグループの利益の追求が主たる関心となって、そのグループが属している組織全体の利益が忘れられれば、まさしく合成の誤謬が生じる。その部課では評価されてもそれが企業全体の利益にはならない。これは企業だけでなくどのような組織でも生じうることである。そしてその部分の中で同調し、その小さな価値基準で評価された人だけが、昇進の機会を得る。立場が変わってその目的を理解し、最適選択の幅を変えることができればよいが、部分での成功に固執することで全体としての利益の追求に目線を変えることができなければ、まさしく準拠集団への過同調が逆機能となり、組織を崩壊させることにつながる。

企業におけるリーダーシップの問題も同じ論理で分析可能である。いずれにしてもその部署を率いて成果を上げていくことで、リーダーとしての権限が増し、その結果としてその部課が良い成績を上げることで、さらなる昇進につながる。失われた二〇年、三〇年といわれた日本の失敗の原因は、その成果をコスト削減という視点だけで求めた結果、非常に短期的な財務状況の改善が尺度になったことだろう。その結果として適切な投資が失われ、職員の目線を極めて近視眼的なものとしてしまった。

このようなメカニズムは人間の認識と生存から導かれるものなので、日常生活にも同じメカニズムが働く。そこではインドの職業カーストであるジャティと同じように準拠集団での承認が、社会的承認につながり、地位も経済的な利益も拡大することになる。そしてその価値観しかみえなくなってしまうことが往々にして生じるということである。

（2）再帰的認識能力、論理的演繹、想像力、恐怖

この権力が力を発揮するためには、人間の再帰的認識能力から引き起こされる、想像力が大きな役割を果たす。私たちが日々さいなまれている恐怖や不安もこの能力から論理的に生み出されている。これは能力としては人間社会を進歩させる創造力も同じである。例えば明日の生活を心配している犬を見たことがあるだろうか。裸でいることで恥ずかしいと身悶えしている犬を見たことがないのと同様に、今の空腹への対応が関心事であっても、おそらく明日の心配はしていない。リスなどでも食料の不足に備えるために予期的行動としてドングリなどを備蓄していることが見られるが、それを貯めて自分の有利な土地と交換するなどという行動はとらない。人間の持つ論理的な演繹構造の中でその不安は無限に拡大する。

〝幽霊の正体見たり枯れ尾花〟の説明ではないが、正しく心配することは非常に難しい。この能力は予期的行動として様々な条件に備えるという点で、人類の拡大の大きな原動力となったと考えられる。しかし実際には問題が起こったときにはその対応をする必要が出て、必死になって対応するとしても、できることは限られていることが多い。ほとんどのことは心配してもどうしようもないにもかかわらず心配し、不安は増幅する。したがってこの能力は肯定的に働く場合もあるが、不要な恐怖心をあおり、誤った判断を導いていることも多いことは確認しておくべきであろう。自らが利用できる不十分な情報の中で、自分がわかる形で理解し、想像力を働かせるメカニズムは権力の操作に

も使われる。

ブラウは『交換と権力』の中で権力は費消される資源であると論じた。これに対し権威は費消されない。したがって社会統治においては権力をもって統治を行うのではなく権威で統治を行う方が望ましいのである。なぜ権力は使えば減るのか。マックス・ウェーバーは権力の定義として「権力とは他者の反対や抵抗（拒絶）を排除してでも、自己の意思・要求を貫徹できるあらゆる可能性である」とした。この貫徹が社会的な規範に沿ったものであれば、権力であり、その行使が社会的に是認されていない場合には暴力となる。そして社会的に是認されているということは、社会的な価値観、国家の場合であれば法体系を根拠づける信念体系までをその背景に持っていることを意味する。

この信念体系は多くの場合、抽象的なものであったり、概念的なものであったり、世俗的な意味での根拠がないものであったりし、具体的に適用するためには解釈の幅があるようになっている。その意味で解釈によってその不謬性を維持するメカニズムになっている。しかし、権力は具体的な力の行使である。権力者がその社会的地位に基づき強制力を背景に行使される。[2] この権力は社会的に是認された価値や手続きに順じているといっても、それに反発する人の意志を排除するという形の強制を伴うことになれば、それは何らかの形の利益相反や価値の相反がそこに存在していることを示している。

そのような中で権力が行使されると、背景としての価値観に対する疑義が生まれ、その価値観が相対化される。そしてその妥当性を問われる機会が増えれば増えるほど、当然その妥当性が疑われ、より相対化され、その権力に対する信頼が失われる。つまり権力は使うと減るのである。

（3）権威による支配[3]

これに対して権威による支配は、支配される側もその社会システムの支配システムとしての権威を自らの価値観として内在化しているために、自ら喜んでその支配のメカニズムを受け入れている状態といえる。その意味で権威による支配は、その行使によってその力が失われることはない。そしてその権威を絶対化できればできるほどその権威をもとに権力を執行することが容易になる。

ローマが世界帝国をつくっていく時期にそれまでの部族神の多神教を捨て、キリスト教を受容した。その理由の一つはキリスト教の神が絶対神であることで、実際の権力行使を行う場合にはなんとでも解釈可能であること、そもそも当時の最高度の神学であったと考えられるエジプト神学やメソポタミア神学との対抗の中でつくられたユダヤ教には、苦難の神議論のように、どんなひどい状況であっても神の正当性を肯定する仕組みがあったこと。さらにユダヤ教と異なり血族などの人種的要件を排除していたこと。さらにイエスが律法主義というよりはより徹底して神への信仰を求めたことで、人の内的な思考までコントロールする仕組みを取り入れたことが、支配する側にとって極めて便利だったということが理由であろうと考えられる。

プロテスタンティズムの成立のように、神の絶対性は神との対比の中で世俗権力の否定にもつながる。しかし王権神授説のようにウェーバーのいう「幸福の神義論」を前提とすれば、いかようにも為政者がその行為を神の名のもとに正当化できた。特にヘブライ語・アラム語・ギリシャ語で書かれた新旧約聖書をヒエロニムス[4]がラテン語に訳した聖書を典礼の基礎としたカトリックにおいては、聖書の解釈は専門職である僧職に独占され、結婚を含む神の恩寵である様々な秘跡を行う権限も僧職に独占されていた。その最終的な解釈権限を持つのは、いうまでもなく教皇であり、宗教的解釈権は教皇に独占される[5]。

そこでは一般の信徒にとって聖書は学ぶべきものではなく、信じるもので、ラテン語で祭礼が行われる教会の儀式はおまじないに近い理解であったと思われる。身近には仏教でも真言という形でそのままサンスクリット語を漢字に音訳したものを使っているが、ほぼ同じような状況であったのだろう。

したがって、世俗の権力も権力の綱引きはあるとしても、最終的な信念体系の拠り所としてカトリックに依存する限り、その影響から逃れられないのである。ナポレオンは、戴冠式で自分で頭に自ら冠を乗せ皇帝であることを宣言している。これは自ら戴冠することで、既存のカトリックの宗教的信念体系よりも自らが上であることを示している。フランス革命で王制が崩壊し、新たに国づくりを行う中で、自らが新しい権威の権原となることを示したともいえる。その意味では現在の共産党支配の国々の正当性の認識と共通したものがあったのかもしれない。

有名な宗教改革で、ルターがこのラテン語の聖書をドイツ語に翻訳したときに、時の教皇は〝ルターは一〇〇万人の教皇をつくるつもりか〟といったという。確かにその後、プロテスタントは無数の宗派に分かれていった。絶対神を奉じる価値の争いを論理的に解消することは難しい。そこで生じた宗教戦争は長期に及びペストなどの影響もありヨーロッパの人口は激減した。解消のできない問題に対処するために宗教戦争の終結を定めたいわゆるウエストファリア条約を締結し、宗教的な理論的な統一をあきらめ、相互不干渉という原則を持ち込むことになった。それが国民国家を準備し、近代を準備することになったのも歴史の不思議でもある。その結果、各国は生殺与奪の件をもつ神にも等しき絶対的な「主権」というものを持つとされ、各国法はこの主権の中で構成されることになった。

(4) 権 力

権力をどのように定義するかは研究者によって異なってくる。フーコー的な定義であれば権力は社会の秩序構造そのものといえ、そのような論点に立てば本書の全体もまた権力の解明に向けられているともいえる。ただ一般的に権力は社会の中でそれぞれの国の主権のもと成立している法制度、各企業の規則などにしたがって行使されると考えられる。その権力が、ウェーバーが定義するように「他者の意志を排してでも自らの意志を貫徹する可能性(シャーンス:蓋然性)」というところにあるとすると、権力は集団の生存と根源的に結びついていることになる。生存するために排除するというメカニズムと言いかえることができるかもしれない。前述したとおり、生態的な制限の中で人口増加による人口圧力が常にあるということは、自己が生存するために何らかの形で他者を排除するゼロサムゲームを常に戦ってきたといえる。

人類が再帰的認識能力を持つことによって生じた人口圧力と、それへの対処は、人類に組み込まれたと考えることは妥当であろう。そして特に人口圧力がない状況の中でも組織運営の基本的メカニズムとして組み込まれ、それにしたがって組織は運営されていると考えるのは、組織が常に競争的な環境に置かれていることを考えれば当然といえる。つまり集団からみたときの敵に向けられてきた力が組織内に向けられた時が権力の正体ではないだろうか。したがってどのような権力も最終的には国家の主権に裏づけられた暴力装置を持っている。

ここで忘れてはならない残念な事実がある。社会とは生きている人によって構成されていて、仮にどのように大きな被害が生じ死者が生まれたとしても、それは基本的に要素としてはカウントされないということである。結果として生き残った人たちの生存だけが重要なのである。そしてその生存した人の社会が正当化される。そこでの犠牲者に関しては様々な形で解釈がなされ、生き残った人たちの精神的な負担を減らす工夫がなされる。

権力は権威を背景とし、その集団の生き残りのための暴力を背景として行使される。そこで権力をめぐる闘争も、集団内に置ける自己の生存圏の拡大であると理解すれば、ある意味で当たり前のことだといえる。さらにこの権力は厄介なことに、おそらく生物としてのヒトにとっての快感と深く結びついている。6 人間が再帰的認識能力を獲得したことで、自分の範囲はその置かれた条件で変化する。例えば国王にとっては〝私の国〟であり、会社の社長や会長にとっては〝私の会社〟と理解される。国民にとって私の国というのはその国に所属していることを意味するし、会社員にとって私の会社、というのはその会社に属していることを意味する。しかしその長にとって私の国というのは、その意向が反映される範囲であり、私がその権力の及ぶ範囲まで拡大し、まさしくその人の拡大として理解され得るということである。これは悪いことばかりではない。例えば名君は自らのこととして国全体を心配するということにもつながるし、名経営者も個人の利益よりも場合によっては自らを犠牲にしても会社の利益の極大化にまい進することもこの構造から説明できる。

ではなぜ逆に自分がつらくなることもあるのに権力を指向するのか。ここに厄介な〝快感〟問題がかかわってくる。心理学ではないので深い追及はしないが、どうも人間は自らの身体性の拡大を〝快感〟と感じるようである。例えばモータスポーツ、自転車からF1（フォーミュラーワン）まで自分の身体性の拡大を追求する。私たちも、普通に買い物に行くために自転車に乗っても気持ちがいい、ということを経験する。そして、気持ちがいいからこそ、目的もなくツーリングを行うことが趣味になっている。

カラオケも同じだろう。マイクを使って、あくまで自分の声が拡大することは快感なのである。つまり権力を指向する人が自らの必要性をはるかに超えた範囲まで自己を拡大しようとするのは、それ自体に快感があると考えなければあまり説明がつかない。

さらにいえば叙位叙勲も同様である。それを通じて社会的な承認が得られ、評価が得られ、他者からの評価という、不断に求めているものも与えられる。つまり物質的な充足も、他者からの承認も得られるうえに、自らの実利も伴い、その獲得プロセスそのものが身体性の拡大という快感につながるとすれば、世の中が権力闘争になることも当然といえるのではないだろうか。

2　支配の正当性とその条件

権力の行使は、それが正当と認められている権威によって支えられることが必要となる。そのような価値観のもとにない力の行使は暴力であって、権力ではない。前述のように、その支配の類型をマックス・ウェーバーは支配の三類型として定式化した。この三類型はそれぞれ独立に存在するものではなく、カリスマ的支配から世俗化していく過程と捉えることができる。

その意味で支配の正当性の類型の中で秩序構造を創造するのは、カリスマ的支配だけであるといっていい。そしてカリスマ的支配とは、その社会集団がその指導者のカリスマによって存続しえた、ということが最も大きな根拠となる。預言者などの研究からカリスマとは神の言葉を伝えることと誤解されていることが多いが、本来の意味は〝神の恵みを受けたもの〟とでもいう意味である。ウェーバー自身もカリスマを分類しており、軍事的カリスマと宗教的カリスマに分けているが、古代においてはその両者は不可分であった。

預言者などの宗教的カリスマは、その時代の政治を糾すという意味があるが、それはすでに確立した正当性に対する批判としての意味を持ち、政治そのものの創造ではない。そしてそれは既存の政治の正当性を否定することにつながるので、為政者にとっては極めて危険な存在となる。

旧約聖書におけるモーセ、ヨシュアは明らかに指導者であり、ヨシュアはカナンの地を征服し軍事的な勝利を得たことがそのカリスマの根源となっている。ユダヤの歴史において最も重要な王であるダビデは愛される能力がカリスマとされた。当時の超大国に挟まれたカナンの地でユダヤ王国の独立を守り抜いたのは奇跡とされたのである。またソロモンはその知恵がカリスマとされたが、神の意に反する知恵を使ったことでそのカリスマは失われていく。

神の意に沿うということが旧約聖書の基本的なテーマなので、その中に記されている宗教的預言者たちも最初は聞こえていた神の声をそのまま伝えていた。ところがそれが変化していくさまも記録され、なぜ預言者が多くの場合に悲惨な死を遂げるのかを説明している。それによれば、神から預けられた言葉を伝えていたときには、預言者として王権をも凌ぐ力を発揮するが、自分の理解で伝えだすと、神からあっさりと見放されてしまう。自分の解釈が神を凌駕する、つまり神を使って自分の意志を伝えだすと見放される。このようなメカニズムで多くの預言者が不幸な最後を遂げることを聖書は説明している。

（1）カリスマ的支配の条件―集団の存亡における支配の正当性の形成

旧約聖書学の解釈をはなれ、社会全体の統治機構の観点から考えた場合に重要になるのは、宗教的カリスマではなく軍事的カリスマであるといえるだろう。モーセなどにみるように最初期にはその区別はあまりない。統治の正当性という点から考えればカリスマ的支配とは、平たくいうと先の見えない中での運の良さ（heil）によって国家を樹立したことをそのようにと呼んだといえる。イスラエルが位置するカナンは当時の超大国であるエジプトとメソポタミアの中間的な位置にあり、巨大な農業生産力を背景に巨大な軍事力を持っていた両文明から常に踏みにじられる運命にあった。

今は失われているが、おそらくそれぞれの文明の宗教的な教理も極めて高度なものを持っていたと考える方が妥当であろう。このような環境の中で多くのヘブライの民は捕囚されるまでもなく、エジプトやメソポタミアに出稼ぎに行っていたと想定される。そのような中で民族が生き残るためには自分たちが受ける苦難を正当化する論理が不可欠であった。まさしく旧約聖書を特徴づけるものは苦難の神議論である。

これもウェーバーが指摘するように、通常の神議論は現在の支配体制の正当性を強調する幸福の神議論であるのに対し、ユダヤ教の場合には、その置かれた特殊性から苦難を正当化する苦難の神議論となっていった。まさしく応報的宗教性である。そして二大文明のはざまで、自分たちの正当性を示すために対抗形成の理論で教理が高度化していったと考えることができる。[7] これはユダヤ教に特殊な例であるが、そのほかの地域でも〝運の良さ〟というものが重要な意味を持っている。

中原に位置し世界の歴史上から見ても最も豊かな地域に文明を築いた中華文明の場合には、その支配の正当性の確立は、まさしく王朝の成立という奇跡である。そして、その支配の正当性の喪失は、黄河の氾濫、干ばつ、飛蝗などの天災が生じ民が飢え、天と民をつなぐ存在である皇帝に〝天から与えられた運がなくなった〟とみなされたときに、易姓革命が起こり、その支配の正当性を失う。このことは前述した通りである。

このように一般に国家の樹立など、その集団における決定的に重要な出来事を成し遂げたことをもって、カリスマ的支配は成立する。そして、その日常化の過程で制度化が起こり、秩序が形成される、と私たちは考えてきたようだ。つまり国家の樹立のような特異的な出来事が成り立つのは、人知を超えた〝天〟や〝神〟の力であり、その運を持っていた人が〝天〟や〝神〟からこの世の支配権を付託されたと考えてきたようである。

このような出来事は実は大変な大災厄を伴っていることが普通である。いうまでもないことだが、歴史は生き残った人間によって、それを正当化するために記述される。そしてウェーバーが指摘しているように〝幸福の神議論〟としてそれらが正当化される。しかしこのような社会の大変革には大きな犠牲が生じるが、そのことは基本的に考慮されない。生き残った者たちが新たに支配体制や社会の秩序構造を正当化するために、それが天や神の意志であったと説明することになる。

実際、中国でも明が滅び、清が成立したときには、大規模な社会変動が起こっている。明朝後期の一六三〇年に一億九二五〇万人であった中国人口が、三二年後の清朝の初期一六六二年には九一七九万人にまで減少し、総人口の半分以上が死亡したことを示している。日本の第二次世界大戦の総死亡の割合が全人口の四％程度と推計されていることを考えると、どれほど悲惨な状況にあったかが理解できる。実際、明朝末期には旱魃、洪水、イナゴによる飢饉が起きており、特に一六三九年から一六四二年頃には全国的に深刻な飢饉に見舞われている。このように易姓革命が成立する条件としての大規模な天災に見舞われたところに、異民族である清朝による征服が起き、これほどの人口変動が生じた[8]。新たに中国の支配権を確立した清王朝は新たな天命を受けたと考えられたことになるが、このようにカリスマによる社会秩序の創造とは、通常であれば許容できないほどの大災厄のなかで成立することについては留意する必要がある。

現在でもその支配の正当性を国家の樹立に置いている中華人民共和国では、法体系の基盤となる憲法の上位に共産党の綱領を置いていることが知られている。これは支配の正当性の根源が国家樹立である以上、法は従属的な地位しか持たないことを端的に示している。中華人民共和国は中華民国との内戦に勝利し中国本土の支配権を確立したが、最終的にその支配権を徹底するために文化大革命が行われたとも考えられ、大躍進政策の失敗も相まって数千万人が死亡している。

共産党という組織をカリスマの担い手としたことは、二〇世紀の発明であった。それまではこの神の恩寵は個人に与えられるものであり、その個人の寿命が尽きた後は、血統を通じて引き継がれると考えられていた。それを血のカリスマによる支配とマックス・ウェーバーは呼んだ。現代ではこの典型例を朝鮮民主主義人民共和国に見ることができる。同国憲法ではその支配の正当性を朝鮮労働党と金日成による革命の成功と国家樹立に置いている。中国共産党と同じく個人の寿命に制約されない朝鮮労働党だけではなく、個人の名前がそこにあげられているのが特徴であり、血のカリスマとして個人のカリスマの伝承をみることができる。

（2）伝統的支配の条件

このカリスマ的な支配によって国家が樹立された社会でも、時が経ち社会制度が安定化するとその血脈が絶えたり、あまりにも遠い昔のこととなり、だんだん人々の記憶からそのことが意識されなくなってくる。そのような状態は社会が安定している状態であり、技術革新などもあまり起こらない。カリスマ的支配の残滓としての権威は意識されない形で存在していたとしても、そこでの支配の根拠は〝昔からそうだった〟という経験知の蓄積となる。日本でも安定していた時代には公家の主な仕事はまさしく有職故実の伝承であり、戦国時代などに地方の武士が力をつけて官位を求めるときなどにもその知識をお金に変えることで生き延びると同時に、これまでの権威の体系の中に組み入れる役割を果たしたと考えることができる。

制度的にもそうであるが、日頃の生活においても、昔通りにやることの意義が強調され、それ自体が権威となるためにそこに異議を挟むことも許されない状況になる。前述したように生態系的に脆弱な森林を切ることを、神社の森を切ると祟りが起こるといって防いでいたのと同じで、何らかの必要性があって蓄積されてきた知識を尊重する支配体制であると言いかえることもできる。

しかしその伝承を生み出した経験そのものが伝わるわけではないために、根拠なく前例踏襲が強制されるという状態を生み出すが、そこに暮らす人たちは窮屈さを感じるとしても極めて安定した知識体系の中で行為でき、思考の負担は少なかったのかもしれない。

（3）依法的支配の条件

価値が共有され、生活様式もほぼ共有されていて慣習のなかで言語化する必要がない社会は、伝統的な規範が内在化され、それに異を唱えるということが想定されにくい社会であるともいえる。そこにいったん疑問を持つと非合理な抑圧にひたすらさらされるが、疑問をもたずその中で生きていくだけであれば思考の負担は少ない。しかしながら他の文化などと接触し、異なった価値観を持った人たちと社会を構成する必要が出てきた場合には、昔からこうなっていた、という規範だけで統べることができなくなる。

多様な文化を取り込み、その統治を行うためには、明文化された法が不可欠でそれが掲示され事前に告知されることが必要になる。そのような統治を行わなければならなかったのがローマ帝国であった。非常に広大な地域の様々な文化をローマ帝国は統治していくうえで、その統治の基盤としての法が重要になった。このローマ法はローマ人の実務的な性格を反映して、それぞれの事例に対して制定された法の上に、必要に応じて付け足していくという構造を持っていた。そこでは論理的な整合性を系統立てるというよりは、過去の事例をそれぞれに適用するという形をとっていた。その結果として、ありとあらゆる事象に対応できると同時に事例主義であったために過去の制定法を見出すことがだんだん難しくなった。

ヨーロッパの法体系は、このローマ法に準拠していた。現代の各国の民法の基盤となっているのがナポレオン法典であることは知られている。これは軍人で合理主義者であったナポレオンが法に準拠しようとしたときに法学者の間で共通了解がなく、議論が果て無く続く状態に業を煮やして、法学者を集めて成文法の形にまとめさせたものであり、ローマ以来の様々な条文を整理統合して成文法にしたものであったために、各国の民法の基となった。

このように異質なものを統合し統治を行おうとすれば、どうしても明示的な成文法が必要になる。それでも民法のような人々の慣習を制度化したものに関しては各国の事情が反映するため、日本の民法がナポレオン法典をもとにしたものの適合しない部分が多かったためにドイツの法体系で修正し、さらに明治期に近代法制度を整備する際に、その基本法となる大日本帝国憲法（明治憲法）の起草に際して、ヨーロッパの周辺国として類似性のあったプロイセン憲法に範をとったことはよく知られている。

この依法的支配の基となる法律を立法するのは、民主主義の社会では国会議員である。したがって立法は、民意を反映するという形で人々のその時代の理解を反映したものとなる。そして各国憲法が例外なく立法手続きを定めていることでもわかるように、その立法過程の手続きが規定され、その手続きを踏まえることで手続きの正当性が担保される。さらに民意を得て立法された法律も、法律の検討が行われる中で顕在的情報の性質として演繹体系として矛盾のない形に徐々に修正されていく。その法体系の演繹を研究するのがいわゆる法学である。

しかしこの法が強制力を発揮するためには、手続きの正当性が担保されるとともに、人々の価値と結びつき、問われないことがどうしても必要になる。その意味で各国の法体系の正当性を規定している憲法の前文をみると、その最初にその憲法成立の正当性が記されているが、それを〝合理的に問わないため〟にも、やはり神であったり、普遍的であったり、伝統であったりという〝合理的ではないもの〟を持ってこざるを得ないことがわかる。

そしてその法を立法する国会議員の選挙は、古代ギリシャの陶片追放やラテン語の Vox Populi, Vox Dei（民の声は神の声）＝天声人語ではないが、おみくじやある意味で小さなカリスマを選ぶ性質を持っていることを忘れてはならない。依法的支配は合理的な支配制度であると考えられているが、手続きの正当性とともに、やはり社会の秩序構造を規定する理外の理、価値体系を持ち込まなければ、統治システムは機能しないのである。[9]

（4）民主主義と戦争

本書で主張するように戦争が本来的には人口圧とその置かれた生態環境の制約を解消するために組み込まれたものであるならば、そこには二つの機能があることになる。まずは敵という他者をつくり出すことで自分たちの集団の存在確認を容易にすること。もう一つは戦争に勝つことができれば敵を殺すか困窮状態に置くことで、一過的にでも自分たちの生存が容易になるということである。ただ忘れられていることは、この一過的な豊かさは人口圧力がある限り、あっという間に費消されてしまうということである。

この論点に立てば、戦争と民主主義そして人権の面白い関係が導き出される。[10] それは民主主義の社会では主権者は国民である。論理的にいえば、その構成要素であり主権者である人の生命を否定し、差別化することは原理的にできなくなる。これを人権原理と呼ぶことができるだろう。筆者は再帰的認識能力の不確定性から自己の存在は他者を通じてしか確認することができず、自己の存在確認のためにも他者は不可欠であり、それが人権の根拠であると分析した。

この論理が正しいとすれば、仮に戦争で他国の領土を奪い取ったとしても、民主主義を徹底すれば、そこからの収奪を正当化する論理構成はできなくなる。つまり戦争を起して領土を拡大したとしても、そこの住人に自国の国民と同じ福利を保障しなければならないことになり、戦争を行うメリットはなくなってしまう。拡大は厄介な負担だけを抱え込むことになるのである。

このことはもうひとつ面白い論理的な帰結を導き出す。人口に関する分析で、実は条件の変化に対応するために、どうも人間は自分たちのわかりたいように物語をつくっているのではないかと述べた。逆に考えると、無理なお話をつくる必要がなければ、勝手な解釈による〝神様〟や〝正義〟などの無理なお話をつくる必要はなくなるということである。つまり戦争を避けるためには、価値観の論争を行ってもほとんど無意味で、実は主意主義的には因果律と認識されていない条件を整えることが重要であるという結論になる。端的にいえば、この地球上で人が生きていくことができる条件を整備することが重要で、そのもっとも基本的な条件が人口の安定化ということになるのである。

【注】

1 新渡戸稲造、二〇一三年、『武士道』、九〇—九三頁。

2 フォン・ヒッペルは、自分の子どもを食べられたチンパンジーが、自分から子どもを奪い取って食べたチンパンジーに対して和解を求めることが観察されたことを紹介し、子どもを奪われた母親にとって対応策がない中でその選択が合理的であったのではないかと推測している（フォン・ヒッペル、二〇一九年、一九七—一九八頁）。人間の場合にも、その歴史の中で、チンパンジーの事例が示すような無力感を植えつけることで支配を維持してきた実例も数多く存在すると考えるが、それだけではなく、そこに〝正義〟を持ち込んでいるところに特色がある。

3　楠本、一九九六年、「権威の形成とその基本構造」、『社会学論叢126号』、二一一―三七頁。

4　ヒエロニムス、エウセビウス・ソポロニウス（Eusebius Sophronius Hieronymus, 三四七年頃〜四二〇年）

5　当時のヨーロッパの識字人口は一〇〇万人と考えられていたようである。

6　「サルを使った地位に関する研究では、階層の頂点に上りつめたサルの脳内のドーパミン感受性が高まることが証明されている（フォン・ヒッペル、二〇一九年、三一五―三一六頁）」という。その結果として社会階層の頂点に上りつめたサルは、ドーパミン代替機能を果たす薬物であるコカインを溶いた水と塩水を選択できるようにしていてもコカインを選択しないのに対し、階層の底辺におかれたサルはコカインを選択することが紹介されている。つまり社会階層の頂点に上りつめたサルは麻薬などがなくとも脳内で快感を覚えていることになる。そしてこのような形での権力への指向性はサルの時点から組み込まれていることになる。またフォン・ヒッペルによると地位の問題や社会的関係は免疫機能などにも影響するようで、それが生き残りにまで影響する。社会関係がまさしく生物としての人間の生存までを大きく規定するということになる。

7　筆者は卒業論文で唯一神教がなぜユダヤの地でのみ生まれたのかを比較文明史的な視点と旧約聖書学から分析した。世界の三大宗教のうちキリスト教もイスラム教もユダヤ教に淵源を持っていることは明確な事実である。世界の人口の五五％以上がキリスト教とイスラム教を信仰しており、国際政治的な影響力から言えば圧倒的な力を持っている。しかし世界の宗教を発生からみればそのほとんどの地域の在来的な宗教形態はアニミズム的であり、唯一神教という考え方は非常に特殊なものであることがわかる。特に創造神が唯一神である場合には善悪ともにその神に帰されることにならざオるを得ず、論理的には善悪を超越した存在として設定せざるを得なくなる。そのような性質を持つはずの絶対神を部族の神とするということは非常に特殊な解釈であるといえる。そのような観念がどのようにしてあの限定された地域で生み出されたのかについて検討した。そのなかでメソポタミアとエジプトという当時の超大国の中に挟まれて自らのアイデンティティを維持するために神学が発展したという仮説を提示した（楠本、一九八四年、『宗教と社会―比較文化史的研究序説―』、玉川大学文学部英米文学科理財専攻卒業論文）。

8　この背景には前述したようにヨーロッパ人の侵入によってアメリカ大陸原住民が四〇〇〇万人殺戮された結果として生じた再森林化によってCO$_2$が吸着され引き起こされた寒冷化があったと言われる。日本でもこの寒冷化により寛永の大飢饉

（一六四二〜一六四三年）飢饉が生じている。このような気候変動を背景として飢餓が生じ一六四四年に明が崩壊した。明に代わって中原の支配者となった清の支配の正当性は、明の成立によって中原を追われた北元（一三六八〜一六三五年）からもたらされた。そうであっても伝統的な易姓革命の論理が貫徹していることは留意すべきである。その宗教的正当性はチベット仏教にあり、現在の中国共産党のチベット政策を理解するうえでも重要な意味を持つ。インドのムガール帝国もその支配権の正当性はモンゴルであり、イギリスがインド支配をしていた時に名乗っていた皇帝権も同様であることは興味深い。

9　楠本宗太郎『各国憲法の比較研究から導き出された憲法の構造と機能─科学としての憲法学の構築に向けて』未公開論文で世界一九二か国の憲法の構造が共通であることを明らかにしている。

10　「人権」という概念は、ほとんど無批判に使用されている概念である。〝神〟や〝普遍的〟という名のもとに規定され、「人権」とは何かという議論はほぼない。人権概念も実は本書で論じている人間の持つ再帰的認識能力による不確定性という点から定義することができる（楠本、二〇二〇年、「人権の根拠について─人権とはなにか：支配の正当性からの分析─」、『社会学論叢198号』、一八一─二〇四頁）。また人口分野で権利論争となり神学論争となっている「中絶問題」に対しても同様の視点から回答を出すことができる（楠本、二〇一九年、「国際人口開発会議（ＩＣＰＤ）から25年─未解決の問題としての「中絶」─「人権」と「宗教」との対立の構造と解決に向けた試論」、『社会学論叢196号』）。

10　方法と対象　方法は対象で規定される

これまで考えるところを述べてきた。可能な限り既存の社会学の主要な概念との連携をとれるように努力してきたつもりだが、その一つひとつが膨大な研究の蓄積を持つものであり、概略であってもそれを網羅することはできない。初めに書いたように本書の目的は社会学全集ではなく、社会学や社会を分析するために必要になる原理を提示することである。したがって一つひとつの内容は物足りないものになっていると思うが、社会学が留保してきた問題にある程度回答したのではないだろうか。数多くの社会学的な研究成果との連携は今後の研究の中で行っていくべき課題であると思う。

繰り返しになるが本書が示したかったことは、社会学が直面した方法論上の課題、そして社会が本質的に有する課題とは、人間の認識構造が獲得した再帰的認識構造が生み出す、自己の不確定性であり、その結果として生じる自己の存在の不確定性に対する存在論的な不安であるということ、そしてそれは人間の認識能力によって人間を本質的に規定する性質＝原理であるため人間社会の隅々までを規定すること、このような観点から社会学を組み直してみることができるという提案である。さらにいえば社会学的な研究はこの相対的認識という学問上の特性を踏まえて行われてきたので、これまでの社会学で開発されてきた方法論や知見はそれぞれ対立的なものではなく、社会学というプラットフォームの中に位置づけられ得るものであることが明らかになった、ということである。

社会学にはこれまで多くの方法論や立場が存在して同じ社会学という言葉でくくられながらも立場が違えば話ができない、という状況があった。ある意味これは当然で、相対的認知の中で自分の立場を全体的な社会学という枠組みの中に位置づけなければ、その位置関係は把握できず、把握できないなら自らよって立つ立場から研究を進めるしかなくなるからである。

社会学とは何か、という問いに対しても、自らの行為の基となる意味や価値観を相対化してとらえる方法である、という共通了解は形成できても、そこから先の各論になれば、それを位置づけるメタ構造がなかったので、全体のパースペクティブのなかで、それぞれの研究領域を追求するという、ある意味で専門学問としての状態に至っていなかったといえるのではないだろうか。

本書がそのメタ構造として、また社会学のプラットフォームとしてどれくらい有用であるかについては、今後の展開をみるしかない。また本書で記述した内容が間違っているという指摘がなされたら、それはそれで反証としての位置づけを持つものであり、社会学という学問の位置づけをより正確なものとするステップとなる。

本書で提示した社会学の原理は、おそらく人間社会の原理でもある。その意味ではその解明に成功していたとしても、それがあまりにも普遍的に共有されているために、それを比較の手法を使って科学的に立証することは難しい。筆者が提出した考え方が当てはまらない事実が提示され、それを検討した後にもその解消ができなかった場合には筆者が考える社会学原理は否定され、修正を求められる性質のものであると考える。しかしながら本書であげた要素は極めて基礎的な人間の認識能力に基づくものであり、筆者の能力の範囲では反証を見出すことができなかった。優れた研究者によって、ここで提出した理論が反証されたとしても、筆者として考え抜いた内容を超える知的展開であり、興奮とともに社会学の進歩に貢献できたと喜びをかみしめることができると思う。

本書の中で可能な限り、これまでの社会学的な用語や考え方を引用し、位置づけをはかっている。そこでわかることは本書で示した理論で、これまでの社会学の概念や研究方法を基本的に位置づけることができているのではないだろうかということである。

エスノメソドロジーやエスノグラフィーはまさしく社会を構成する個人と個人の会話を記述し、そこに共通性を見出そうとする。そしてその方法は主観的に抱かれた意味世界を解明するうえで大変有用な方法であるだろう。しかしながらそれだけではおそらく不十分である。地域研究者にもよくみられるのだが、その地域に関する事情を深く知れば知るほどその代弁者となりがちだということである。その意味を理解したうえで、社会科学として法則性の追求がなければ、社会問題の解決につなげることもできない。筆者としては社会科学は社会問題の解決のために、私たちが意識できていない社会のメカニズムを解明することにその本質的な使命があると考える。

その意味では、研究の対象を中範囲の理論が適用できる領域にまで限定し、うまく落とし込むことができれば、一般的な社会科学方法論が適用可能になる。それが適用可能な対象に関しては、そのような方法を適用することで、恣意性を可能な限り排除することができ、完全ではないとしてもデファクトの把握ができるようになる。その意味で中範囲の理論は、社会学研究に必要不可欠な方法である。つまり対象に応じてこれまで社会学において開発されてきた手法を活用すればよいのである。

では最後に筆者が提示した社会学原理はどのような形で実際的な貢献をなし得るのであろうか。まずいえることは、社会学共通の枠組みを提供するという学問的な貢献とともに、社会の事象のほとんどすべてが人間は自分を確定することができない不安定性を確定する作業と関係があることを示したことにある。もちろんそこに還元すれば問題が解決するという性質のものではないが、社会学がこれまで抜け出すことのできなかった立場性による相互理解の不可能性などの不毛な議論に無駄な労力を使う必要がなくなる。筆者が学問を志したときからの問題意識に即していえば、少なくとも神の名をかたって正義の名のもとに殺し合いをしているのは、神の問題ではなく、徹頭徹尾、人の問題であることを明らかにしたことだと思う。

本書の内容は生態学の進歩を含め多くの学問の成果がなければ形成できなかったものである。その意味では、いま初めて世に問うことができる著作であると考える。そしてその結果として、そろそろ神に責任を押しつけて殺し合いをするのではなく、人が人の責任で、人間の尊厳の保たれる世界をつくらなければならないのではないかという、理論的な提言が可能になった。本書で示した理論を適用することで、これまでカッコの中に入れない形で価値の闘争を行っていたものを精神分析学や精神医学が行ったように言語化し外部化することで、カッコに入れることができるようになる。そうすることで、まさしくいま私たちはどこに行きたいのかを考えるべき時期に、それを実現することができるようになったのである。地球人口が八〇億人を超えている現在において地球環境を維持しながら、それを実現することは決して容易なことではない。しかし現代において私たち人類は、家族計画を含めそれを実現することのできる手段を持っているのである。そして本書を通じてこれまで神にその責任を押しつけることで、思考することを停止してきた様々な現象に基本的な説明をつけ、その思考停止から抜け出す論理的な道筋を手に入れた。

筆者としては、ここで提示した理論に対し、明らかな論理的な反証が出るまでは、この仮説は原理として有効であると考える。このような道具立てがそろった今こそ、人が人の意志の問題として、すべての人が人間としての尊厳を持つ社会を実現する可能性が生まれたのである。人間が引き起す戦争などを避けられない〝宿命〟として思考を放棄し、これまでの悲劇を繰り返すのか、それともここで解明された原理をもとに人間社会を人間の尊厳を保たれる社会とすべく、努力するのかが問われているのである。

人が人としてこの世に生を受けた以上、その持てる能力を最大限生かすべきではないかと考える。再帰的自己認識が生み出す不確定性とそれから引き起こされる自らの存在への不安を覆い隠すために、人類は膨大な努力をはらってきた。しかしそのことが明らかになったいま、不安による思考放棄への社会全体の強い指向性を超えて、考え得ることを考え、神の名のもとに殺し合いをすることをやめ、私たち一人ひとりが、すべての人間の尊厳が保てる社会を構築する努力を行うべきであると考える。

本書がそのような努力のための基盤となることを心から願っている。

まとめ――本書でいいたかったこと

・人間は再帰的認識能力と操作的言語能力を獲得したことで人間社会を構築した。

・再帰的認識能力は自己の不確定性と自己の存在に対する不安を生み出す。この不確定性と自己の存在に対する不安の回避を〝原理〟と捉えることで社会学的な問題の基盤を明確にすることができる。

・脳で情報が処理されている以上、見えている世界と現実の世界の区別をつけることはできない。

・操作的言語能力は演繹体系と結びつき、想像力を拡大する。

・不確定性を確定しなければ、解なしの問題を問い続けなければならず、思考に過大な負担をかける。

・脳の負担を軽減し、不確定性を確定するためには、論理の外の存在を設定するしかない。

・論理の外の存在を「神」や「天」と呼び秩序構造の始原とした。

・暦法が為政者によって独占されてきた理由も、社会の秩序構造も暦法も人間の認識構造の不確定性を確定させる必要に基づいていたからである。

・そこでの社会の秩序構造も暦法も「運が良い」という意味でカリスマから生じる。

・天変地異、軍事的成功を含めその集団の生存を果たした指導者にカリスマがあるとみなし、絶対的な統治権を付与する。

・通常の社会階層外にアウトカーストをつくるのも社会構造の中で認識を安定させる必要性による。

・この認識論上の構造は普段の生活、つまり人間関係の中で常に確認される。同じ反応を相互に確認することで安心感を持つ。
・言語的知識も非言語的知識、意識下の知識によって支えられなければ、意味を持たない。
・顕在化された知識としての言語的知識は共有されるものであり演繹性を持つ。それは論理的に拘束され、恣意的に変化できない。
・言語的知識の基盤にある意識下の知識は非言語的であるがゆえに、時代精神とでもいうもので、規定される。
・この時代精神は非言語的な形で共有されているために時代が変わると変化してしまう。
・その非言語的な知識は私たちの見えている世界を規定する。
・適切に行為するために非言語化されたエンベデッドされた知識を必要とする。
・言語的知識で行為しようとするとぎこちなくなる。
・この非言語的知識は言語的操作能力を十分に持つ前の第一次社会化でその基盤が与えられる。
・再帰的認識能力を持つことで生じる不安の発現は、自己の存在に対して不安を持つ状況で育ったか、そうではなく愛情というかたちで、自己肯定感を持った形で育ったかによって大きく異なってくる。それは再帰的認識能力が確立する前頭前野統合が完成する五歳ぐらいまでの生活環境で刷り込まれる。
・自己肯定感の得られない中で成長すると、社会のルールに反してでも、自己を他者に承認させようという形の行為を取りがちになる。
・望まれて生まれてくることが決定的な重要性をもつ。
・人間の認識の下で、人口は与件であり、人口圧は意識されにくい。
・ゼロサムゲームの中で他者を否定しなければ自己の存在が確保できないときにどうするか。他者を否定する論理が必要になる。

- 合理的判断の外にそれは必要であり、正邪の判断という形で行われる。このなかで〝神〟の恣意的な利用が行われ、正義の名のもとに戦争は行われる。
- 家族計画は人類史上最大の発明といえる。
- 人間が責任を持った形で自らつくり出した社会問題を解決し、自らの尊厳を守れる社会を構築する必要がある。

おわりに

本書が当初掲げた目的のように社会学を統一的にみる視点と理解枠組みを提供できたのかどうかに関しては、読者の判断を待つしかない。しかしながら人間だけが持つ能力としての再帰的認識能力が論理的に引き起こす、自己の不確定性をその不確定性の中で議論するのではなく、要素＝原理としてとらえることで一貫した視点を提供できたのではないかと考えている。その意味では社会を構成する基本要素としての人間の認識によって引き起こされる不確定性とその不確定性の安定化を人が必要としたという視点は、合理的であるし妥当性を持っていると考える。

同時に人は地球という生態系の中で生きる動物でもある。少なくともこれまでは地球という環境を離れることはできなかった。そして、その中で生きるしかなかった。その生命としての人間を維持するメカニズムが栗本が指摘するように、エネルギーや物質循環に規定されるのもまた当然といえる。そして人間の不安定性解消のメカニズムはそのエネルギーや物質の循環メカニズムとも結びつき、いわゆる交換やその定式化された形としての構造をつくり出していった。それが人間の認識からみたときに矛盾がない構造を持っていなければならなかったというのも当然といえば当然である。

さらにあれほど広範囲な分野を研究対象としたマックス・ウェーバーを含む社会学者のほとんどに欠けていた視点として人口問題がある。もちろん社会学の実証調査の具体的な対象は人口であり、人口のいない社会調査はあり得ない。その意味で人口統計を踏まえない社会学もほとんどない。しかしながらここでいっているのは、社会というものを考えるときに人口の持つ本質的な性質を社会学は十分に取り込んできたとはいえないということである。

その意味では人間の理解している世界を中心的に記述し、その理解がどのような必要性で構築されたのかという視点は欠けていたといわざるを得ない。人類が持つ生物としての拡大能力の高さは、本書でいう再帰的認識能力（自己認識能力）を持つことで他の生物を圧倒する力を人間に与えた。人類の拡散と多様な生物種の絶滅が相関していることは生物学の常識となっている。つまりある社会集団が一定の地域で生きていこうとすれば、自分とは異なる集団を殺戮するか、駆逐するかが必要であり、さらにその地域で支配的な地位を占めた後は他の地域に出ていくか、その同族集団の中でだれかを犠牲にするメカニズムをつくるか、文化的な装置としてそうならないようにするしかなかったということである。

このような人口圧力の中での集団の生存という必要性を考えれば、他者を敵とするメカニズム、その存在を否定することを心の痛みなく行うことができるような仕組みをつくる必要があったということが理解できる。典型的な例は生態的な扶養能力が極端に低く、水資源でほぼ制限される砂漠地帯や半乾燥地帯であろう。そこではどんなに努力をしたとしても、他者を否定しない限り自分たちが生き残れないのである。

逆に水が豊かで米作のように人の努力でその収量が十倍も変化する地域では、そのような努力を強制するシステムをつくってきたといえる。

社会科学の研究は自分が生きている世界を自分で解明するという難題に取り組んでいるといえる。その意味ではどんなに苦労して新しい見解を生み出したとしても、それは出されてみれば〝当たり前〟でしかない。自明性を言葉にすることの難しさである。本書で人類社会はこの認識と生態系の二つの制約の中で構成されているという自明性を言語化したといえる。しかし考えてみれば〝当たり前〟というのは社会科学では大変な成果ではないだろうか。

そしてその認識の構造からもたらされる不安を解消するために、自己を位置づけることが必要となる。そして、そのことがすべての人の持つ能力であるがゆえに、それがすべての社会現象で起こることで、ありとあらゆる社会関係が構造化する。それは空間的な認知から始まり、時間、暦法、社会的な上限関係としての地位などである。社会的上下関係は信念体系として政治的支配体制を構築し、法などを通し人が人の命を制度的に奪うことも可能にする。そして日々の交換から始まって目線までの絶え間ない自己確認は相互確認の網の目になって人々の行為を規定する。

この問題を本書で述べたような形で要素として取り込むためには数学の発達が不可欠であった。前述したが、例えば高校数学で習う微分で実数が消える現象はカントールなどによって無限理論として定式化されるまで説明ができなかった。この無限を集合としてとらえ、その集合内における論理的な無矛盾性とともに、その集合の無矛盾性そのものは集合内部では証明できないことをゲーデルが不完全性定理で解明し、証明できないことを証明してくれた[1]。その意味で高校数学で当たり前に習う現象の説明がついたのは比較的近年になってからだったのである。

社会学を考える中で、自分の見えている世界と実在との区別がつくのかということを考えていた筆者にとって、この証明できないということが証明できたことを知ったことは大きな意義を持っていた。論理学的には存在証明が不能であれば、その存在があるとみなしても、ないとみなしても等価であるという。

であれば存在するとみなして、その不可知性を人間の持つ基本的な性質として考えることができるということに気がついたのが修士論文の作成時であった。しかしその時点ではまだ大きな問題が残っていた。まさしく地球に棲む生物としての人間が、人間としての尊厳をもって生きていくことができるとはどういうことかという問題についての回答が出されていなかったのである。

筆者は幸いなことに多くの素晴らしい先生方に師事することができた。筆者を人口の世界に導いてくださった黒田俊夫は国連人口賞も受賞した世界的な人口学者であるが、その黒田があるとき経済学的な人口転換理論が適用できない事例が出てきたということを述べた。

このように人口学で最も重要な要素である出生転換に関しても解明はなされていなかったのである。筆者は黒田の紹介で入ることができた（財）アジア人口・開発協会で人口と持続可能な開発の政府委託調査に長年従事する間に、規範の変化が出生転換を引き起こすという仮説に基づき、調査票調査などの形で資料を収集した。そして黒田の疑問に答える形で、経済が出生を変化させるというよりは、その経済を成立させている様々な条件が変化させていることを分析した。つまり条件の変化が規範の変化をつくり出し、その結果として出生転換が生じると考え、その仮説を調査を通じて検証することで博士号を明治学院大学からいただいた。

つまりこのような理論構成を可能にする研究がどこかにあったというよりは、一つひとつ自分で問題解決をしなければならなかったために、膨大な時間がかかった。

社会が提示する枠組みに対する疑問は、おそらく五歳ぐらいから始まった。なぜかわからないのにこうするものだと、いっている大人に常に疑問を感じていた。五歳の頃、保育園児であった筆者は一つの疑問に突き当たった。それはお迎えの時間になれば、母親たちが迎えにきてとても嬉しく喜んで帰っていく。しかしその時間までは園の中にいることを疑問に思わない。子どもでも乗り越えようと思えば乗り越えられる程度の低い柵をなぜ乗り越えないのか、柵を見ながら考えていたことを覚えている。そのころから考えれば自分なりの答えを導き出すのに約六〇年もの時間がかかったのである。

そして自分なりにわかった人口というものの全体像は、前著『人口問題と人類の課題』にまとめた。この著作は博士論文の主査である竹内啓・東京大学・明治学院大学名誉教授・日本学士院会員の『人口問題のアポリア』で提出された問いに対する、筆者なりの回答でもある。

本書の瑕疵はすべて筆者の責任であるが、このある意味では単純な結論に達するまでには多くの先生方の導きがあった。すべての先生方のお名前を挙げることはできないが、感謝を込めて特に影響を受けた先生方のお名前を記したい。

筆者は高校の進学一辺倒に反発し、あまり授業に出ず山に登って空を眺めていた。大学進学に当たって全人教育に魅力を感じ玉川大学に進学した。玉川大学では経済経営を学びたいと思い当時の英米文学科理財専攻に入学した。あとからわかったことではあるが当時の理財専攻は実験的なカリキュラムで授業が行われており、入学時一〇〇名いた同級生が卒業時には四〇名に減るという厳しい修学が課せられた。経済学なども一年生にジョン・ロビンソンの*Economics*をそのまま原書で教科書にするという授業がなされた。国際政治学も*Foreign Affairs*の抜き刷りそのままが教科書として使われた。その玉川大学でドイツ技術史の種田明先生にマックス・ウェーバーを紹介していただいたことが学問への道に導かれるきっかけとなった。当時は日米貿易摩擦の真っ最中で、アメリカが自分の国の商品が日本で売れないのは不公正な商習慣が日本にあるからだといって、非関税障壁の議論が多くなされていた。そのなかで、日本人であればどうしたら売れるのか考えるのに、なぜアメリカは自分のスタイルを絶対とし、日本が間違っていると主張するのか、ということに違和感を覚えた。そこでウェーバーの宗教社会学の研究を主たるテーマとし、研究を進めていった。その中で筆者にとって幸運だったのは聖書をヘブライ語で研究していた前島誠・玉川大学教授（肩書当時、以下同）と出会えたことだった。いわゆる教会でいくら話を聞いてもわからない内容が、当時のユダヤを想定しヘブライ語で考えることでかなり理解できることに驚いた。筆者の卒業論文はほとんど、旧約聖書学研究ともいえるもので「宗教と社会　唯一神教の成立」をテーマにした。

またそのころ心理学を教えていただいた早坂泰次郎・立教大学教授からハイデッガーの「世界内存在としての人間」という考え方を示され、衝撃を受けた。早坂先生は学部学生であった筆者に対し、立教大学大学院の授業や社会人ゼミに参加することを許していただき、オランダ派の現象学、ヴァン・デン・ベルクの現象学を学ぶ機会を与えていただいた。本書の基盤の一つに「見えている世界」があるのは早坂先生に学んだことである。

大学で具体化した自らの疑問を解くために大学院への進学を目指した。社会学を学部時代に学んだこともないのに独学で勉強し、日本大学大学院文学研究科社会学専攻に入学を許していただいた。当時の社会学研究科は教科書に載っている著名な先生方が数多く在席していた。前述した黒田俊夫・日本大学人口研究所名誉所長も社会学研究科に出講されており、その謦咳に接することができた。入学してみれば新入生は筆者一人のところに10名以上の大教授が手ぐすねを引いて待っていてくださった。その中でも社会学を学部で習ってきていないことを知り、困惑気味の表情を浮かべながらも筆者のために社会学を改めて教授してくださったのは松島静雄・東京大学名誉教授である。松島教授はゼミの指導教授としても大変なご尽力をいただいた。さらに修士論文の副査をお務めいただいた関清秀・北海道大学名誉教授には家族社会学を、さらに都市社会学を矢崎武夫・慶応大学教授から学ぶことができた。矢崎教授はシカゴ大学で都市社会学の創始者のひとりであるルイ・ワースから博士号を授与された方である。このように通常では考えられないほど贅沢な環境の中で研究を進めることができた。

日本大学大学院博士後期課程を満期退学した後、黒田の紹介で、黒田が理事を務めていた(財)アジア人口・開発協会(APDA)に研究員として入所し、政府委託事業に従事した。その中で黒田には研究委員会の委員長として長年にわたって指導を受けることができた。さらに農業経済関係の調査にも従事し、その中で川野重任・東京大学名誉教授、原洋之介・東京大学教授・政策大学院大学教授の指導を受け、さらに福井清一・京都大学・神戸大学教授。大野昭彦・青山学院大学教授には調査団のメンバーとしてご参加いただき、国際的にも一線級の研究者と国際開発調査の方法を実地で学ぶことができた。特に大野教授からは調査票調査の統計的処理の方法を含め、いわゆる科学的な社会調査の方法を学んだ。

さらにこれらのAPDAにおける研究をまとめることを勧めてくださったのが駒井洋・筑波大学教授である。カンボジアの調査などでご一緒した機会に、博士論文をまとめることを勧めてくださった。そしてまったくの縁もゆかりもなかった筆者に懇切に博士論文の書き方を具体的に指導してくださった。この指導なくして博士論文をまとめることは決してできなかった。感謝しても感謝しきれない。

さらにその博士論文は、様々な経緯を経て明治学院大学国際学部で論文博士として審査していただくことになった。日本に限らず、世界中どこでもそうであると思われるが、その大学の卒業生でもなければ、そこで教鞭をとっているわけでもない研究者に博士号を授与するというのはかなりの困難を伴う。この仲介の労をとってくださったのがナギザデ・モハマド明治学院大学教授である。ナギザデ先生とは、西側として初めてイスラム革命以降のイランの労働環境の調査を筆者が企画した際に一緒に調査団に加わってくださったことを契機に、中央アジアの調査にご一緒いただき、乾燥地農業について教えを受けた。このナギザデ先生のご紹介で竹内啓教授に主査をお務めいただき、明治学院大学の長い歴史の中で、初めての審査のある論文博士として『アジアにおける人口転換―11か国の比較研究』で博士号を授与していただいた。明治学院大学にも、まさしく同校の校是である"Do for others"を実現してくださったことに感謝し、心から誇りに思っている。

また農林水産省、厚生労働省などの委託調査の担当官からも励まされ調査を続けることができた。政府の資金で行われる調査の質を担保するためにも学位相当の研究をするように励まされたことが実証調査の基盤にある。さらに厚生労働省などの担当官の理解を得ることができなかったら学位論文をまとめることはできなかった。その好意に改めて感謝したい。

その意味ではアジア各国における現地調査の場数を踏んだこと、生涯にわたって考え続けてきた認識論的課題がクロスオーバーした結果、自分なりの結論を見出せたのだと思う。

本書で扱った思考放棄や反知性主義などを含むいわゆる知識社会学的な問題は、現在では社会学の分野で発展しているというよりは、「無知学（アグノトロジー）」（「無知学／アグノトロジーとは何か　科学・権力・社会」、『現代思想6』、青土社、二〇二三年）として独自の分野を形成しつつある。社会学の本質的な課題や問いが社会学の中で発展せずに、科学史や科学哲学の分野で建設的で包括的な形で議論されるようになっているのである。これはこの四〇年の間に日本の社会学の主流が立場性に対する議論もなく〝運動〟になってしまったこと、理論研究もその主流がスコラに戻り、特定の概念の組み合わせに終始し、科学として持つべき知の開放性や接続性を失ったことによって、社会学が果たすべき役割を見失ったことによる。本書で提出した理論枠組みが社会学の現状を打破することにつながり、建設的な発展につながることを心から願っている。

本書の執筆にあたって犬飼裕一・日本大学教授には学説史的な検討を折をみてもちかけた。さらに中村貴志・福岡教育大学教授には脳科学の基本的な理解が誤っていないかについて、相談させていただいた。また西原和久・名古屋大学名誉教授・成城大学名誉教授には原稿を読んでいただき貴重な指導をいただいた。駒井洋・筑波大学名誉教授には推薦の言葉をいただいた。

竹内啓・東京大学名誉教授・明治学院大学名誉教授・日本学士院会員には、全体を通読していただき「講評」をいただいた。本書の執筆にあたりシステム論の成立要件などをあらためて検討したが、四〇年以上も前に竹内先生がシステムの成立条件についての精緻な検討をされていることを発見し、その先見性に感嘆した。講評をいただくにあたって、〝まともに講評しようとすれば少なくとも新書版一冊ぐらいの分量が必要だし、解説しようとすれば本書の一〇倍ぐらい必要になるね〟、と笑いながら、本質を突いた鋭い講評をいただけた。

学位論文の指導をしてくださった駒井先生から推薦の言葉をいただき、主査を務めてくださった竹内先生から「講評」をいただけたことは、筆者にとってこれ以上ない名誉であると考えている。

ご協力いただいた研究者の皆様には、この場をもって改めて心からの感謝を述べたいと思う。ただ指導していただいたとしても正しく理解したかどうかは指導を受けた側の能力による。その意味でくり返しになるが本書の瑕疵は筆者の責任であることを改めて確認しておきたい。

本書を執筆するために、これまで師事した先生方はいうまでもなく、多くの研究者や関係者から学んだことは紛れもない事実である。その意味では書ききれないが奉職した職場を含めすべての皆様に感謝したいと思う。

そして、その結果として筆者の子どもの頃からの疑問である「なぜ人は戦争などを正義の名の下に行うのだろうか」という疑問に対し、本書で社会学の解明を通じてその原理的な解明を果たしたのではないだろうかと考える。少なくとも社会学的に提出されているほとんどの解釈は、この枠組みの中で説明できるのではないかと考えている。この世のことはあくまでこの世に生きるものの責任である。そして次の世代に引き継いでいくことも今生きている私たちの責任だろう。本書を通じて人間社会の基礎構造を明らかにすることができたとすれば、それは私たちがどのような未来をつくるのかという選択に寄与できるのではないかと自負している。

最後に二人の女性に感謝をささげたい。筆者を育て深い愛情をもって困難の中にあっても教育研究の機会を与え続けてくれた母と日々の生活の中で筆者とともに苦楽をともにし、筆者以上に心配し、その中で子育てに家事に奮闘した妻である。本書を二人の女性に捧げる。

【注】

1　ゲーデルの不完全性定理は一九三一年に発表されているが、マックス・ウェーバーはそのことを知る由もなかった。

講評

竹内啓

東京大学名誉教授・明治学院大学名誉教授・日本学士院会員

本書は『社会学原理』と題しているが、社会科学の対象である「社会とは何か」という問題に真正面から取り組んだ野心的な著作である。社会とは何かという課題は、重要な問題でありながら、これまで正面から取り組まれることが少なかった。

著者は前著である『人口問題と人類の課題』で、人間社会の基盤ともいえる人口問題のパースペクティブを簡明に描き出した。本書はその基盤の上に「社会とは何か」という問題に対して、人間の脳が理解する認識の問題がどのように社会を構成するかを論じることで回答を試みている。

私は、ミニマル（Minimal）な唯物論者なので、人間の意識と心の存在に先立って、物と事の世界が存在し、人間の心の働きも物質から作られている人間の脳の作用が生み出したものであると考えている。人間は原生動物から進化した高等動物の一種であり、そこには物質以外の一切の要素は何も加わらずに、成立したものと考える。

高等動物の一種として、人間は外界についての意識、知識、感覚を持つが、動物としての進化の過程で生じたものであり、唯物論者として私は、そのような意識と感覚を形成する能力は、全ての高等生物と共通の自然な進化の中で生まれたものであり、外界に関する知覚と感覚を形成する人間の心の存在と能力は、生物として人間の脳の機能として作られたものであると考え、脳の物理的、化学的、電磁気的な変化と運動が、人間の心の機能を作り出すと考える。

このように考えることで、人間の心の働きを全て理解したということになるであろうか。もしこの問いにイエスと答えるならば、私はマキシマル（Maximal）な唯物論者となり、それ以上に問題は発展しない。

私は心の存在について、神その他の超越的な存在が関わるとする宗教や、心そのものが先験的に存在するとする二元論、全ては心の生み出すものであろうとする観念論などは全て否定しており、心のもたらすメッセージは全て生物としての人間の脳の物理、化学的・生物学的な状態と変化によって表現されると考える。

従って脳の状態の変化を科学的に観測し、脳の自然科学的な変化と運動の全体を知れば、心の機能の全体を知ったことになる。

しかしそこで完全な観測値の系列を得ても、そこから観測値のもたらす情報の意味を知ることはできない。それを知るには観測の系列の持つ意味をあらかじめ完全に知っていなければならない。

これは通信と通信手段の関係についての基本的な問題でもある。通信は通信手段の物理が、物理、化学的、電気、電磁気学的な状態と変化に完全に依存している。通信の内容は通信手段の働きによってすべて伝えられる。それは通信の内容に完全に対応していなければならない。しかし、通信手段の状態と機能を知っただけで、そのメッセージを理解できるわけではなく、あらかじめその意味を完全に知っていなければならないのである。

それはなぜ、どうして可能になるであろうか。この点に心の機能の唯物論的な理解にとって最大の問題がある。

生物としての人間は、一つの属として、ホモエレクトスとして二〇〇万年前に自然の進化の過程で発生したが、物理的な存在として肉体的に強力ではなく、感覚的にも特に鋭敏ではなかったので、他の生物と同様、自分の肉体を維持すること（食べること）と自分の子孫を残すこと（生殖）に必死に莫大なエネルギーを浪費しながら、かろうじて存続してきた。

しかし、二〇万年前に出現した新種ホモサピエンスは、その知的能力によって、他のすべての旧人類を絶滅させ、その他のすべての生物と自然環境のバランスを大きく変えて、人新世を作り出した。

ここでは、決定的な重要性を持つのが、ホモサピエンスが（ホモサピエンスのみが？）獲得した想像力（イマジネーション）である。

すべての高等動物は、外界の現実を知り、その状態を判断する（心）の機能を持っている。しかしそれは現実にあるモノ、あるいは起こったコトから生ずる、刺激に反応するだけである。それに対して現実にないモノ、存在しないモノ、起こり得ないコトを描くのが想像力である。ホモサピエンスは想像力を獲得することによって、現実に存在していないモノ、起こらないコトのイメージを作ることができるようになった。

逆に言えば、新しいモノやコトを生み出そうとするならば、達成すべき目標のイメージがまず作られなければならない。想像力は創造の源泉である。ホモサピエンスが（そしてホモサピエンスのみが？）想像力を獲得していることが決定的に重要である。これがホモサピエンスに絶大な力を与えた。

新しいものを作り出し、新しいことを起こさせる力をホモサピエンスが得たことは決定的であった。彼らは新しい武器や兵器を開発して、猛獣や同じホモ属に含まれる旧人類を打ち破り、打ち滅ぼして滅亡させた。新しいモノとコトを作り出す人間の能力は、絶対的な力を持つまでになった。

それは人間と自然との関係を大きく変え、人間は地球の表層を自分に好都合なように決定的に作り変えた。生物と人間との関係を変えることによって、農業と牧畜が生まれ、無機的エネルギーと人間の身体的、頭脳的能力を利用して、工業品、工芸品、芸術作品等が作られるようになった。

これらは全て人間の心の持つ想像力が生み出したものであるが、それはなぜ、またどのようにして生み出されたのであろうか。ここに最大の問題がある。

唯物論に従えば、心の活動は全て脳の物理的、化学的、電磁気学的な変化と運動によって発生する。したがって、脳の状態の化学的な変化と変動は、脳の活動を完全に反映する。しかし、前述したように、そのような観測値からその意味を理解できることはない。観測の結果の意味を理解するためには、あらかじめその観測値の変動の意味を完全に知っていなければならない。

実体が先にあって、後にそれに対応して表現が生ずるのであり、表現だけが理解できれば、それによって思考や感情が完全に説明できるとは考えられない。従って、人間の想像力が作り出したものを、人間の脳の物理的な変動で説明できるかといえばそうではないということになる。そこに根本的な問題がある。

それはどのようにしたら可能になるのであろうか。人間の脳の活動の観測値から、どのようにしてそのようなもののメッセージの意味を知ることができるかは、人間を対象とする自然科学、社会科学、人間科学（人文学を除く）を取り巻く最大の課題であろう。

つまり、どのようにして、またなぜ、脳から構成されている人間の心が人間の思考や感情を生み出したかというところが、本書の中心であろうと考える。

この本の著者は、私と同じくミニマルな唯物論者であると仮定する。この問題について、この著者がどのように説いているかが、この本の主題であると私は理解する。この本は、人間を対象とする科学の立場からこの問題の論理と構造を解説している。

それについての著者の考えは、この本を読んでいただきたいと思うので、それについての私の考えはこれ以上詳しくは述べないが、私は著者とこの問題意識を共有している。

そのような問題意識を分析するために、この本は適切な説明を提供していると思う。この問題に関心を持つ人にとって有益な参考になっている。

【文献リスト】

〔英文文献〕

Ambrose, "Stanley H., 1998.," "*Late Pleistocene human population bottlenecks*", volcanic winter, "and differentiation of modern humans". Journal of Human Evolution. 34 (6) : 623-651. doi : 10.1006/jhev.1998.0219. PMID 9650103."

Bostrom, Nick, 2003, *ARE YOU LIVING IN A COMPUTER SIMULATION?*, Faculty of Philosophy, Oxford University, Published in Philosophical Quarterly (2003) Vol.53, No.211, pp.243-255.

Cann, Rebecca L.; Stoneking, Mark, Wilson; Allan C.;, *"Mitochondrial DNA and human evolution", Nature*, 1987.

De Grazia, Sebastian, *The Political Community*, University of Chicago Press, 1948.

Department of Statistcs, 1997, *Statistics Handbook 1997*, Department of Statistics, Malaysia.

Hart D, Sussman R, 2005, *"Man the hunted : Primates, predators, and human evolution"*, Westview Press.

Jaspers, Karl, 1973, *"Allgemeine Psychopathologie"*, Springer Berlin, Heidelberg.

Kittler, Ralf; Kayser, Kittler; and Mark Stoneking, 2003, *"Molecular Evolution of Pediculus humanus and the Origin of Clothing"*, Current Biology, Vol.13, 1414-1417, Max Planck Institute for Evolutionary Anthropology.

Lombard M., 2011, *"Quartz-tipped arrows older than 60 ka : further use-trace evidence from Sibudu, KwaZulu-Natal, South Africa"*., Journal of Archaeological Science 38 (8) : 1918 1930.

Merton, Robert K. 1972, *"Insiders and Outsiders : A Chapter in the Sociology of Knowledge"*, American Journal of Sociology Vol.78, No.1, Varieties of Political Expression in Sociology (Jul., 1972), pp.9-47 (39 pages), The University of Chicago Press.

Mellars P, 1996, *"The Neanderthal Legacy : An Archaeological Perspective from Western Europe"*, Princeton University Press. https : //doi.org/10.1515/9781400843602

Ogawa, Naohiro/Retherford, Robert D., *"Shifting Costs of Caring for the Elderly Back to Families in Japan : Will It Work?"*, Population and Development Review, Vol.23, No.1 (Mar., 1997), pp.59-94, Population Council.

Philippines, National Statistics Office (NSO), [2005], 2003 Philippine Yearbook, National Statistics Office.

Pongratz, Julia/Caldeira, Ken/Reick, Christian H./and Claussen, Martin, 2011, *Coupled climate?carbon simulations indicate minor global effects of wars and epidemics on atmospheric CO_2 between AD 800 and 1850*, The Holocene1-9, DOI：10.1177/0959683610386981, http：//hol.sagepub.com 虐殺による地球寒冷化（2024-9-11）

Vyshedskiy, Andrey, 2019, *"Language evolution to revolution : the leap from rich-vocabulary non-recursive communication system to recursive language 70,000 years ago was associated with acquisition of a novel component of imagination, called Prefrontal Synthesis, enabled by a mutation that slowed down the prefrontal cortex maturation simultaneously in two or more children? the Romulus and Remus hypothesis"*, RIO Research Ideas and Outcomes 5：e38546, doi：10.3897/rio.5.e38546, 29 Jul 2019,

Wallace, Walter, 1983, *"Principles of Scientific Sociology"*, Routledge.

Zaide, Gregorio F./Zaide, Sonia M., 1984, "*PHILIPPINE HISTORY* Corrected Edition", National Book Store Inc..

〔和文文献〕

秋山学、二〇一六年、「『ダニエル書』試論：古典古代学的アプローチ」、『古典古代学』、筑波大学人文社会系古典古代学研究室

アクィナス、トマス、山田晶（訳）、『世界の名著20トマス・アクィナス』、中央公論新社、一九八〇年

足立恒雄、二〇一七年、『無限の果てに何があるか』、角川書店

石田英一郎、一九八四年、『桃太郎の母：ある文化史的研究』、講談社

犬飼裕一、二〇一一年、『方法論的個人主義の行方―自己言及社会』、勁草書房

犬飼裕一、二〇一八年、「自己言及としての社会」、『社会学論叢１９３号』、日本大学社会学会

犬飼裕一、二〇二三年、「三世界論と歴史社会学の新提案：客観的な世界3存在としての歴史と社会」、『研究紀要第１０３号』、日本大学文理学部人文科学研究所

犬飼裕一、二〇二四年、「フランクフルト学派とレトリック主義の貧困」、『研究紀要第１０８号』、日本大学文理学部人文科学研究所

猪瀬直樹、二〇〇二年、『日本の近代 猪瀬直樹著作集8 日本人はなぜ戦争をしたか』、小学館

【文献リスト】

高橋昌一郎、二〇二一年、『フォン・ノイマンの哲学人間のフリをした悪魔』、講談社
今田高俊、一九八六年、『自己組織性：社会理論の復活』、創文社
今田高俊、一九九四年、「自己組織性論の射程」『組織科学28（2）』、24-36、特定非営利活動法人組織学会
ヴァン・デン・ベルク、J・H、一九八二年、早坂泰次郎（訳）、『現象学への招待：〈見ること〉をめぐる断章』、川島書店
ヴァン・デン・ベルク、J・H、一九八八年、立教大学早坂研究室（訳）、『現象学の発見：歴史的現象学からの展望』、勁草書房
ヴィトゲンシュタイン、L、一九六八年、藤本隆志・坂井秀寿（訳）『論理哲学論考』、法政大学出版局
ウィルスン、エドマンド、一九七九年、桂田重利（訳）、『死海写本：発見と論争1947-1969』、みすず書房
ウェーバー、マックス、一九六八年、林道義（訳）、『理解社会学のカテゴリー』、岩波書店
ウェーバー、マックス、一九七六年、武藤一雄・薗田宗人・薗田坦（訳）、『宗教社会学―経済と社会第2部第5章』、創文社
ウェーバー、マックス、一九八〇年、尾高邦雄（訳）、『職業としての学問』、岩波書店
ウェーバー、マックス、一九八〇年、内田芳明（訳）、『古代ユダヤ教Ⅰ／Ⅱ』みすず書房
ヴェブレン、ソーステイン、二〇一五年、高哲男（訳）、『有閑階級の理論』、講談社
梅棹忠夫、一九七六年、『狩猟と遊牧の世界』、講談社
エヴァレット、ケイレブ、二〇二一年、『数の発明』、みすず書房
カール、マンハイム、一九六八年、鈴木二郎（訳）、『イデオロギーとユートピア』、未來社
笠原芳光、一九七六年、『キリスト教の謎別冊歴史読本特別増刊27』、新人物往来社
カッセル、ロドルフ、二〇〇六年、マービン・マイヤー（編）、『原典ユダの福音書』、日経ナショナルジオグラフィック社
亀田秀子・会沢信彦・藤枝静暁、二〇一七年、「わが国のいじめの長期的影響に関する研究動向と展望―一九八〇年から二〇一六年までの学術論文・大学紀要論文における研究の動向と課題―」、『教育学部紀要第51集』、文教大学教育学部
唐木誠一、二〇〇〇年、「複雑性の科学と社会システム理論」、『年報社会学論集13号』
キール、ダナンジャイ、二〇〇五年、山際素男（訳）、『アンベードカルの生涯』、光文社
鬼頭宏、二〇〇〇年、『人口から読む日本の歴史』、講談社
姜鶯燕、二〇〇八年、「近世中後期における武士身分の売買について：『藤岡屋日記』を素材に」、『日本研究37』、国際日本文

化研究センター
クーン、トーマス、一九七一年、中山茂（訳）、『科学革命の構造』、みすず書房
楠本修、一九八四年、「宗教と社会―比較文化史的研究序説―」、玉川大学文学部英米文学科理財専攻、卒業論文
楠本修、一九八六年、「権力と疎外―知識論的分析―」、日本大学大学院文学研究科社会学専攻、修士論文
楠本修、一九八七年、「経済的権力の背景」（研究ノート）、『経済社会学会年報Ⅸ（情報と社会システム）』、経済社会学会
楠本修、一九八八年、「権力における信念体系の役割」、『社会学論叢１０２号』、日本大学社会学会、
楠本修、一九九〇年、「社会科学方法論としての理解についての再考察」、『経済社会学会年報Ⅻ（闘争・競争・協調）』、経済社会学会
楠本修、一九九二年、「予言の自己成就の分析―状況の概念を中心に」、『経済社会学会年報ⅩⅣ（ソ連邦崩壊の衝撃）』、経済社会学会
楠本修、一九九二年、「フィリピンの社会構造における植民地支配の影響」、『社会学論叢１１５号（松島静雄教授記念号）』、日本大学社会学会
楠本修、一九九三年、「社会変動における状況の役割と機能」、『経済社会学会年報ⅩⅤ（経済・社会理論の再構築）』、経済社会学会
楠本修、一九九三年、「スリランカとマレーシアにおける民族問題の比較研究」、『年報社会学論集6号』、関東社会学会
楠本修、一九九六年、「権威の形成とその基本構造」、『社会学論叢１２６号』、日本大学社会学会
楠本修、二〇〇〇年、「モンゴル国の人口」、『アジア諸国発展段階別農村・農業開発基礎調査報告書―モンゴル国―』（農林水産省委託）、財）アジア人口・開発協会
楠本修、二〇〇二年、「カンボジア労働者の規範構造―カンボジアにアノミーはあるか―」、『経済社会学会年報ⅩⅩⅣ（二元的秩序の超克―市場と国家を超えて―）』、経済社会学会
楠本修、二〇〇六年、『アジアにおける人口転換』、明石書店
楠本修、二〇一九年、「国際人口開発会議（ＩＣＰＤ）から二五年―未解決の問題としての「中絶」―「人権」と「宗教」との対立の構造と解決に向けた試論」、『社会学論叢１９６号』、日本大学社会学会

【文献リスト】

楠本修、二〇二〇年、「人権の根拠について—人権とはなにか：支配の正当性からの分析—」、『社会学論叢198号』、日本大学社会学会

楠本修、二〇二二年、『人口問題と人類の課題—SDGsを超えて—』、時潮社

楠本宗太郎、楠本修、二〇二三年、「支配の社会学から見たSDGs達成に向けたグローバル・ガバナンスの可能性」、『社会学論叢205号』、日本大学社会学会

楠本宗太郎、TBP、『各国憲法の比較研究から導き出された憲法の構造と機能-科学としての憲法学の構築に向けて』、未公開論文

国崎敬一、一九八八年、「自己言及性と有限回帰的構成：柄谷のゲーデル不完全性定理把握—近代社会における形式化の探求のために—」1—25『理論と方法』3（1）

栗本慎一郎、二〇一七年、『【増補版】パンツをはいたサル：人間は、どういう生物か』、現代書館

グレゴリウス、二〇〇七年、杉本正俊（訳）、『フランク史一〇巻の歴史』、新評論

クロスニー、ハーバート、二〇〇六年、『ユダの福音書を追え』、日経ナショナルジオグラフィック社

ケラー、ウエルネル、一九五八年、山本七平（訳）、『歴史としての聖書』、山本書店

小室直樹、一九七六年、『危機の構造—日本社会崩壊のモデル』、ダイヤモンド社

小室直樹、一九八四年、『偏差値が日本を滅ぼす：親と教師は何をすればいいか』、光文社

サイクス、ブライアン、二〇二〇年、大野晶子（訳）、『イヴの七人の娘たち　遺伝子が語る人類の絆』、河出書房

斎藤幸平、二〇二〇年、『人新世の「資本論」』、集英社

酒井邦嘉、二〇一九年、『チョムスキーと言語脳科学』、集英社インターナショナル

ジャコブ、エドモン、一九六八年、西村俊昭（訳）、『旧約聖書』、白水社

ジンメル、ゲオルグ、一九七九年、清水幾太郎（訳）、『社会学の根本問題』、岩波書店

スプロンデル、W・M、一九八〇年、佐藤嘉一（訳）、『社会理論の構成—社会的行為の理論をめぐってA・シュッツ＝T・パーソンズ往復書簡』、木鐸社

住谷一彦、一九六九年、『リストとヴェーバー：ドイツ資本主義分析の思想体系研究』、未來社

『聖書聖書協会共同訳』、一九八七年、日本聖書協会
ダイヤモンド、ジャレド、一九九三年、長谷川真理子・長谷川寿一（訳）、『人間はどこまでチンパンジーか？―人類進化の栄光と翳り』、新曜社
高根正昭、一九七六年、『日本の政治エリート：近代化の数量分析』、中央公論社
竹内啓、一九九六年、『人口問題のアポリア』、岩波書店
デュルケーム、エミール、一九七八年、宮島喬（訳）、『社会学的方法の規準』、岩波書店
ドーキンス、リチャード、一九九一年、日高敏隆・岸由二・羽田節子・垂水雄二（訳）、『利己的な遺伝子：増補改題『生物＝生存機械論』』、紀伊國屋書店
友松圓諦、一九八一年、『仏教聖典』、講談社
ナーゲル、E、J・R・ニューマン、一九六八年、林一（訳）、『数学から超数学へゲーデルの証明』、白揚社
永井豪とダイナミックプロ、一九七四年、「けっこう仮面」、『月刊少年ジャンプ』、集英社
中村元、一九八四年、『ブッダのことば―スッタニパータ』「第4章ノ14番『迅速』」、岩波書店
ナムジム、トゥムリーン、一九九八年、村井宗行（訳）、『モンゴルの過去と現在上巻』、日本モンゴル博物館
新渡戸稲造、二〇一三年、奈良本辰也（訳）、『武士道』、三笠書房
ニーチェ、フリードリッヒ、一九九四年、原佑（訳）、『ニーチェ全集14―偶像の黄昏反キリスト者』、筑摩書房
ニーチェ、フリードリッヒ、二〇〇五年、適菜収（訳）、『キリスト教は邪教です！　現代語訳 アンチクリスト』、講談社
野村泰紀、二〇二四年、『多元宇宙（マルチバース）論集中講義』、扶桑社
バタイユ、ジョルジュ、一九七三年、生田耕作（訳）、『呪われた部分』、二見書房
早川洋行、二〇二三年、『サウナ室のマダムとオヤジたち：新型コロナ禍における地方都市のソシアビリテ』、風媒社
速水融、二〇二三年、『歴史人口学の世界』、岩波書店
速水融、二〇二二年、『歴史人口学で見た日本〈増補版〉』、文藝春秋社
ハリス、マーヴィン、一九九〇年、鈴木洋一（訳）、『ヒトはなぜヒトを食べたか：生態人類学から見た文化の起源』、早川書房
ピアジェ、ジャン、一九七二年、滝沢武久（訳）、『発生的認識論』、白水社

【文献リスト】

ピアジェ、ジャン、二〇〇七年、中垣啓（訳）、『ピアジェに学ぶ認知発達の科学』、北大路書房
ピエール、ブルデュー、一九九〇年、石井洋二郎（訳）、『ディスタンクシオン〈1〉―社会的判断力批判』、藤原書店
平原卓、二〇一六年、「現象学的社会学の認識論的再検討――超越論的社会学の展開に向けて」『本質学研究』3：18-37.
(https：//www.philosophyguides.org/about/#%E8%AB%96%E6%96%87)
フォン・ヒッペル、ウィリアム、二〇一九年、濱野大道（訳）、『われわれはなぜ嘘つきで自信過剰でお人好しなのか進化心理学で読み解く、人類の驚くべき戦略』、ハーパーコリンズ・ジャパン
フーコー、ミシェル、一九七五年、田村俶（訳）、『狂気の歴史：古典主義時代における』、新潮社
ブーバー、マルティン、一九七八年、田口義弘（訳）、『我と汝』、みすず書房
深田弘、一九六二年、「J・S・ミルと社会学―イギリス社会学史におけるJ・S・ミルの位置づけへの一試論」、『社会学論叢23』、日本大学社会学会
深田弘、一九七二年、『J・S・ミルと市民社会』、御茶の水書房
フッサール、エドムント、一九六五年、立松弘孝（訳）、『現象学の理念』、みすず書房
ブラウ、ピーター・M、一九七四年、間場寿一（訳）、『交換と権力』、新曜社
ブルーマー、ハーバート、一九九一年、後藤将之（訳）、『シンボリック相互作用論：パースペクティヴと方法』、勁草書房
フロイト、ジグムント、一九六九年、高橋義孝（訳）、『夢判断』、新潮社
フロム、エーリッヒ、一九六六年、日高六郎（訳）、『自由からの逃走』、創元社
ヘッシェル、アブラハム・ヨシュア、一九七二年、手島郁郎（訳）、『人間を探し求める神―ユダヤ宗教哲学』、キリスト教聖書塾
ホフスタッター、ダグラス・R、一九八五年、野崎昭弘・はやしはじめ・柳瀬尚紀（訳）、『ゲーデル・エッシャー・バッハ―あるいは不思議の環』、白揚社
ポランニー、マイケル、一九八〇年、佐藤敬三（訳）、『暗黙知の次元―言語から非言語へ』、紀伊國屋書店
ポランニー、マイケル、一九八六年、慶伊富長（編訳）、『創造的想像力』、ハーベスト社
ポランニー、カール、二〇〇九年、野口建彦・栖原学（訳）、『「新（訳）大転換』、東洋経済新報社

前島誠、一九八七年、『自分をひろげる生き方：ユダヤ流振り子発想のすすめ』、ダイヤモンド社
マックフィー、ジョン、一九七五年、小隈黎（訳）、『原爆は誰でも作れる』、文化放送開発センター出版部
マートン、ロバート・K、一九六一年、森東吾・森好夫・金沢実・中島竜太郎（訳）、『社会理論と社会構造』、みすず書房
マルクス、カール、一九六四年、城塚登・田中吉六（訳）、『経済学・哲学草稿』、岩波書店
マンデルブロ、ベノワ・B、一九八四年、広中平祐監（訳）、『フラクタル幾何学』、日経サイエンス
ワールドロップ、ミッチェル、一九九六年、田中三彦（訳）、『複雑系』、新潮社
ムーア、A・W、二〇一二年、石村多門（訳）、『無限その哲学と数学』、講談社
森孝一、二〇〇一年、「アパルトヘイトと南アフリカの「見えざる国教」」、『基督教研究第63巻第2号』、同志社大学神学部神学研究科
モリス、デズモンド、一九六九年、日高敏隆（訳）、『裸のサル：動物学的人間像』、河出書房新社
矢崎武夫、一九六二年、『日本都市の発展過程』、弘文堂
ヤスパース、カール、一九五四年、草薙正夫（訳）、『哲学入門』、新潮社
ヤスパース、カール、一九七一年、西丸四方（訳）、『精神病理学原論』、みすず書房
養老孟司、一九九八年、『唯脳論』、筑摩書房
ライク、デイヴィッド、二〇一八年、日向やよい（訳）、『交雑する人類古代DNAが解き明かす新サピエンス史』、NHK出版
ラカン、ジャック、一九八五年、佐々木孝次／市村卓彦（訳）、『ディスクール』、弘文堂
ルーマン、ニクラス、一九八四年、土方昭監（訳）、『社会システムのメタ理論―社会学的啓蒙ニクラス・ルーマン論文集2』、新泉社
ルーマン、ニクラス、一九八六年、土方昭監（訳）、『社会システムと時間論：社会学的啓蒙』、新泉社
ルブルク、カルピニ、二〇一六年、護雅夫（訳）、『中央アジア・蒙古旅行記』、講談社
レヴィ＝ストロース、クロード、一九七七年、馬淵東一／田島節夫（監訳）、花崎皋平／鍵谷明子／小川正恭／喜多村正／黒田信一郎／竹村卓二／冨尾賢太郎／山下晋司／矢島忠夫（訳）、『親族の基本構造』、番町書房

【URLなど】

A plumber's guide to supervolcanoes（2024/3/23）
https：//arstechnica.com/science/2009/09/a-plumbers-guide-to-supervolcanic-eruptions/

Quartz-tipped arrows older than 60 ka : further use-trace evidence from Sibudu, KwaZulu-Natal, South Africa（2024/3/23）
https：//doi.org/10.1016/j.jas.2011.04.001

ヒッパソス，（2024/3/23）
https：//ja.m.wikipedia.org/wiki/%E3%83%92%E3%83%83%E3%83%91%E3%82%BD%E3%82%B9 アクア説，Wikipedia,
https：//ja.wikipedia.org/wiki/%E3%82%A2%E3%82%AF%E3%82%A2%E8%AA%AC

アメリカ映画「オー・ゴッド」（2024/3/23）
https：//ja.wikipedia.org/wiki/%E3%82%AA%E3%83%BC!%E3%82%B4%E3%83%83%E3%83%89

トバ・カタストロフ理論（2024-4-14）
https : //ja.wikipedia.org/wiki/%E3%83%88%E3%83%90%E3%83%BB%E3%82%AB%E3%82%BF%E3%82%B9%E3%83%88%E3%83%AD%E3%83%95%E7%90%86%E8%AB%96

バビロン捕囚（2024/3/23）
https : //ja.wikipedia.org/wiki/%E3%83%90%E3%83%93%E3%83%AD%E3%83%B3%E6%8D%95%E5%9B%9A

ルサンチマン（2024/3/23）
https : //ja.wikipedia.org/wiki/%E3%83%AB%E3%82%B5%E3%83%B3%E3%83%81%E3%83%9E%E3%83%B3

インドの言語（2024/3/23）
https : //ja.wikipedia.org/wiki/%E6%AD%B4%E5%8F%B2%E4%B8%8A%E3%81%AE%E6%8E%A8%E5%AE%9A%E5%9C%B0%E5%9F%9F%E4%BA%BA%E5%8F%A3

Recursive language and modern imagination were acquired simultaneously 70000 years ago（2023/10/13）
https : //neurosciencenews.com/language-imagination-evolution-14656/

インドの牛肉食について（2023/10/13）

https : //world-note.com/india-and-cow/#%E3%83%92%E3%83%B3%E3%83%89%E3%82%A5%E3%83%BC%E6%95%99%E3%81%AE%E4%B8%AD%E3%81%A7%E7%89%9B%E9%A3%9F%E3%81%8C%E7%A6%81%E6%AD%A2%E3%81%A8%E3%81%AA%E3%81%A3%E3%81%9F%E8%A3%8F%E3%81%AB%E8%A6%8B%E3%81%88%E3%82%8B%E3%82%AB%E3%83%BC%E3%82%B9%E3%83%88%E5%88%B6%E5%BA%A6

How Many Calories Can the Brain Burn by Thinking? By Emma Bryce published November 9 2019,（2024-3-23）
https : //www.livescience.com/burn-calories-brain.html

潜水艦なだしお遊漁船第一富士丸衝突事件：国土交通省日本の重大海難のページ，（2023/10/13）
https : //www.mlit.go.jp/jmat/monoshiri/judai/60s/60s_nadasio_1fuji.htm

「望まない妊娠の結果生まれた児」への虐待をめぐる問題，国立保健医療科学院，（2024-3-31）
https：//www.niph.go.jp/wadai/mhlw/1995/h070830.pdf

読売新聞オンラインくら寿司「しょうゆ差し」なめ動画，（2023-10-13）
https : //www.yomiuri.co.jp/national/20231013-OYT1T50195/

中世の遊び asahi-net.or.jp, https : //www.asahi-net.or.jp/~yq5y-ysd/asobi.html

令和４年11月24日文部科学省初等中等教育局「いじめの状況及び文部科学省の取組について」，（2023/10/13）
https : //www.cas.go.jp/jp/seisaku/kodomo_ijime_boushi_kaigi/dai1/siryou2-1.pdf

新庄デジタルアーカイブ（2024-8-31）
https : //www.shinjo-archive.jp/2016500043-2/

【人名索引】

【ま】

【や】

【ら】

【わ】

【さ】

【事項索引】

【あ】

【か】

【著者略歴】
楠本　修（くすもと　おさむ）

1962年生まれ
1984年　玉川大学文学部理財専攻卒業
1989年　日本大学大学院文学研究科社会学専攻博士後期課程満期退学
2006年　『アジアにおける人口転換-11か国の比較研究』で博士号
博士（国際学）明治学院大学乙２号

職　歴

1990年　財団法人アジア人口・開発協会（APDA）研究員
人口と開発に関する議員活動の事務局として、アジア15か国で36回にわたって人口と持続可能な開発に関する政府開発調査を実施。
153回にわたって国会議員会議の起案・運営、ネットワーキングに従事。
1994年の国際人口開発会議（ICPD）に先駆けて実施した国際人口開発議員会議（ICPPD）運営委員長補佐、会議事務総長補佐として宣言文の起草を行う。
ICPD行動計画の「前文」と「原則」色濃く反映された。その後も、1995年の世界社会開発サミット（WSSD)、1996年FAO世界食糧サミット（WFS)、などにあわせて国際国会議員会議の運営を担った。
前公益財団法人アジア人口・開発協会（APDA）常務理事・事務局長
前一般社団法人未来構想会議（FFV）事務局長

現　職

日本大学文理学部講師
持続可能な開発に関するグローバルアドバイザーズ（GAfSD）代表
一般社団法人教育・共生の会　副理事長
特定非営利活動法人 ジョンズホプキンス大学CCPフォーラム常務理事

社会学原理　QED《証明終了》

2025年３月17日　第１版第１刷　　**定　価**＝4,500円＋税

著　者　楠　本　　修　©
発行人　相　良　智　毅
発行所　㈲　時　潮　社

〒175-0081　東京都板橋区新河岸１－18－３
電　　話　03-6906-8591
ＦＡＸ　03-6906-8592
郵便振替　00190-7-741179 時潮社
ＵＲＬ　https://www.jichosha.jp

印刷・相良整版印刷　製本・仲佐製本

乱丁本・落丁本はお取り替えします。
ISBN978-4-7888-0774-7
日本音楽著作権協会（出）許諾番号第2500191-501号

時潮社の本

人口問題と人類の課題
SDGsを超えて
楠本　修 著
Ａ５判・並製・224頁・定価2500円（税別）
アジア全域にわたる、農業・農村開発、人口公衆衛生、労働などの分野の数多くの政府開発援助に従事した著者による、SDGs＝持続可能な開発を達成するうえで人口問題の持つ意味を示す。

改訂 アメリカ占領下沖縄の労働史
南雲和夫 著
四六判・並製・196頁・定価2700円（税別）
戦後沖縄の“労働運動”と米国政府の占領政策、米国政府のアジア政策と日本政府の間で揺れた祖国復帰運動・基地闘争と“労働運動”。本書は、精緻な労働運動史を遡求しながら、戦後沖縄の社会構造の変遷と歪みを多元的に分析。

フードビジネスの社会史
茂木信太郎 著
Ａ５判・上製・344頁・定価4000円（税別）
この100年、食をめぐる世界は大きく様変わりしていった。それは戦争であったり、世界的なイベント、万国博であったり、オリンピックであったりした。それは食料の保存技術の発達とも絡んでいる。それらが食の歴史、社会にどのような影響を受け、また与えていったのかを紐解く。

ナショナル・トラストの大地をゆく
四元忠博・四元雅子 共著
Ａ５判・上製・224頁・定価4000円（税別）
自然保護の先駆けとなった英国「ナショナル・トラスト」。その目的の第一は広大で自然豊かな大地を所有し守り続けること。「ナショナル・トラスト」を訪ね歩き、その理念を追いかける。